教育因生动而美丽

何莹娟 / 编著

东北师范大学出版社
长 春

图书在版编目（CIP）数据

教育因生动而美丽 / 何莹娟编著. — 长春：东北师范大学出版社，2020.4

ISBN 978-7-5681-6852-6

Ⅰ. ①教… Ⅱ. ①何… Ⅲ. ①中学语文课—课堂教学—教学研究 Ⅳ. ①G633.302

中国版本图书馆CIP数据核字（2020）第069065号

□策划创意：刘　鹏

□责任编辑：邓江英　刘贝贝　□封面设计：姜　龙

□责任校对：刘彦妮　张小娅　□责任印制：张允豪

东北师范大学出版社出版发行

长春净月经济开发区金宝街 118 号（邮政编码：130117）

电话：0431-84568115

网址：http：//www.nenup.com

北京言之凿文化发展有限公司设计部制版

廊坊市金朗印刷有限公司印装

廊坊市广阳区廊万路 18 号（邮编：065000）

2022年6月第1版　2022年6月第1次印刷

幅面尺寸：170mm×240mm　印张：16　字数：258千

定价：45.00元

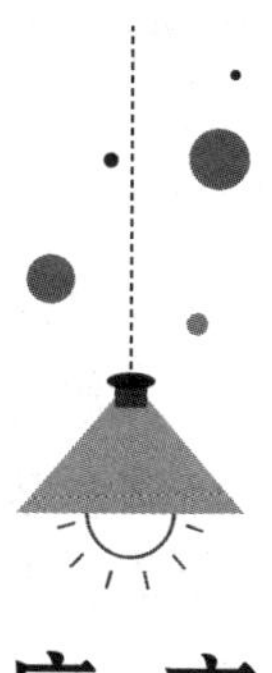

序 言

向善而行，终遇美好

（代序）

崔峦

儿童阅读课程研究中心指导专家，人民教育出版社编审，全国小语会名誉理事长。

“桃李不言，下自成蹊”是每个教师的终极梦想，很多人为此渐宽了衣带，憔悴了红颜，但仍然一路向善而行，无问西东。何莹娟老师的《教育因生动而美丽》就是这样一本心血之作。

我与何老师于1998年的南京“情境教学观摩比赛”有过一面之缘，那时她初出茅庐，风华正茂。后来她担任了三亚市的小学教研员，参加了国家级骨干教师培训。她好学上进，勤奋踏实，活跃在课改一线，被评为全国小语会的先进工作者。后来，听闻她到了经济和教育发达的深圳市，回到语文教学一线，并成为广东省名师工作室主持人，我为她的勇气和不改初心而欣慰。再后来，她又到了坪山区，走上了校长岗位，发挥更大的引领作用。今天，她捧出这本以三十多年语文教学实践为主要成果，以十五年特级教师

心路历程为主要感悟，以十年名师工作室跟岗培训为主打品牌，以五年校长管理之道为主导思想，以“生动教育”理念体系为主体构架的教育力作，向我们全面展示了“生动教育”的全新理念以及广东名师与众不同的教育情怀和蜕变历程。我认为这从一个侧面反映了深圳教育人的新思路和坪山教育蓬勃发展的新收获，是一个资深教育工作者对办好“公平而有质量的教育”，满足人民对美好教育的向往所做出的最好回应。

陶行知说生活即教育，杜威说教育即生活。何莹娟对这两位东西方教育大家的观点高度认同，但她并没有因此停止探索的步伐，而是在“生活”的基础上进一步引申出“生动”的概念，提出了“生动教育”的全新课题。

据我所知，“生动教育”关注三个维度，第一，学生：动心——有好奇心，动手——有行动力，动情——有亲和力；第二，教师：动心——有事业之心，动手——有执行之力，动情——有厚生之德；第三，学校：以“生动教育”为载体，转变教学理念为契机，创建与推进生动课堂，办质量优良，兼具传统文化与未来视野的现代城市教育。

“生”是对生命的关注，有学生，也有老师；“动”既是教育的内容，也是路径，在“动手、动脑、动心”中顺应规律，强调实践；在“主动、行动、灵动”的学生智能课堂、教师专业发展中，倡导尊重生命，启迪天赋，真正体现面向全体、尊重个体，追求公平而有质量的教育；“生动教育”的核心价值是创造生动活泼的教育场景，呈现生动发展的生命样态。

“生动教育”以生动课堂为支撑，以教师灵动、学生主动、多元互动的生动课堂理念，使课堂教学过程充满生命的灵动，让每个鲜活的生命因尊重而精彩，因自主而快乐，因和谐而完美，因出彩而幸福。这是对“让每个生命都出彩，让每寸天赋都闪光”这一办学理念最好的诠释。

近年来，何莹娟老师带领她的团队以深圳市坪山区的碧岭小学为实验基地，在铸造“生动教育”新品牌、构造生动课程新体系、打造生动课堂新模式、塑造“生动教育”新文化等方面精准发力，聚焦课堂，优化教学，打造具有鲜明特色的生动课堂，从而构建了“生动教育”的主体文化，包括“学会生存、享受生活、丰富生命”的发展目标，为其校园文化打上了生动而亮丽的深圳特色与碧岭底色。

“生动教育”的办学理念体系既个性鲜明，又内涵丰富；既注重传承，又体现创新；既切合校情，又尊重规律；既简明凝练，又立意高远，充分体现了“碧岭人”以生为本的教育情怀、开拓创新的时代精神、尊重生命的价值追求和勇立

潮头的使命担当。

我很欣赏何老师的“生动教育”理念，因为她以自己三十多年的教育实践为我们开辟了一条向善而行、向美而生的名师成长之路，也为我们实现公平而有质量的教育提供了又一个鲜活的理论样本和别开生面的实践途径。

按许慎《说文解字》的解释：“教，上所施，下所效也”；“育，养子使作善也”。这是古人对教育的理解，也是对孟子所谓“得天下英才而教育之”这个天下第三快乐之事的历史传承。孟子不仅重视教育，而且其说理方式就十分生动，以他劝人向善为例，他说：“挟泰山以超北海，语人曰：‘我不能。’是诚不能也；为长者折枝，语人曰：‘我不能。’是不为也，非不能也。”孟子为了说明这个道理，用了“超海”和“折枝”这两个比喻，你看多么贴切，多么生动！他的教育风格和说理艺术不由得你不佩服。是的，为长者折枝，为幼者让座，为弱者援手，虽是举手之劳，如果能成为生活中的一种习惯和本能则功德无量，善莫大焉。这就是中国教育千百年来所倡导所坚守的核心价值观——介乎文化信仰与社会伦理之间，向善而行、向美而生的孔孟教育之道！这也是何莹娟老师和她的团队提出“生动教育”这一全新理念的理论基础和价值取向。

那么，如何实现向善向美的“生动教育”呢？何莹娟认为，这一方面要大力吸收中国传统教育理论的丰富营养，另一方面也要兼具传统情怀和国际视野，为“生动教育”寻找强而有力的理论支撑和实现方式。

在现代教育词典里，教育意为“引出”或“导出”，意思就是通过一定的手段，把某种本来潜藏于身体和心灵内部的东西引发出来。它强调教育是一种顺其自然的活动，旨在把自然人所固有的或潜在的素质，自内而外引发出来，成为现实的发展状态。

真正的教育是一种潜教育，当孩子意识到他在接受教育的时候，教育的意义已经大打折扣了。就像当鞋合脚时，脚就被忘记了一样。造成课堂教育不受欢迎的最主要的原因，在于教育实践在他们面前以赤裸裸或者冷冰冰的形式进行，而就孩子的本性而言是不愿意感到有人在教育他的。正如卢梭所言：“最好的教育就是无所作为的教育：学生看不到教育的发生，却实实在在地影响着他们的心灵，帮助他们发挥了潜能，这才是天底下最好的教育。”

何老师所追求的“生动教育”，与卢梭所倡导的天底下最好的教育不谋而合。有人把何老师的教育思想和教学风格概括为“唤醒”的艺术，形容她的教学风格恰似“脉脉春风来，次第梨花开”；评价她的公开课就像是朴实无华的家常课，而她的家常课又像是分享思想盛宴的公开课。正如何老师常说的那样，教学

的艺术不啻是传授知识，更在于激励思想、开启心智、唤醒良知。如果把学生的心智比作“沉睡的高山”，那么，要使高山焕发生机，要“让河流改变模样”，最好的办法不是征服，而是“唤醒”……

这种“唤醒”的艺术不禁让人想起著名哲学家雅斯贝尔斯的名言：“教育的本质意味着：一棵树摇动另一棵树，一朵云推动另一朵云，一个灵魂唤醒另一个灵魂。”因此，有人以“唤醒天赋，激发潜能，生动友善，润物无声”这十六个字概括何老师的教育思想，我以为是贴切的，《教育因生动而美丽》就是对她的教育风格最完美的诠释。在何老师看来，小学教育的基本任务是保护和发展孩子的天性与天赋，尽可能给予孩子内心生长最需要的阳光。

为了让自己的教育理念落地生根，何老师带领碧岭小学紧紧围绕“让每个生命都出彩，让每寸天赋都闪光”的办学理念，为实现“特色鲜明、质量优良的现代学校”的办学目标，系统设计和培育学校办学特色，走出了一条铸造“生动教育”新品牌、构造生动课程新体系、打造生动课堂新模式、塑造“生动教育”新文化，具有鲜明的碧岭文化特色的品牌创建之路。

作为广东省名师工作室的主持人，何老师让她的教育思想和教学风格在她的跟岗学员中广为传承，福州教育研究院语文教研员、全国儿童写作教学的领军人物何捷曾撰文形容何老师的现场作文指导课如“行云流水，大巧无痕”，赞扬何老师“让孩子在民主、和谐、愉悦的氛围下享受了习作过程。孩子参与其间，既能切实习得必要的写作知识，个体的想象又能得以自由驰骋，且整节课思维活跃、开放，习作的构思和表达大胆、新奇”。

在《教育：别废了童趣，毁了童年》中，何老师指出：“童年的乐趣就是一种自由的认知，是一种自然的成长。”这也是我为什么特别欣赏何老师为“生动教育”所做的艰苦探索并欣然为《教育因生动而美丽》作序的原因。

“人民对美好生活的向往就是我们的奋斗目标！”这是时代的强音，也是教育工作者义不容辞的责任！人民对美好教育的向往没有止境，我们对“生动教育”的探索也永远未有穷期！祝愿何老师的名师工作室越办越好，祝愿她的“生动教育”探索之路初心不变，行稳致远，止于至善！

立于岭，秀于林

（自序）

一年前，碧岭于我，我于碧岭，都是既陌生又遥远的所在，曾经只在飞驰而过的车窗外彼此有过惊鸿一瞥的交集。而如今造化是如此的奇妙，我竟然成了马峦山下农家读书人的“领头羊”，而碧岭也成了我认识世界、发现自我的新起点、新平台。

从南山到坪山，虽然没有走出山的怀抱，却一路向东穿越了都市繁华的极致，直至田园风光最野性的美丽。所以对于我这个“东进”战略的马前卒来说，既不失“采菊东篱下”的诗兴，更平添了几分“结庐在人境”，心远地不偏的侠骨柔情。

山是土之聚，岭为山之峰。碧岭作为马峦山的主峰之一，自古就受到山下子民的景仰与膜拜。巍巍马峦、青青碧岭、悠悠坪水、莘莘学子……画面如此之美，连我这个初来乍到的新“客家人”也不禁为之心动，为之神往。

如果用三个字概括坪山的地貌与地名特点的话，我认为“坪、坑、岭”是最准确的描述。坑是下陷的平地，岭是高耸的山峰，而坪则是岭坑之间相对平坦的土地。不到坪山，不知道这三个字是如此奇妙，这一陷一耸与一坪之间的造化神功的确令人产生无限遐想。

地貌上的“坪、坑、岭”是无所谓高低贵贱之分的。如果坑的下陷代表深邃，坪的辽阔代表胸怀，岭的挺拔代表视野，那么，它们各自代表的境界又是多么让人难以企及呢？做人的道理也是如此，一个人的思想和境界既要有坑的深度，也要有坪的广度，还要有岭的高度。有深度才让人深刻，有广度才会包容，有高度才有眼界。如果一个人同时具有了这三种品格，那么这个人不是圣人也应该是完人了。

正如世上没有圣人也没有完人一样，我也做不到既平且深又高的完美境界。但如果要在坑、坪、岭之间做出选择的话，我不拘于坑的深奥，也不甘于坪的平淡，而更乐于岭的起伏与曲折。

古人说“文似看山不喜平”，又说曲径通幽，一如“路转溪桥忽见”的童年意趣，让人产生无限的憧憬与遐想。

因为岭自有坑的深度，只不过它的纵深感更让人身临其境，恰如“只在此山中，云深不知处”的空灵之美；岭也有坪的宽度，只不过它的宽广足以包容天下万物，并且穷尽“横看成岭侧成峰，远近高低各不同”的变化之美；山岭的崇高之美就不必多说了，它的伟大在于山不厌高，高到“不畏浮云遮望眼”，高到“离天三尺三”，所谓“高山仰止”就是最好的注脚。

山岭之美在于它的灵动：恰如“山舞银蛇，原驰蜡象”之壮阔；山岭之美还在于它的倔强：大有“青山遮不住，毕竟东流去”的执着；山岭之美还在于它的神秘：当你正迷茫于“山重水复疑无路”时，忽然间又“山回路转不见君”；山岭之美还在于它的随和：不经意间“山随平野尽，江入大荒流”；山岭之美还在于它的缥缈：有道是“江流天地外，山色有无中”。山岭之美，如诗如画，不一而足。这就是碧岭这块人间美玉给我的心灵感召与启示。

古人说“木秀于林，风必摧之”，很多人因此不敢“秀于林”，其实这是很偏颇的。首先，我们要做栋梁之材就必须做“秀林之木”，要有鹤立鸡群，脱颖而出的本领，而不被无边的林海所淹没；其次，要有敢立潮头、敢为人先的深圳精神，迎风而立，沐雨而歌。既然立于岭，就不怕晚来风急；既然秀于林，又何惧雨打风摧！不仅如此，还要有“让暴风雨来得更猛烈些”的海燕精神，勇敢地立于岭，秀于林，把风风雨雨当成上苍赐予的营养和礼物，沐春风施化雨，让碧岭成为坪山的标杆，让坪山成为深圳的高地！

碧岭扼守坪山区的西大门，与东部华侨城隔山相望，与华谊兄弟文化城鼎足而立，与马峦瀑布群交相辉映。作为坪山大道的起点，南坪快速直达坪山的第一站，碧岭以穿山隧道与龙岗、盐田一洞之遥，既有车水马龙般的现代繁华，又给人以世外桃源般恍若隔世的错觉，是古往今来多少客家子弟梦开始的地方。这个梦正是客家人世代追求的“书中自有黄金屋”的耕读之梦，这个圆梦的启蒙之地正是碧岭人心向往之的教育与文化源头——碧岭小学。

如今的碧岭小学，绿荫遍地，书香满园。她是雏鹰展翅的高地，梦想起飞的舞台；她用博大的胸怀、深邃的文化，为新时代的青年教师插上了梦想的翅膀；她像一艘起锚扬帆的航船，满载莘莘学子驶向知识的海洋……

教育是十年树木，百年树人的千秋大业。要培养出创世纪的栋梁之材，就要经风雨、见彩虹，做学者型教师，育领袖型人才，让每个生命都出彩，让每寸天赋都闪光。这是《岭秀》创刊的初衷，也是《岭秀》立身的基石。

是为序。与各位同仁共勉。

注：这是我2016年为碧岭小学校刊《岭秀》杂志所作的创刊词，反映了我来碧岭的初心。四年过去了，当时的心境与感悟拿到今天仍没有半点违和感，所以索性偷点懒，移花接木，权当本书的自序吧。

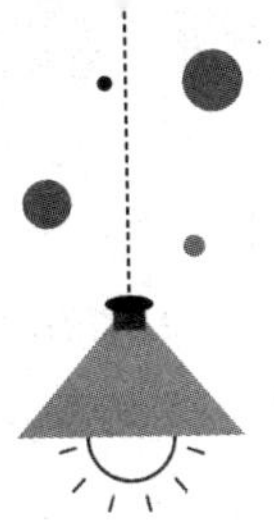

目 录

第一篇 生动人物

第二篇 生动课堂

第三篇 生动作文

第四篇 生动教案

第五篇 生动校园

第六篇　生动议论

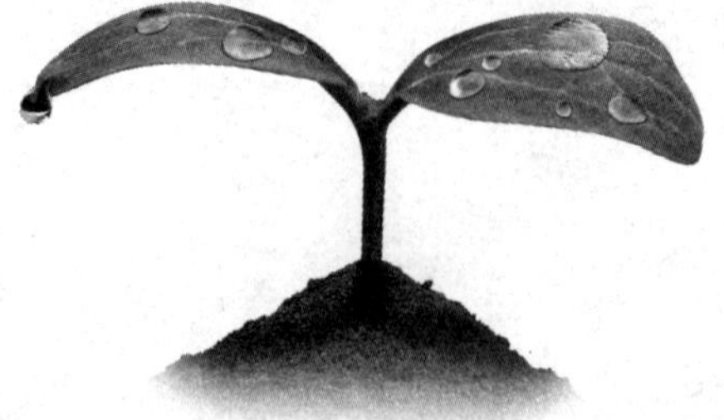

第一篇

生动人物

1

发乎初心，止于至善

唤醒：脉脉春风来，次第梨花开

行云流水 大巧无痕

谈笑声里学古文

最是难忘跟岗情

何莹娟

2018年11月广东省何莹娟名师工作室揭牌，坪山区政协副主席、教育局局长彭尧女士参加揭牌仪式

1998年11月，参加全国情境教学比赛与评课专家合影，有幸得到教育家袁瑢先生、崔峦先生的指导

2001年，参加教育部在华东师大举办的国家级骨干教师培训，这个班诞生了当代语文新生代的领军人物，如王崧舟、闫学、武凤霞、杨屹、关心凤等

2016年，“生动教育”研究被立项为深圳市重点资助课题，得到了深圳市教科院叶文梓院长、教育专家禹明主任、黄积才主任、李显明主任等专家的指导和肯定

2015年广东省何莹娟教师工作室揭牌仪式，深圳市教育局副局长（时任深圳市师资处处长）王水发先生亲自揭牌

发乎初心，止于至善

——我的教育情怀与成长之路

人的一生要行走很多地方，但对我们一生影响最大的多半是这三个地方：一是出生地，二是毕业的学校，三是待得最久且付出最多的工作单位。第一个地方代表天真无邪的童年岁月，第二个地方代表英气勃发的青春年代，第三个地方代表年富力强的壮年时光。

我的出生地在湖南平江县，生我的山是伏羲墓葬之地——幕阜山，养我的水是屈原忠魂皈依的汨罗江。我曾经也纳闷，平江本是因江而得名，但查遍全县所有水系却没有一条叫平江的河流，而自东向西贯穿平江全境的却是大名鼎鼎的汨罗江。

原来平江古属三苗国，秦属罗县，唐朝时叫昌江县，后唐时为避“昌”字之讳，以县治周围地势平坦，汨罗江水至此平静无波，遂改称平江县，并一直沿用至今。平江原本是汨罗江的上游和中游，大概因为汨罗江太出名，久而久之平江被定格为县名，作为江名反而被世人彻底遗忘了。

但是平江的文化地位却是世人无法遗忘的，因为中国历史上最著名的两位大诗人都与平江结下了生死之缘：诗魂屈原的怀沙自沉与诗圣杜甫的孤舟客死，都为平江的文化底蕴增添了最浓墨重彩的一笔。

在这两位诗人的感召下，历代平江人秉承屈杜骚风，文人蔚起，才士笃生，风流人物灿若星辰，尤其是近代平江人把崇文尚武的性格发挥到了极致，培养了近现代岳阳文坛上近半的作家、诗人，孕育了60多位晚清和民国时期的军政要员和92位国民革命军抗日将领。这里更是中国革命的发祥地之一，先后走出了64位共和国将军和100多位省部级干部，是全国著名的将军县之一。

这就是令我魂牵梦绕的故乡——汇聚了厚重的人文历史和绝美的山水风情，被余光中称之为“蓝墨水的上游”的平江。

屈杜风骚之外，近现代平江文学的代表作当属平江不肖生的《江湖奇侠传》，这部被视为近代武侠小说的先驱，这部有中国第一部正宗的武侠小说之誉的作品，代表了平江人不屈不挠的反抗精神。

平江文学的另一部代表作是彭见明的《那山那人那狗》，这部曾获全国优秀短篇小说奖，被改编成电影后广受欢迎的作品，集中反映了平江的风土人情，代表了平江人丰富而细腻的情感世界。

如果说我身上多少还有些平江人独有的文采与侠义风气的话，应该说这就是千百年来崇文尚武的平江精神陶冶、滋养的印记，所谓一方山水养一方人，她是我走不出的故土乡愁，也是我抹不掉的文化胎记。

一、追寻逝去的童年

我的父亲是一位完全中学的校长，中学化学高级教师，母亲也在学校工作。他们的思想都很开明，早就意识到“少生孩子多教育”。所以，五岁时我就拥有了第一个书包，里面还装着崭新的文具盒和作业本。要知道20世纪70年代的山城乡村，读书机会都是很难得的。9月1日那天，入学心切的我连早饭都等不及，就独自背着书包跑到了学校。等母亲赶过来时，我已经是这个乡村小学的学生了。经过一个短暂的适应期，我的成绩上升到班级前列，还有机会担任“小老师”。唯一让父母亲有点难办的就是我的铅笔和本子总是用得太快，因为有太多的同学分享。不过，他们倒也并不生气。真要感谢他们的通情达理，让我学会了关心他人。一颗仁爱之心对于行走在课桌行间的老师来说，是必备条件之一。

字认得多起来，我开始不满足于只听故事，也不满足于只阅读课本了。这时，父亲就给我订阅了《中国少年报》，买了《动脑筋爷爷》，我从中认识了“知心姐姐”，知道了花儿为什么是红的，胡萝卜为什么是橙色的……心里就越发希望读到更多的书，也就生出了一些“花招”。爷爷的房间里有好看的书，但那是我的“禁地”，因为不苟言笑的他是我唯一畏惧的人，而且当时的观念认为读“闲书”是小孩子不务正业的表现。我只好窃读了《前汉记》《后汉记》《三国演义》，后来又在爸爸的枕头下发现了《基督山伯爵》《星星草》《海底两万里》《巴黎圣母院》……等到这些阅读痕迹在后来的学习、谈吐中一点点流露出来时，大人们惊讶："这个小家伙什么时候读了这些书？"小学毕业时，父亲送给我两本书：《一千零一夜》和《绿野仙踪》。这让我体会到童年里那些一知半解的、"饿汉扑在面包上"的广泛阅读，对孩子的语言发展、语感培养是多么不可缺失，它是整个学习生涯中很重要的积淀过程。

乡镇的教育与现在的条件是无法相提并论的，但也有现今教育所没有的优势，那就是除了读好有字的书，还能尽情阅读生活、自然这本无字的书：春日，山花烂漫，我把映山红、野生栀子花一大捧一大捧地采回家；雨后，哪个山坳里会生出一丛小伞似的蘑菇，哪根竹子旁边会长出一根粗壮的小笋，等着我提着小篮子去采摘，我都一清二楚。夏夜，繁星、蛙声、虫鸣，纳凉时听故事又是另一种惬意，牛郎织女、三国人物……当然也有被《聊斋志异》里的女鬼吓得蒙头而眠的经历。门前的小河是我的乐园，我顶着烈日捉小鱼、垒水坝，晒得像个黑黑的野小子。屋后的梓树也是我常常光顾的地方，我可以哧溜哧溜地爬到高高的树杈上，淘气地看着树下的母亲提心吊胆。上初中时，学校的一片茶山是我们劳动实践的场所，除草、施肥、摘茶，好不快活。冬天里，体育老师带着我们晨跑，"嚓嚓嚓"的脚步声使我们的意志一点点坚强起来……后来，我爱上了画画，而且还有"粉丝"索要拙作。在师范招生面试时，我信笔速写的仕女图着实让考官老师们赞叹了一番，也为我后来的教学带来了不少益处。

我能够从事语文教学、教研工作是与这些童年的积淀有着密切关联的。我常常想：我那些无忧的童年时光，不正是我们现在费尽心力想还给学生却怎么也给不完整的"快乐童年"吗？可今天，这些反倒是教育的"乌托邦"了。我们花钱让孩子们去亲近自然，却还是不得自然；我们在精心设计的作文课堂上让他们抒写童年里的快乐，却鲜见那种完全属于孩子的童真童趣……于是，我们叹息学生怎么就发现不了生活中的美好与乐趣，怎么会有那么多的"流水线产品"似的生活体验？原本应该属于童年的蓝天、阳光、野花、繁星、滑溜溜的小鱼怎么就不见了？可这些对于小孩子的心智发展而言，是多么重要啊！我们很难断言这是教育的发展，还是教育的失落，抑或是我们的教育在一方面发展了，却在另一方面反而因为这发展而萎缩了，让学生离真正的锻炼和童年远之又远了。

二、感受岳阳的师风

人生归根结底是一条河流，因此，不断前行是它的宿命，生命亦是在这样的过程中体现了价值，产生了张力。

三年的师范生活是紧张而充实的。还记得将美术室的钥匙交给我，鼓励我习画的国画老师张四明女士，将孙子兵法应用于课堂教学中的周应英先生，心脏不好但依然气喘吁吁地爬上四楼来“逼”我们去练琴的胡老师……这些真切、尽职的老师无不对我的成长产生了难以磨灭的影响。

毕业后，我如愿走上讲台，虽然没有立下什么桃李春风的宏愿，但多年来的教育及师长的影响已经融成一种潜在的本能，驱使着我一心想把工作做好，希望自己的课堂能让学生喜欢，让学校和家长满意。

在这里我遇到了一位很严格的校长，她为我们请了颇有些名气的书法老师，成立了教师篮球队，要求我们和学生同台献艺，要求年轻老师吃苦在前，多承担，多锻炼：如果随堂听课不过关，就得反复备课上课，直到她满意为止。这个厉害的校长让我又敬又怕，终生难忘。初次踏入教学的“江湖”，有这样一位长者的约束规范，应是人生幸事。

于是，我反复琢磨自己的教学，并且将所思所行付诸笔端。几年下来，我渐渐得到了同行和家长的认可，渐渐有了一些小成绩：获得了县级教学比赛一等奖和岳阳市“注音识字，提前读写”实验先进个人的称号。那时候，我才二十出头。

三、勇立三亚的潮头

1993年，我从湖南调入海南省三亚市工作。

1993年至2000年这段时间，我在安游小学继续着自己的教育梦想。

新的环境，带来新的压力，加上孩子小、负担重，我极像一个负重起舞的人，每前进一步都是艰难的：曾因为要照顾女儿，只能在晚上十点钟以后备课、写教学经验总结；也曾因为带着学生出去野炊郊游不得不放弃周末的休息，甚至还因为过度劳累而在讲台上虚脱、倒下……

但再苦再累都没有让我退缩，我依然累并快乐着。

庆幸的是，在这里，我遇到了生命中的另一个伯乐——周往珍校长。身为全国教育系统劳模的周校长为人磊落和善，既是一位好校长，也是一位深受学生欢迎的数学特级教师。无论工作多忙，她总是探索不止，笔耕不息，不断有文章在省级、国家级期刊上发表。她的为人与勤奋成为我学习的榜样，她的建树也是我默默成长的方向。

在这忙碌、辛苦的七年里，只要是有利于教学、有利于提高自身素质的活动，我都会积极参加，磨砺自己，也因此先后在全市、全省乃至全国的各类比赛中获奖十多次，其中国家级、省级、市级一等奖十二次，两次在海南省教学比赛中获得一等奖，并获全国情境教学二等奖；在教育类专业书刊上发表论文十余篇，在全国、海南省的论文评比中数次获得一等奖。学生也在我的感召下，学会了上进，爱上了语文。他们好像在和我比赛似的，多篇习作刊登在各类小学生作文报刊上，还有不少获奖的。因此，当1999年三亚市首次评出八名优秀专家时，我成了其中一员。

2000年9月，我担任了三亚市教育局教研室小学语文教研员。恰逢新课程改革开始，新课程理念的推广、新课标教材的试行，自身的学习与提高、教师的培训工作都不容迟缓。我迅速调整自己的角色，努力地学习、思考，较快地打开了工作局面。2001年10月，我被选拔到华东师范大学参加了“骨干教师国家级培训”，这真是一次难得的充电机会，拓宽了我的视野，为我带来了新的生长点。

教研工作像桥梁，一头连接着教育管理部门和新课程改革，另一头连接着基层学校和教师，尤其需要深入一线课堂的静心，领会新课标的慧心，推行新理念的决心，在传承与发展之间保持清醒头脑的细心。听课、上课、讲座，举行学科研讨，组织送教下乡，开展课题研究，邀请专家讲学，宣传新课标理念，争取出外学习的机会促进教师专业发展，辅导青年教师参加省级、全国的课堂教学活动……

这段激情燃烧的岁月，不仅磨砺了我的意志，还带给我阅历、见识、经验，如琢如磨，亦教亦研，我始终活跃在教学教研的第一线。全国小语会先进工作者、巾帼标兵，是对师德的褒奖；特级教师、国家骨干，是对才干的肯定；示范课、竞赛获奖、论文发表，是钻研进取的见证，更是勤奋不懈、甘心付出的写照。

四、收获育才的喜悦

2005年9月，我有幸成为深圳市南山区育才教育集团中的一员，从教研又

回归到课堂。人生的河流也因此又有了一次峰回路转，也许流动不息就是生命的本质吧。陶行知先生说："语文教学要带学生在文章里走一个来回。"有幸的是，我在教与研之间也恰好走了一个来回，这又是一个多么可贵的历练过程。

在南山，我没有躺在特级教师的功劳簿上，也没有止步于中学高级教师的台阶，而是以饱满的工作热情和新成员的姿态，当班主任，教语文课，参与南山区教研室组织的三年级教师培训，为老师们解读课标和教材；代表南山区参加深圳市的说课比赛获得一等奖；2006年，深圳市南山区蛇口育才教育集团成立了学术委员会，我有幸成为语文学科委员，后来成为学科委员会语文学科组长。2009年，通过层层选拔我成为广东省首批名师工作室主持人。

感谢学校信任，我先后担任育才三小的语文学科组长、办公室副主任，后来又成为办公室主任、教科室主任。我不仅要带好一个班级，还要带好语文团队，做好名师工作室的省级骨干教师跟岗工作，还有分量不轻的学校行政事务。现在回想起来，成为名师一要有机会，二要有智慧，三要有实力，最关键的还是要有一个好身体。因为这一切都要身体力行，都要有付出的勇气和决心。

这期间，我受学校的委托，组织筹备"育才三小师德师风系列活动"，执笔完成《育才三小十二五规划》《育才三小校级名师计划》，开展"育才三小青年教师培养计划"，启动学校"青蓝师徒结对互助小组"，为每位青年教师配备优秀的经验型教师作为师傅，同时开设书法班、朗诵比赛、说课比赛、同读一本书写心得体会、师徒互相听课等系列活动，帮助青年教师迅速成长起来。2015年，南山区首批骨干教师评比中，育才三小虽然规模不大，却涌现出六位骨干教师；名师工作室跟岗骨干学员张珂已经迅速成长为深圳市名师，还有很多学员走上了副校长、校长的岗位，也算得上桃李满天下了。学校师徒结对的三个徒弟都拿下了区、市比赛一等奖，连仅仅拜师半年的小徒弟也面貌一新，一举获得南山区说课一等奖、市二等奖的好成绩。我负责管理、指导的学校朗诵团队一举夺得深圳市"我们的节日"经典诵读特等奖。

我还连续担任六届毕业班的语文教学工作兼班主任，并未因事务繁杂而影响教学，相反，我对教学的认真和对学生的关爱在家长、学生中素有口碑，甚至成为多年的好朋友。我相信“不是锤的击打，而是水的载歌载舞才使鹅卵石臻于完美”，既关注学优生的个性发展，更关注“学习困难学生”的爱护帮助，心灵引导、个别辅导和家访谈心，使学校、家长、学生满意和信任，文章《点燃心灯，照亮前行的路》《中队工作，为孩子的成长“补钙”》收录于市“心理蓝天”网站，记录、呈现了我的班主任工作方法和风格。

南山教育强区、育才三小的丰厚土壤和优秀文化更加促进了我的思考和成熟，我在教育教学过程中得到验证的理念，凝聚成一篇篇有学术价值的著述、文章，产生一定的影响力：《缕缕春风来，次第桃花开》汇编于《深圳市特教教师教育思想研究》；《现场作文教学实录——〈一份薄礼〉》发表于华东师范大学出版社的“大夏书系”《小学语文名师作文课堂实录》；《何莹娟教师工作室谈高效课堂》系列文章七篇，发表在中国轻工业出版社《名师谈高效课堂》；《语文课堂教学诊断与思考》发表在华东师范大学出版社的“大夏书系”《名师怎样观察课堂》；《〈一份薄礼〉习作教学设计》《习作内容的“吉祥三宝”》《让温暖跨越时空》《〈自己的花是让别人看的〉说课稿》《作文教学不妨多点“变脸”艺术》先后发表在全国核心期刊《语文教学通讯》，并成为2012年该刊封面人物，先后荣获教育部基础教育课程教材发展中心的“中小学教师新课程国家级远程培训”优秀指导教师、南山区优秀党员、“育才专家型教师”、“育才特殊贡献奖”、“广东省名师工作室主持人”、“南粤优秀教师”。

这一路走来，充满收获，更充满感恩，我快乐着大家的肯定与支持的同时，也在不断自我否定与突破。其实，语文教师、教研工作者一直都在语文学习中寻求积淀与突破，一代代语文人的探索凝成了一道母语教学、研究的风景，我们能成为这风景中的风景，何其幸矣！

五、引领碧岭的蜕变

作为出身教育世家的“教二代”，作为教育界一个近三十年教龄的老兵，我该如何规划自己的职业生涯？是安静地走向退休，还是该寻找新的方向和平台，继续燃烧？站在这个命运的节点，我选择了后者。2015年6月，在领导的关心、同仁的祝福声中，我成为深圳东进的“马前卒”、马峦山下读书人的“领头羊”，担任了坪山新区碧岭小学的校长、党支部书记。

强烈的教育理想和情怀驱使我远离教育的功利和短视，坚定地以“生动教育”为手段，以学生素养为目标，梳理定义碧岭小学的教育理念和发展方向，确立了“养浩然正气，立进取之心”的校训，形成了“感恩、明理、团结、创新”的校风、“博学、善导、厚德、和谐”的教风和“乐学、巧思、求真、尚美”的学风。如今，“让每个生命都出彩”的办学理念成为碧岭教育的灵魂而深入人心；“办特色鲜明、质量优良的现代学校”的办学目标成为碧岭人的教育行动纲领。

作为特级教师、广东省名师工作室主持人、华南师范大学兼职教授，我继续主持的省名师工作室花落碧岭，再次考核“优秀”；笔耕不辍，以身作则：《伯牙绝弦》《巧用“留白”教古诗》《让每个生命都出彩　让每寸天赋都闪光》《创新课堂教学六法》发表在《语文教学通讯》《特区教育》《师道》；《小学生动教育实践》获得区教育教学成果二等奖；课题《生动教育探索与实践》立项区重大改革项目；《生动教育课程建设方案》获得省级三等奖，参与《小学低年级自主识字同步读写实验研究》获得全国教学成果二等奖；在区校长论坛、青年教师培训、河南焦作、深圳宝安、南山等分享经验，辐射引领，是区教育局官微推介的名师，在坪山区“名师走校送教”活动中，开设讲座《如何陪伴孩子成长》《谈笑声里学古文》《我的成长之路》，执教示范课《杨氏之子》《“凤辣子”初见林黛玉》，课堂实录《伯牙绝弦》发表于顾之川先生主编、山东教育出版社出版的《名师语文课》。

作为碧岭小学课程改革的设计者，我思考探索STEAM教学、科普教育、多元智能课程的校本课程体系；在全区竞争性项目中通过PK赢得与以色列集思堂合作的STEAM实验项目和《生动教育的探索与研究》，争取资源引进中央教科所“益智课堂”课题，开展《跨学科项目式学习的校本化实施策略研究》，开辟科研兴校的内涵发展之路的强校之路。

2018年，碧岭小学开展了教学水平评估，深圳市教育局评估专家梅仕华督学是这样评价我和我的团队的：

学校管理团队的领头人何莹娟校长，有情怀、有思想、有智慧，她坦诚率真、低调谦和、学养丰厚、知性优雅、视野开阔、思路清晰、作风民主、包容大度，特别注重在学习中融入、在融入中传承、在传承中创新、在创新中发展，是一位勤学习、重科研、明时势、敢担当、善作为的科研型好校长。

她带领团队制定的学校《五年发展规划（2015—2020年）》，确立“生动教育”的核心理念，“生”是对生命的关注，有学生，也有老师；“动”

既是教育的内容，也是路径，在“动手、动脑、动心”中顺应规律，强调实践；在“主动、行动、灵动”的学生智能课堂、教师专业发展中，倡导尊重生命，启迪天赋。真正体现面向全体、尊重个体，追求公平而有质量的教育；“生动教育”的核心价值是创造生动活泼的教育场景，呈现生动发展的生命样态。三年来，生动教育已播下种子，不久的将来必定会枝繁叶茂，开花结果。

是的，正如评估专家所言，碧岭在发展，在蝶变：学生学业水平、综合素养提升明显，教师、学生在区、市、省的各级各类比赛中获得一等奖。开展课题研究已经成为“常态”：省教师技能大赛一等奖，市论文一等奖，省级杂志发表文章20余篇，教师荣获荣誉118人次；市建筑模型一等奖；市青少年节水创意一等奖，学生荣获荣誉282人次；基础教育国家级教学成果奖二等奖；全国首届基础教育国家级教学成果奖“自主识字同步读写”基地示范校；深圳市中小学建筑模型教育竞赛优秀组织奖；2017年全国影视校园春晚优秀组织单位；深圳市中小学生健美操、啦啦操比赛小学组爵士一等奖；坪山区第七届校园阳光体育先进学校评比一等奖；第三届坪山区小学生经典诗文朗诵比赛一等奖；2017中国童话节童话故事创作大赛团体一等奖；2016年坪山区教育系统安全管理先进单位；坪山新区2015—2016学年度教育先进单位，荣获集体荣誉16项。

在碧岭的这几年，我花了大量的时间认真研究并全面梳理学校的理念系统，对学校的发展现状进行了理性分析，对学校新的增长点、切入点、支撑点、发力点进行了精准定位和科学论证，旗帜鲜明地提出构建生动教育体系。我认为，我对碧岭的用“心”，主要体现在教育理念和教育体系的顶层设计与文化建构上。这一点也得到了评估专家的肯定：

我们由衷地赞赏碧岭小学所倡导的“让每个生命都出彩”的核心理念，因为教育是发展人的生命、生存、生活，实现人的价值，引领人类文明进步的社会活动过程。这一较为完整的办学理念体系既个性鲜明，又内涵丰富；既注重传承，又体现创新；既切合校情，又尊重规律；既简明凝练，又立意高远。充分体现了“碧岭人”以生为本的教育情怀、开拓创新的时代精神、尊重生命的价值追求和勇立潮头的使命担当。也生动彰显了何莹娟校长的教育智慧，集中反映了她对学校教育哲学的深度思考，对时代脉搏的准确把握，对教育真谛的执着追寻。作为学校的继任校长，她注重在传承中创新、

在创新中发展、在发展中优化。她不仅是学校办学理念的顶层设计者、积极倡导者，并责无旁贷地担当起首席诠释者、忠实践行者。令人欣喜的是这一全新独特的办学理念得到了广大教职员工的高度认同，成为打造碧岭升级版、铸就特色新品牌的价值引领。

如今碧岭小学的教师队伍建设正朝着“理想信念坚定、道德情操高尚、学识扎实渊博、仁爱之心宽厚”的更高目标迈进。

“红云落岭尤带彩，老树逢春更著花”，舍弃繁华的南山扎根碧岭，甘做师生、学校发展的基石，将碧岭的师生、家长凝聚到一起，形成了办学合力，提高了学校的社会美誉度；为老师做课题、改论文常常加班到深夜，为学校发展做规划、为名师工作室做培训，不惜牺牲节假日。这些年来，虽然由于辛苦而多了许多疲累，但有思考有长进；虽然由于忙碌而少了很多闲适，但有收获有快乐，人终归是因为有所追求而自我实现、自我超越的，这就是终身受益的财富和福祉。

唤醒：脉脉春风来，次第梨花开

——何莹娟老师语文课堂教学风格研究

她的公开课就像是朴实无华的家常课，而她的家常课又像是分享思想的公开课。何老师说：教学的艺术不啻是传授知识，更在于激励思想、开启心智、唤醒良知。如果把学生的心智比作“沉睡的高山”，那么，要使高山焕发生机，要“让河流改变模样”，最好的办法不是征服，而是“唤醒”……

——题记

记得初见何老师，并不觉得她特别健谈，可话题转到教学时，我发现，眼前这个温文尔雅的女子却是对古今中外的教学案例信手拈来，侃侃而谈，生活中的点点滴滴也都点化为教育智慧，给人以茅塞顿开之感。那行云般的话语显出她敏捷的思辨，那泉涌般的文思透出她的博闻强记，让人不禁感慨：“善思，会教，能说，擅写，特级与名师原来是这样炼成的。”

跟她接触多了，你会发现，她的课堂教学一如她豪爽侠义的性情，时而激情飞扬，时而浅吟低唱；时而如大河奔腾般澎湃汹涌，时而像春风杨柳般柔软缠绵；讲到动情处，往往诗情勃发，引得学生流连于诗情画意之间，大有“金风玉露一相逢，此时无声胜有声”的畅快之感；讲到深奥处，又往往引经据典，寥寥数语便深入浅出，一忽而还是“山重水复疑无路”，一忽而又如“轻舟已过万重山”，给人豁然开朗之感。

不识庐山真面目，只缘身在此山中。何老师到底是怎样风格的老师呢？我带着这个疑问探寻、总结，最终得出“善于唤醒、激励学生，让他们积极参与教学活动并在这些过程中获得成长”也许是何老师教学中最鲜明的亮色。

一、博闻强记，用诵读唤醒良好的语感

何老师说："语文能力表现在课内，功夫却在课外。"这一思想源于叶圣陶先生在《略谈学习国文》一文中谈到的："单凭一部国文教材是不够的，必须再看看其他的书，越多越好。"《语文课程标准》在"教学建议"中也提到要培养学生广泛的阅读兴趣，扩大阅读面，增加阅读量，提倡少做题，多读书，好读书，读好书，读整本的书。鼓励学生自主选择阅读材料。足见阅读和语言能力之间的内在必然联系，两者是可以沟通的。叶圣陶先生和《语文课程标准》的教育思想给我们以深刻的启示，让学生在阅读教学中去领会写作技巧，并用学到的知识去写作，逐步提高。

良好的语文素养是广泛阅读、用心涵养才能形成的。仅有的课内读书是远远不够的，课外阅读是必须要到位的。课外的阅读积累不是语文教学的花边，它必须成为语文教学的一部分。重视课外阅读就要重视书目的推荐、阅读方法的指导和阅读管理的策略。语文不是机械地做题就能学得好的，语文素养不是支离破碎地分析就能教得好的。"三分课内，七分课外"，只有广泛的阅读才会有丰厚的积累，只有将文字烂熟于心，化成语感滋养性灵，才能如发于己心，如出于己口，熏陶出畅达、洗练的文字来。她为学生创设了一个积极读书的"花园"，一个充满书香和快乐的"花园"，从而实现了阅读、积累的增值效果。

"花儿"的约定

教室的门后有一个"秘密花园"，那是记录学生课外诵读情况的评比栏。每天都会有学生兴高采烈地往上面贴上一朵朵小花，他们与何老师有一个约定——六朵小花就会赢得一张喜报："尊敬的家长，×××同学在'让书香飘满童年'的背诵比赛中，读得多，背得快，让我们一起分享他的快乐吧！"得到三张喜报，就会收到老师的神秘礼物（一块巧克力、一支彩色荧光笔、一本字帖等）。一个学期过去了，"秘密花园"里"鲜花"盛开，学生背诵了唐诗、宋词、《论语》、《三字经》、《飞鸟集》等。

可以看出，学生的习作也开始生出几许新意："盼望着，盼望着，

冬天的脚步近了，快乐的寒假来临了”“自信，往往创造出海阔天空的境界”“当我为失败哭泣时，我又一次遗憾地与成功擦肩而过”……

谈到为什么想到做这个“花园”和“喜报”，何老师说了自己的想法：“教师应尽量调动学生对某类文章、某位作家的兴趣，激励学生课后多读多背典范性的文章和诗词。学生有了博闻强记的热情，还愁学不好语文？”我对何老师的这句话印象颇深：“语文是比数理化更浪漫的学科，优秀的语文教师首先应该是一位有情怀的浪漫诗人。”

二、咬文嚼字，用笔划唤醒母语的艺术

原以为何老师只是一个浪漫至上的美女教师，但当她展示出注重细节、务实的另一面时，我的看法马上发生了改变。我发现不仅何老师，连她的学生书写也大多娟秀工整，横竖撇捺之间透出抑扬顿挫的笔法，整洁利落之间显出细心凝重，让观者赏心悦目。很快我就在课堂上和作业本上找到了答案：学生写字时，何老师在课桌间穿梭指点，不时轻轻扶起这个的额头，拍拍那个的肩头：“像颗小松树，挺直小腰杆”“让你的字堂堂正正地立起来”“健康写字姿势，不让自己成为国宝大熊猫那样的近视眼哦！”“坚持把字写好的同学是最有毅力的”……学生都能和老师共鸣，不仅耳熟能详，还能随着这些温馨提示挺挺腰背、调整姿势。

何老师说，写字看似简单，真正把字写好了，其中就大有学问。语文是透着翰墨之香的，这书香伴着墨香滋养着人的性灵。“字是一个人的第二张名片”，写好中国方块字就是民族文化的传承，关键不在于我们是不是书法家，而在于我们有多少激励的艺术，激发学生的兴趣，坚持把这件事情做下去。同时，还要把写字评价纳入语文总评之中，确保写字教学的落实。

她告诉学生，我们的汉字耐人寻味，每个字都是会说话的：“人”字撇柔捺刚，说明每个人都有长处和短处，要能屈能伸；一撇一捺相互支撑，才成为一个“人”字，意味着人与人之间要相互合作，相互支持，才能成就事业；“朋”是由两个月字组成，好朋友要相互尊重，相互关心，友谊才能天长地久；“聪”字告诉我们要眼观六路，耳听八方，心多思考，口多交流，才能成为一个聪明的人……一横一竖，意味着做人要有骨气、有担当；一撇一捺就是说做人还要刚柔并济，能放能收；间架结构体现出尊重、合作、包容……

翻开学生们的作业本，除了悉心的批改之外，显然何老师更注重鼓励，作业本的封面就如同一个小小的花园，“翻飞”着美丽的小蝴蝶，也许正是这一个小小的举动，几句简简单单的话语改变了传统的写字教学，“让你的字堂堂正正地立起来”“坚持把字写好的同学是最有毅力的”就使写字教学有了执着、坚持的分量；“翻飞”着的小蝴蝶使写字变得有了期望和美的追求。我不禁感慨：“教学艺术，就蕴含在那些容易忽略的细节之中。”何老师还补充了一句：“一两次关注细节容易做到，让关注细节习惯成习惯，让细节为学生所接受更是一门艺术、一种坚守。”

习字的巧“功夫”

生：老师，“橱窗”这两个字很难写好。

师：观察一下这两个字的间架结构，“橱”字左窄右宽，“窗”字上窄下宽，是不好写，我来试一试。

师板书“橱窗”两个字。

生：“橱”字里面的“寸”字是不是长了一点。

师：好的，再写一个。

何老师认真写好这个“橱”字，退后几步，站定欣赏，并诙谐地说：“瞧，这个字写得多好，哪个学生的杰作啊？”学生都不由得笑了，低头端坐，写得也十分认真。我们也为何老师亦庄亦谐的教学艺术所折服：“写字还可以这么有情趣。”

三、有效阅读，用声音唤醒沉默的内涵

何老师的课堂教学如同一杯清茶，初品之下，不如咖啡浓郁，没有美酒劲烈，平常无奇，可接连几堂课听下来，我就发现其中的玄妙了，她的课堂里很少有开小差、捣蛋的学生，大部分学生都是那么庄重投入，专注凝神，好像都是肩负着一个神圣的使命，即使是那几个学习基础差的学生，也在有板有眼地尽力学习——她的每一节公开课就是家常课，而她的每一节家常课也都是可供切磋的公开课。

何老师赞同一位哲人说过的话：“所谓教育，就是当你学过的知识，在

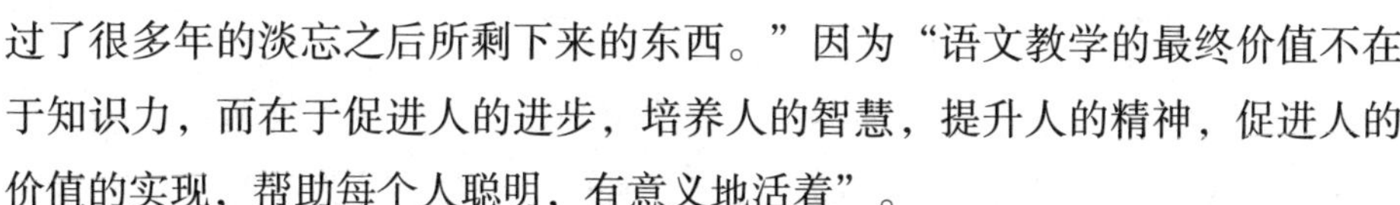
过了很多年的淡忘之后所剩下来的东西。”因为“语文教学的最终价值不在于知识力，而在于促进人的进步，培养人的智慧，提升人的精神，促进人的价值的实现，帮助每个人聪明，有意义地活着”。

幸福的味道

师：请同学们仔细读这首词，看看从哪些地方能体会到幸福的味道？

生1：“醉里吴音相媚好”，他们俩恩恩爱爱地喝酒谈笑，很幸福。

师：老夫妻略带醉意，互相打趣，他们会说些什么呢？

生：老头子，瞧你的脸都喝红了，真是精神抖擞、红光满面啊！

生：老婆啊，你虽然有了些皱纹，可在我眼里还是那么漂亮哦。

生：哈哈，我们都老了，真的是“白头到老”了！不过，我们有许多风风雨雨的故事啊。

生：老伴儿，你看我们的儿子们真是既勤快又孝顺，哈哈，三儿子在剥莲蓬，多可爱哟。

师：真是让人羡慕的“夕阳红”情景！他们都老了，可他们还依然是彼此手心里的宝。怪不得诗人欣然提笔，写下了——

学生齐诵《清平乐·村居》。

生2：他们虽然不富裕，但他们的儿子们勤快孝顺而且可爱（大儿锄豆溪东，中儿正织鸡笼，最喜小儿亡赖，溪头卧剥莲蓬），这也很幸福。

师：看到这样的画面，这样的情景，你准备用哪个词或哪句话表示自己的感受呢？

生纷纷作答：温暖，和谐，陶醉，好一幅农家风光图，幸福的味道……

师：是啊，这茅屋虽然简陋，生活也许清贫，但老夫妻两人——

学生迫不及待地说出：和和美美，相亲相爱，白头偕老……

生3：这里溪水清澈，小草油绿，荷叶田田，能在这样的地方生活，这也是幸福的味道。

师：是啊，夫妻和睦，儿女孝顺，身体健康，景色优美，幸福的味道真多啊。让我们用动情的朗读祝福这两位永葆童心的老人，表达我们对这种美好生活的向往吧。

学生齐诵《清平乐·村居》。

从这个课例不难看出，她不仅关注文本知识，同样关注文本的内涵，张扬文本中蕴含的人性和情趣。通过吟诵、理解和想象，拓展了诗词的外延，使教学活动有了张力。学生体验到了“使其言皆出于吾之口”“使其意若出于吾之心”，进而找到对语言的感觉，琢磨出语文的味道，形成情与意的交融，言与思的汇合。正如叶圣陶先生在《精读指导举隅》前言中所指出的：“反复吟诵的时候，对于文章不仅理智地了解，而且亲切地体会，不知不觉间，内容和理法成了自己的东西，这是最可贵的一种境界。”

四、情趣习作，用经典唤醒自由的想象

德国教育家福禄贝认为，真正自由的活动才能激发人的创造性。虽然教学是一门没有定式的艺术，但面对学生教师同样需要教学策略，要讲究教学方法，“不注意激发学生兴趣的教学，就如同在生硬地捶打着冰冷的生铁。”这是原有教学的不足，也是近几年来的教学所力图解决的难题。古人云，“无舟楫何以至彼岸”，教学更是如此。儿童不是一个知识的容器，好的知识还要通过他们感兴趣的途径传授给他们，否则，会事与愿违的。《语文课程标准》也明确指出：“语文课程应该是开放而富有创新活力的，它丰富的人文内涵对学生精神领域的影响是深广的，学生对语文材料的反应往往是多元的。”作为母语教育课程，学习资源和实践机会无处不在，无时不有。

当我听了何老师的一节作文指导课后，对这一理念就更有感触了。她引导学生广泛阅读课内、课外的经典名著名篇，在不改变原作基本思想内容的前提下，改编经典，向文学大师们发起挑战，让独特的创意融入名著名篇中去，同时又要让文学经典变成笔下汩汩流动的字符，让经典为学生所用，让学生享受经典，创造经典。

在何老师循循善诱的话语里，“经典改编”变成了幽默的“旧瓶装新酒”，她告诉学生“原作好比是一只人见人爱的古董酒瓶，如果不想它只是你们家客厅博古架上的摆设，那你就酿一壶茅台或五粮液式的美酒再装进去吧。”学生们听得津津有味，也马上明白了改编要锦上添花，不要画蛇添足；要别开生面，柳暗花明又一村，不要翻炒剩饭，拿一张旧船票重复昨天的故事。

学生们或是想象卖火柴的小女孩来到了雪灾中的中国，还救护了受伤的

高压线维修工人，奇特的构思和字里行间所包含的那份关爱生命和温暖人心的真情，更是让人感到温馨，让人不由得为“温暖无国界”而拍掌叫好；或是根据《凡卡》创作背景，也就是“我”（契诃夫）童年的生活经历进行改编，想象“我”帮助凡卡逃离虎口，并且联系到1917年的十月革命，设想凡卡成为一个有理想的正义之士，参加了十月革命，推翻沙皇统治，为穷人谋取幸福……种种奇思妙想，个个不落窠臼。

学生想象力的张扬，应该是得益于何老师的习作教学既激发他们直接接触语文材料，又尊重了他们的独特体验，使学生在运用语言的过程中开阔视野，初步获得运用语言的实践能力，同时培养学生高尚的道德情操和健康的审美情趣，帮助学生形成正确的价值观和积极的人生态度，也成为她语文教学的重要内容。

近年来，她陆续总结出一些习作教学方面的论文，如《培养创新意识是作文教学的灵魂》获得全国小语会论文评比一等奖，《现场作文教学实录——〈一份薄礼〉》《习作内容的“吉祥三宝”》和《让温暖跨越时空》分别发表于核心期刊《语文教学通讯》2007年第7、8期和2008年第6期。

回想何老师那些能成功开启儿童心智的课堂教学，我们不难发现：她创设富有语文味的活动，切入巧妙的话题引人入胜，设置符合教学实际的情境，利用教学机智启发学生的思维，引导学生含英咀华深层体会等等，而这些恰恰是唤醒学生思维的教学艺术和策略。

五、巧于生成，用揣摩唤醒心灵的感悟

《法国初中教学大纲》明确指出“美学敏感的启蒙”是与“学生评判能力的培养”并置的两个目标，“要做到两者平衡”，进而确立法语教学的目标是“让每个学生形成自己的个性，成为有觉悟的、自立的和负责任的公民”。朱永新先生提出：“教育是心灵的艺术。”他近年来提出的“教育理想”也引起何老师的关注和思考。如果教育者是一个不懂心灵艺术的人，那又将需求正确的心灵碰撞的学生引向何方？

教育是一门艺术，言谈者多，可意会者少；教育是一门技术，言谈者少，可意会者多。技术与艺术之间，相差又何止千里？何老师在《小学阅读教学中课堂反馈的问题及改进策略》中指出：“教学是一种机智，是一种艺术，更是一种人生态度。教师或因势利导，尊重了学生已有的知识经历；或

运用他们喜欢的表现方式，给予学生自由发言的时间；或为学生开拓一个思维的空间，打通书本与生活的连接，感受到语言文字的鲜活和学习语文的乐趣，使课堂真正成为体现师生智慧的空间。”

“母爱”有多重？

学习肖复兴的《荔枝》时，有的学生提出疑问：“既然母亲那么爱自己的儿子，她为什么不买荔枝或好些的沙果给儿子吃？”

何老师没有马上回答，而是让学生通过计算发现“我”每月工资42元半，每天才一元四角钱生活费；再请他们根据自己的生活经验，猜想“我”家会有哪些日常开销。

“柴米油盐酱醋茶。”“水费、电费，还有稿纸费！”“母亲年纪大了，说不定还有药费呢。”……

她再次引导学生找出文中描写沙果和荔枝的句段朗读揣摩。从被母亲“一一剜去了疤”，洗得“晶光透亮”的沙果上，学生体会到：“母亲买处理的沙果给儿子吃，已经很不容易了！”“这分明是慈母的心。”对荔枝的理解也深刻多了：“钱这么少，作者还给母亲买那么贵的荔枝，真有孝心。难怪母亲像孩子一样高兴。”……

朱熹云：“读而未晓则思，思而未晓则读。”看来，我们要力求教学过程简约一点，内容明了一点，方法便捷一点，但却不能少了读书思考的时间。荀子说：“不全不粹之不足以为美。”何老师反其道而用之，以这种“不全、不粹、不足”的减法，在平淡中成就了所谓“简洁为美”，用积极“无为”，造就出“有为”的语文教学境界。只有经历阅读、品味、揣摩、想象、理解、感悟这一系列的语文实践活动，才能领会出作者遣词造句的妙处，获得淋漓尽致的独特体验，发现字里行间深藏的意蕴和情感，实现语文能力的提高，促进语文素养的飞跃。“教学的艺术不在于传授本领，而在于激励、唤醒、鼓舞”。这个研读的过程就是唤醒学生心灵感悟的过程，而且这个过程比结论本身更重要。

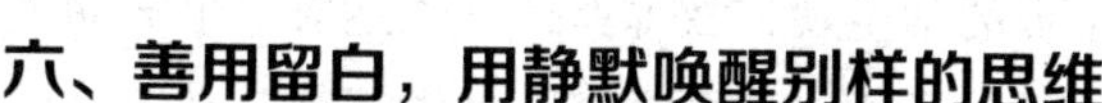

六、善用留白，用静默唤醒别样的思维

何老师对“灵感”的重视源于18世纪杰出的浪漫主义者卢梭。“卢梭进一步把人的内部感觉，或者说是人的活动的动力——情感包括进他的方法中去了。卢梭由此把浪漫主义的格调引进了教育，其影响直到20世纪尚未消退。”这种教学思潮对她的教学产生了一定的影响。

另外，我国传统文化特别讲究的“空”的灵感境界也让何老师颇费思量。国画要“留白”才空灵出尘；书法出了“飞白”才显出神韵；对弈做了“眼”才满盘皆活。马致远的《寒江独钓图》只画了一叶扁舟漂浮在水面，一渔翁坐在船上垂钓，四周除寥寥几笔微波外，几乎全是空白。虽如此，却给欣赏者提供了一个深远的意境。何老师的一些教学细节也引起了我们相似的联想，她在教育的紧要处，有意留下一些“空白”，创造一种虚幻的“空间感觉”的妙境，巧用“空白艺术”，让学生自己去想象、思索、玩味，不经意间会收到一些灵动而富有变化的教育效果。

当老师静默的时候

那天上口语交际课，也许是因为我和几位老师坐在下面的缘故，突兀之间学生显得有点局促，面对“小蜜蜂信上的这三个小洞说的是什么”的问题时，他们的思路明显不够开阔。

根据教案，接下来就是学生相互交流的环节，但我觉得效果可能不会太好。正在这时，何老师不动声色地提出：“现在我闭住嘴巴不说话了，我们在静静的三分钟时间里静静地想象自己的故事，进入属于你自己的童话世界吧。”教室里很静很静，时间在一秒一秒过去。渐渐地，孩子们的眼睛亮起来，小嘴巴也憋不住了，想到了，举手了……“那时说一年的第三个季节到了，我们三天后去秋游吧。蚂蚁很高兴……”“红红的树叶，绿色的三个小洞表示三天后这里将会有一场森林大火，要小蚂蚁搬些树叶当小船到碧波荡漾的湖里去避一避……”“表示三天后，它将寄给小蚂蚁三件礼物，第一件是……”

当老师静默的时候，学生们的舞台别样精彩。

我体会到，作为一种乐观的学生观，教师要经常表达对学生的期望，但要使教师期望促进学生成功，除了语言，更需要“教学行为”来表达对学生的高期望。对此，何老师也有自己的独到注解：美，有时源于一种朦胧；教学的精彩，有时出于一种静默。从心理学上说，人有七情六欲，多种感官，在特定时间内，人的注意分配是有限的，一种感官占的时空多了，另一种感官就没有太多的时空了。静默，把时间和空间留给了学生；静默，就是教学的流动过程的“留白”状态，一种正常的状态。

七、鼓励质疑，用探索唤醒天真的思辨

何老师任教研员时有过这样的发现：在学年度质量检测中，要求学生阅读短文后，“向老师或同学提出自己的问题”，反馈结果却表明“许多学生提的问题局限于字词理解方面，缺乏有价值的探究性、思考性的提问”“相当多的学生不会提问，他们没有什么问题”。这不由得引起了她的思考：这些学生的问题意识哪里去了？我们该如何激发他们质疑问难的兴趣呢？

带着这个疑问，她查阅资料，发现各国母语课程标准或母语教学大纲，纷纷将学习母语与优化思维两者有机联系起来，自觉地视学生学习母语为淬砺其思维品质、发展其思维能力的主要途径。正如美国教育家所公认的那样，母语教育是“实现培养有见识、能思考的公民这一教育中心目标的最重要的一种方法”。尤其是，诸多母语课程标准或母语教学大纲中普遍、频繁出现一个关键词“批判性”（替换词有“批评”“批判”“评论”“评判”等），要求学生在母语听说读写的实践活动中以自主独立的批判性思考为主宰，对教材选文或各种信息做认真的比较、筛选和鉴别，并使其价值目标指向创造性思维。也就是说，母语教育的核心目标在于“我思故我在”“我疑故我立”。

因此，她鼓励学生勇敢质疑，不仅“利于学生想象力的发展，还把学生引向观察、试验、论证等科学探索的方法中去”。她认为既然教材无非是个例子，那就要敢于运用教材、超越教材。如教学《琥珀》一课时，她针对学生质疑的问题“松脂是怎么渗出来的”，有意识地引向探索蜘蛛和苍蝇都被裹在松脂中的原因；“松脂为什么不溶于水”，则指向松脂球为什么能经历沧海桑田变成化石的原因，大胆猜测“松脂是怎么渗出来的”“松脂为什么不溶于水”的原因，以及这些原因与形成这块奇特琥珀的联系；然后师生

一起研读课文，从中寻找答案，或就文中无法找到满意结果的问题，引导学生将学习活动向课外延伸，到《百科知识》《少年百科全书》《十万个为什么》等书中，甚至利用网络寻求答案，对结果进行验证推测。这样既落实了使学生“逐步养成实事求是、崇尚真知的科学态度”的新课程目标，又培养了学生思考问题的兴趣和推理、猜测的思辨能力。

谈及这个教学理念时，她引用了赞可夫的一句名言：教会学生思考，这对学生来说，是一种最有价值的本钱。“我希望通过我的努力，帮助我的学生成为具有独立思考能力的人，而不是唯唯诺诺的羔羊。”

八、强调实践，用体验唤醒求学的乐趣

《老子》有言：“将欲夺之，必固与之。”何老师觉得有效的语文教学应该是学生积极参与的活动。她曾说，语文教学姓“语”，那是不是应该名“体验”呢？这种体验，是阅读文本的感悟，参与过程的兴趣，感知生活的经历。“不注意激发学生兴趣的教学，就如同在生硬地捶打着冰冷的生铁”，那没有体验的语文教学也是失却了灵魂的“鸡肋”。教师要设计富有语文味的活动，设置引发兴趣的交流话题，创造引人入胜的交际情境，运用智慧点燃学生的激情，引导学生饶有兴趣地完成习作，让学生处于自由蓬勃、生动活泼的语文活动中，唤起积极参与的情感，使语文教学提供的东西“让学生作为一种宝贵的礼物来领受，而不是作为一种艰苦的任务要他去负担”（爱因斯坦语）。我觉得，语文教学第一要务是让学生“喜欢”语文。

飘满柚香的课堂

学校发了一些柚子，何老师决定与学生共享佳果。因有彩色塑料膜包装，他们只好“八仙过海，各显神通”：有的伸手掂量一下，“拎一拎，挺沉的柚子水分就多，好吃”；有的煞有介事地东按西按，“按按柚子的‘肚脐眼’，软和些的可能熟一些，也就甜了”；有的神秘兮兮地闻闻，“我想闻闻这柚子的香味，香一些的应该好吃”；还有的二话不说，干脆拎一个就走，“没招，碰运气，听天由命了”。

一声令下，各小组就忙开了：用手抠的，用剪刀划的，还有七手八脚帮

着按住柚子的，都拿出了武松打虎的架势，脸蛋涨得通红，额头上都渗出了汗珠。不一会儿，各小组陆续去皮剔子，塞进嘴里，有的连声称好，也有的大呼难吃。但不管如何，柚子很快就吃完了，“战场”也是在笑声中争先恐后地清扫干净。

冠、亚、季军就诞生了，师生们一起命名：风卷残云之冠军–第八组；囫囵吞枣之亚军–第二组；狼吞虎咽之季军–第三组……细嚼慢咽之最后一名–第六组。

学生在一片欢笑声中写下了这节飘着柚子香味的课，有参与有体会，有内容有感受，习作结果也就可想而知了。

《语文课程标准》指出，语文是实践性很强的课程，应着重培养学生的语文实践能力，而培养这种能力的主要途径也应是语文实践。语文是母语教育课程，学习资源和实践机会无处不在，无时不有，就算在语文课堂之中，也可让学生在学习新课文、新句式、新词语的基础上，联系已有的知识、生活的积累，更多地直接接触语文材料，在大量的语文实践中掌握运用语文的规律。

语文实践活动体现的是大语文的教学思想，在这一思路的指导下，语文实践活动既要重视知识认知，强调实践建构和能力提升，又要是对语文学科学习目标的升华与超越。在这种活动方式下，学生不再是一切活动的接受者，被动地接受活动，而是带着自己的兴趣、需要直接与客观世界对话，从而使语文活动与语文学习、与语文探究相统一，内容与过程相统一，充分体现活动者的自主性与能动性，由此获得“自我发展力”，“到社会（集体）中去学活动，到生活中去学活动”。

“想要唤醒学生的心灵，首先得唤醒自己。”这是何老师反复提到的理念。正因为有着“教学相长”的梦想，所以一路奔跑。她先后在市、省、全国的各类比赛中二十三次获奖，其中国家级、省级、市级一等奖十五次，两次在海南省教学比赛中获得一等奖；在教育类专业书刊上发表论文近二十篇，论文评比多次获一等奖。

2005年9月，她来到育才三小工作，回归了课堂。陶行知先生说：“语文教学要带学生在文章里走一个来回。”何老师在教与研之间也恰好走了一个来回，这个寻求超越地来回让她继续处于奔跑和思考之中。三年来，她又有了新的收获：区命题比赛获一等奖，市说课比赛一等奖，市论文评比一等

奖，省论文评比一等奖，教育部基础教育司“远程培训优秀指导老师”，撰写的论文《从英国乡村女教师的体育课想到的》《行走在教与研之间》《现场作文教学实录——〈一份薄礼〉》《习作内容的“吉祥三宝”》《〈一份薄礼〉习作教学设计》《让温暖跨越时空》发表在教育类核心期刊上。

当我将本文初稿送给她过目时，她再次诚恳而深有感触地说：“我没有什么特别之处。读书，思考，实践，总结，是我喜欢做的事情。唯有勤能补拙，勤于思考，勤于实践，这样才能有所获益。”她的行动就是对她自己的话，以及对“教师要给学生一杯水，不仅先要拥有一桶水，还要力图成为一条河”的有力诠释。

我觉得，无论我总结出何老师多少教学智慧，最终都要归结于她上面这段朴实谦逊的话语，因为教师这个职业是需要揣着一颗圣心在课桌间穿行的。

注：原文收录于四川教育出版社2008年11月第一版《南山区特级教师教学思想研究》，后收录于华东师大出版社“大夏书系”《名师怎样观察课堂》2009年10月第一版，名为《语文课堂教学诊断与思考》。作者黄海舟，原为湖南文艺出版社文学编辑。

行云流水　大巧无痕

——评何莹娟现场作文指导课

何老师的这一堂作文指导课设计精巧，特点鲜明，整节课如同行云流水般，让孩子在民主、和谐、愉悦的氛围下享受了习作过程。孩子参与其间，既能切实习得必要的写作知识，个体的想象又能得以自由驰骋，且整节课思维活跃、开放，习作的构思和表达大胆、新奇，受益匪浅，教学效果显著。

首先值得学习的是何老师对写作知识大胆而又巧妙的讲授。课改推行至今，对于作文指导课优秀的评判标准争议很大，其中“写作知识的讲授”成了争议的热点。也许曾经我们过于注重“规矩”的讲授，以至于一批孩子受其荼毒，所以，很多教师在作文指导课上避讳讲授写作知识。而何老师的这堂课给我们以启示：写作知识是孩子习作必须掌握的，指导课当讲则讲，但要讲得有艺术性。何老师巧妙地借助“聪”字，顺水推舟地和孩子们共同发现其中的奥秘：聪明的人需要眼观六路、耳听八方、口勤说话、心多思考。这其中蕴含了本节课需要孩子具备的写作知识：多角度观察，缜密思考，大胆表达。这些原本显得生冷的，极具成人化的知识，就这样举重若轻地实现了“自我发现”。这一发现带来的成功喜悦又能转化为进一步参与习作的信心。可见，这样的讲授是科学的，富有实效的。

其次，让人意想不到的情境创设，水到渠成的流程设计，在降低难度的同时也为习作增添了神秘色彩和无穷乐趣。何老师让孩子猜测礼物，并且出乎意料地展示了这神秘的礼物——一张白纸。礼物表面上看似平淡无奇，可经过教师“平中见奇”的引导，孩子们思路开拓，奇思妙想层出不穷，习作的粗略构思也就在这灵动的教学过程中自然生成。是什么让孩子们如此热情高涨，主动参与呢？是教师精巧的设计：让孩子猜测礼物，好奇心，好胜心一开始就被激发；展示一张白纸，情绪暂时低落，但此时的“低”是为了冲向一个新兴奋点；利用白纸进行创意加工，孩子的思维彻底激活，全情参与，师生互动，达到写作前的“愤悱”状态，并且当堂生成并积累了可供写作的素材。在这种状态下，每个孩子的表达的欲望非常强烈，心中有话，“写下来”就成了自己的迫切需要。单从孩子们拟定的题目就可以看出，每一个个体的想象都是各具特色的，文章也势必呈现出千姿百态，彻底解决了“经过指导千篇一律”的顽疾。

更为可贵的是，整节作文指导课“说写不分家”，孩子的即兴口头作文能及时得到师生的评改，当堂就能在评说中有所提高。我们不难发现，结合着教师的指导，孩子说得很充分：师生巧解“聪”字，孩子在情境中练说；教师设置礼物的情境，孩子在参与后总结自己的感受和体会；自主拟定题目时，孩子放胆表述自己的文题，其实也在阐述将要写的文章的大致构思；最后的展示习作，互动评点，更是让说和写成为主角。这样的写作指导课，说得充分，写有保障，是一节名副其实的优秀写作指导课。

注：本文作者何捷，福州教育研究院语文教研员，全国儿童写作教学的领军人物，福建省语文学会小学专委会秘书长、福建省作家协会成员、语文学科带头人。对作文写作的研究，得到业内专家的高度认可，被认定为中国当代写作教学流派之一。

谈笑声里学古文

——观摩何莹娟老师课堂《杨氏之子》

五十五字，道不完千言万语的智慧。听何莹娟老师谈笑声里教古文，听孩子们玩笑声里学古文，心舒畅，意徜徉。

一、谈笑声中，亲其师贯课堂

“何校长！”“何老师！”“何阿姨！”“何姐姐”，课伊始，孩子们的一声一声称谓跨越了千山万水，无比亲切可爱。牵一发而动全身，开课的轻松，融在文字里，笑在表达中，于是有了那些“别称”——荷包蛋、荷花荷叶、河水河马，这样的肆无忌惮，谁说不欢喜，谁说不灵动跳脱呢?！

“你具有毛泽东少年风采！”“你是我弟弟呀，肯定不错的！”“讲不出来，我会救你的，不会让你掉坑里的。”……声声谈笑里，“何姐姐”轻一言，爱一语，让孩子们的紧张在弹指间飞灰湮灭。

何姐姐说：“在非常态课堂里，需让学生的‘装’放下来。”站在孩子们中间，她不是校长，不是老师，而是平等的交流者，是随时伸手拉你防止“掉坑”的小伙伴，是可以一起笑谈故事，分享感悟的邻家大姐姐。

这样的妙语，轻松地打开了笑语的课堂，实在妙哉！

二、朗读声里，古文韵绕三梁

朗读是学生整体语文素质的重要组成部分，是语文学习中行之有效的方法。尤其是学习古文，尤其是把五年级的古文放至四年级的课堂。

何老师在课堂上引导学生在自由读里疏通文义，在个别朗读里正音释义，在评价复读里架桥敲重心，在合作朗读里重现聪慧智子，在范读声里

"藕断丝连"……声声古文韵，步步入情境。

在读中熟，在读中懂，在读中悟，在读中扩，这样的朗读，巧妙地推开了古文学习的悠悠之门，实在美哉！

三、穿针引线，重方法引方向

一篇古文，55字；一堂课，40分钟；一理念一方法，益终身。何老师的课堂是生动的、丰富的、可爱的、美好的。听课的我，陶醉于妙语欢笑中，崇拜大师的智慧引领，感动课堂真诚生成。跳出课堂，翻开记录，才恍然何校长交给我们的不仅是这堂课，更是课堂里传递出来的真理念、好方法。

不论学习古文，还是现代文，如同抓沙子，抓得越紧，失得越快。我们需选择适合学情的，需重视培养学生学习的兴趣，这是一切学习的根源；重视方法的指导，以篇点万篇，以文代文，教会学生学习的方法，触类旁通；重视知识的输出，让学生在课堂真正学有所得。

我想，这样的理，这样的法，正是我们学其一生，探其一生的方向，实在善哉！

师从何校，何其幸哉！孩子们说您是姐姐，是荷花荷叶、河马河水，是大自然一切可爱的化身；我说您是我眼中执剑行江湖的女侠，一马平川，指点江山。在您的身上，我不仅看到了大师的风采，感受到深厚的"武功"底蕴，更是看到了一个教育人孜孜不倦、激情创造的情怀。

永远在奔跑，这就是您！跟着您奔跑，这就是我们！

注：本文作者蒋伶艳，深圳市龙岗区坪地二小语文教师，系何莹娟工作室第13批跟岗学员。

最是难忘跟岗情

——我眼中的名师主持人何莹娟老师

“同学们：二十天，相识，相知，相交；一辈子，交流，交情，交心。蒲公英祝福大家：永远健康、快乐、幸福！”这是何莹娟工作室学员跟岗结束后，班长何英发来的短信，读着很温馨，很感动，但是表达了我们的心声。跟岗结束回来了，又回到了现实的工作生活当中，一下子适应不了工作的我，真希望时光倒流，回到二十天前……

一、跟岗前变奏曲

二十天，刚与同学建立了感情，又要分别，真是不舍，难言再见。在这苦并快乐着的二十天里，已近不惑之年的我仿佛又回到了学生时代——单纯、无忧无虑。

出国的，回国要倒时差；跟岗的，回到单位也要倒角色。在育才三小，我是“学员”，只管认真、虚心学就是了，而回到自己的学校，面对纷繁的事务，一周时间，都难以调整回原工作状态，总在回味育才三小优美的校园，回味何莹娟老师的音容笑貌，回味与十位同学同甘苦共患难的时光……

清楚地记得，在接到跟岗学习任务前，我本打算“半工半读”，能偷着回校上班就尽量回校，争取做到工作、学习两不误。但当我身处其中时，才发现我想错了。育才三小何莹娟工作室的跟岗学习是绝对不能三心二意的，那满满的、密密麻麻的课程安排，恐怕你全身心投入也很难完成。识时务的我赶紧打消了回校上班的念头，与刘校长做好解释工作，取得了校长的支持。

是这个工作室的科学安排、计划性强，组织工作到位、落实，使我这个本想偷着回去上课的“好老师”，变成后来即使有空可回学校上课，也不想离开这个集体的“好学员”。

二、我眼中的何老师

在这二十天里，我是认真的。首先是这个班的导师何莹娟身上散发出来的人格魅力影响了我。不管从哪个角度、哪个场合看，何老师都会给学员很好的示范，让我们领略到名师的风范——大气、博学、有思想、有主张、上下协调能力强。早前在广东教育学院何老师给我们上课时，就给我留下了很深的印象。这次，有幸成为何老师工作室的学员——贴身跟岗，全方位地学，才发现，原来在我眼中的何老师的优秀，只是冰山一角。

在育才三小，何老师是一名普通的语文教师、班主任，二十天里，她原本的工作照样做，没有因要带一窝蜂涌进来的十一位学员，减轻一点工作量。两个班，就凭着何老师那柔弱的肩膀硬是挑起来了，真佩服何老师的能干。

为了我们这个班的顺利开班，何老师发挥个人魅力，协调好一切关系，得到了领导、教师的全力支持。我们在育才三小的二十天里，学得那么顺利，那么舒畅，那么从容，全凭何老师做事周到细致。

何老师还是一个热爱生活的人。她的工作室，布置得那么诗情画意，让每一个进到这里的人都很喜欢。墙上挂有工作室的制度、职责，工作室的味道很浓；书柜上装满了我们语文教师爱看的教育类书籍，成了我们跟岗学习著作阅读的书籍提供源；两张办公桌、六把颜色鲜艳的椅子、软软的皮沙发是专门为我们的到来购置的，坐在其中有家的感觉；临时加装的两台可上网的电脑是专门为学员准备的，就这样，不太宽敞的办公室把十一号人妥妥帖帖地安排下去了，在里边可以舒适地坐着学习、开会、讨论，还可以怡情放松。点缀在办公室里的风水轮、绿罗滕、盆栽等充分地体现了何老师是一个热爱生活的人。

何老师的上课、评课、做课题、组织各种学习交流活动的驾驭能力自不在话下。她既可以跟学员平等地交流、毫无保留地传经，又可以恰到好处地跟大学教授、知名专家、教研员打交道，甚至还可以与同事、学员谈笑风生，非常幽默，所到之处笑声不断。

工作中的何老师是如此成功，家庭生活更是美满幸福。我本以为工作上忙碌的何老师，为自己的事业付出那么多，家庭生活会受到影响，家里会打理得没那么好。我又想错了。跟岗学习结束的前一晚，我们有幸得到何老师

的邀请，到了她家小坐。那个家呀，是我在深圳很少见到的温馨的家，错落有致的被戏称为四层的家，种有各种花草果树，养鱼养猫，三楼的两个大而长的阳台栽满了花。我想，要侍弄好这些动植物，可够忙上一天的了，体力的付出相当于一个农民一天的劳动量。在大城市里能过上田园味十足的生活是多么的奢侈啊！何老师的先生则被我们呼作“黄师公”，是一位很有内涵的人；女儿可爱，学习成绩很好。此行让我觉得工作室的意义不仅限于专业上引领学员，还把我们引向了生活，让我们领略到名师的生活质量也一定是高人一筹的。我很庆幸那晚没回去，看到了何老师的另一面。

三、会玩也是一种本领

别以为到工作室来就只有学习。我们这个集体，工作室的学习、交流任务是很紧张的，我们常常为了完成学习任务熬夜，很少有十二点之前就寝的。为了奖励我们的学习态度，何老师带领我们到湖南学习考察。这一次的出行，我同样学到了很多。怎么玩，这也是我这次学会的（别见笑）。因为我是这个班的生活委员，必定会比别人多了一份操心，就会比较投入其中，“补位—服务—见机行事”，我常常看到的是何老师怎样在这次的出行当中组织，特别是玩的时候，怎样说笑话，调节气氛，怎样让我们的活动充满笑声，如此和谐、活泼的场面是我从没见到过的，四天的出行，我们的脸部肌肉都僵硬了，多了好多笑纹，我们拍了很多照片，我们该放开玩时就疯狂地玩，该严肃学习就一本正经，谁都不含糊。这一次的出行，我破了很多纪录，拍照最多，拍到的靓照最多，姿势表情最自然，学会了怎样放开玩，放开摆动作，很上镜；笑得最多，听到的笑话最多，笑神经最发达……

四、精神大餐营养丰富

当然这次跟岗最大的收获还是学到了很多专业方面的知识，简直就是大餐。我们听了郑明江、高乃松教研员的讲座、评课，听了上海教育学院扬四耕的讲座，听了深圳大学徐晋如博士的文学讲座，听了周其星的阅读报告，听了陈绪贤主任的讲座、何艳红老师的班主任工作交流，听了方丹琳老师、聂国平老师的课等等，还听了催人泪下的育才中学陈晓华的《享受教育的班主任工作心得》的报告。

以上都是何老师为我们安排的精神大餐。最主要的还是做课题，可以说，我这次才真正学会做课题，真是及时雨啊！原来都是为做课题而做课题，痛苦地做，应付地做。我的原课题是关于中年级的有效作文教学的研究，后经何老师、谭教授的指导，建议我就“发表文章”这个点来做，正中下怀，这正是我所期待攻破的一个问题，也是我当前迫切想做好的一件事，原苦于水平能力，只好望“发表文章”兴叹，这下好了，我将把此问题当课题来研究，我想，我一定会在这方面有所突破的。这得感谢跟岗学习的安排，感谢我跟到了一个善于做课题研究的何老师。我想，如我能一直得到何老师的指点，实打实地把这项课题做下来，一定会在专业发展方面得到一个质的飞跃。何老师，你一定要多帮助我这个愚钝的人啊！我一定会努力的，等到明年三月份结题的时候会拿出成绩来的。

五、感人的育才三小精神

南山育才三小教师们的工作状态让我很感动。这里的教师们工作做得好，且很愉快，他们对工作都是那么尽职尽责，“一个萝卜一个坑”，他们都把自己的工作看得很重，把学生看得很重，把课看得很重，连副校长要跟着我们外出考察，要耽误两天的课，第一反应都是为耽误课而内疚。这位已是副校长的男同志，竟然担任的是一年级的语文，已让我感到很吃惊了，一位副校长，一个不再年轻的男同志，一个星期上九节一年级语文课。天哪，这等工作量，面对一群“猴”受得了吗？在育才三小没有什么受不了的，带我们的何老师，二十天里，带十一位老师的跟岗，还照样带一个班的语文并且担任班主任，每天要组织早读、午间阅读、放学、带操等等琐碎的班务工作，真是厉害呀！教科室主任——陈绪贤，留学三个月，回来就出了一本《在美国边走边看》的书，这是一般的主任无法比拟的；开学一个多月就写了一本高质量的教学随笔《在路上思考》，里面共有十三篇文章，这让同是主任的我感到惭愧，原来认为自己能写几篇随笔就很了不起的我，在陈主任面前真是矮了一大截啊！这让我感到惭愧，自己同样是教导主任，没有做这么多事情不说，教一个班的语文，还常常在心里抱怨，喊苦喊累，真是不知福呀！

育才三小的学生礼仪、自我管理能力、校园环境、班级文化的建设都是很值得我们学习的。

在跟岗的短短二十天里，何莹娟工作室给了我们很多思考，育才三小给

了我们很多冲击，让我看到了差距，让我不再觉得就自己的学校好，就自己做了事，“山外有山，人外有人”，自己所做的一切真的是微不足道，自己的那点水平真的要好好提升。我愿以这次的跟岗为起点，向名师学习，向育才学习。

感谢这次培训的组织方——广东省教育厅、广东教育学院，为我们提供了这么好的学习机会，也庆幸自己跟到了这么优秀的何莹娟老师，来到的是被称为“广东教育看深圳，深圳教育看南山”的闻名全国的育才教育集团育才三小，感谢这次所有为我们跟岗学习付出的领导老师。我收获，我快乐！

注：本文作者彭秀清，深圳市盐田区海涛小学教务处主任，系第一期何莹娟名师工作室跟岗学员。

第二篇

生动课堂

2

生动园里话“生动”

探索生动与有效之路

1997年7月，参加全国情境教学培训，
与李吉林老师、陈先云老师合影

执教《杨氏之子》

2018年4月10日，参加“中国好老师公益行动计划焦作市
基地校‘学导和谐’课堂教学观摩研讨会”并做讲座

语文教学的“三剑客”

——《伯牙绝弦》教后反思

《伯牙绝弦》选自《列子·汤问》，故事感人至深，却只有5句话，77个字，而这77个字里却讲述了一个千古流传、感人肺腑的故事。尽管这是学生自《杨氏之子》后，第二次碰到文言文，就我所教班级的学生而言，文章比较浅显，他们理解这篇文章内容不是问题，但是我觉得学生对于知音文化的情感体验和认知难度，会远远大于对文本的理解。因此，我通过“读通读懂—理解拓展—感悟内化”三步曲来组织教学，首先引导学生自主学习，凭借注释和工具书读通、读懂内容；在此基础上理解拓展，丰富对语言文字、人物内心世界的感知，注重语言拓展；第三步是感悟知音，发表自己的见解和感受。

一、一招制胜——质疑

我们需要培养学生的质疑能力，因为这关乎学生是否主动求知、积极思考。说起学生的问题意识及其重要性，得先从西方哲学史上一个著名的例子谈起：有一天，罗素问大哲学家穆尔：“谁是你最好的学生？”穆尔说：“维特根斯坦。”“为什么？”“因为在我的学生中，只有他总是有一大堆的问题。”后来，维特根斯坦的名气超过了罗素。有人问维特根斯坦：“罗素为什么会落伍？”维特根斯坦说：“因为他没有问题了。”可见，问题意识对于一个人的成功是多么重要。

教育家陶行知也说过，发明千千万，起点在一问。这“一问”就是学会思考的体现，学会创造的曙光。而学生的问题意识产生的土壤是教师的关注、倾听，自由安全的学习氛围，激荡坚韧的健康成长环境，哪怕起初是一

些幼稚的想法，也能张起探究和创新的双翅，激发出灵感的火花。所以说，“质疑”无疑是一招制胜的“剑客”，它能建立学习型班级的课堂文化。

子曰：“不愤不启，不悱不发。”《伯牙绝弦》的教学总体设计是“从学情出发，以学定教”“教是为了不教”“兴趣是课堂教学中最可持续发展的资源”。鉴于本班学生的学习能力较强，对文本的理解不存在太大问题，所以，导入教学之后，我直奔主题，引导学生自学，小组讨论，通读通释，提出不懂的地方，同学之间主动学习，展开思考，在教室里建立起很重要的“民主交流互相补充激发”的学习流程，促进“质疑—交流—补充—理解”的学习型课堂文化。

生：我有一个问题，“伯牙谓世再无知音”中这个“谓”到底是他觉得这个世上再也没有他的知音，还是认为除了钟子期，他就没有知音了？

师：你是问“谓”是什么意思？有谁知道吗？

生：我觉得是“认为”，伯牙认为这世上没有钟子期，他就再没有知音了。

师：本文里“谓”是“认为”。在古文里谓还有另一个意思，看它是什么偏旁？言字旁，猜一猜“谓”的另一个意思？

生：“说”。我在一本古文书上见过，《三国志》里面有句话就是当“说”讲。

师：你在《三国志》里看到，博闻强记，真了不起！

课堂里类似的片段还有好几处，学生通过“质疑—交流”相互激发，使学习过程成为智慧成长的过程。

二、一锤定音——乐读

乐读是学习古文最好的启蒙老师。德国著名的民主教育家第斯多惠有一句名言：“教育的艺术不在于传授的本领，而在于激励、唤醒和鼓舞。”我认为课堂里要多一些“无招胜有招”，减少师生刻意的范读和刻意的朗读指导，避免给学生一个信息——“你读得不好，听我来指导你。”这种状态下的儿童容易陷入被动接受的容器一般的压抑状态，思维和情绪很难得到激发、调动，缺乏创意和兴趣。这种呆板状态是学习的“天敌”。因此，我喜欢课堂里有我这个“热爱语文的老顽童”饶有兴趣的参与，有师生之间充满激情的欣赏和点赞。

朱熹云："读而未晓则思，思而未晓则读。"为什么会少了读书思考的时间呢？这就要求教学过程简约一点，内容明了一点，方法便捷一点。荀子说："不全不粹之不足以为美。"语文教学倒可以反其道而行，敢于"不全、不粹、不足"，在平淡中成就"简洁为美"，用积极"无为"的哲理，造就一种"有为"的语文教学境界。只有经历阅读、品味、揣摩、想象、理解、感悟这一系列的语文实践活动，才能领会出作者遣词造句的妙处，获得淋漓尽致的独特体验，发现字里行间深藏的意蕴和情感，使语文教学提供的东西"让学生作为一种宝贵的礼物来领受，而不是作为一种艰苦的任务要他去负担"。

指名两位学生朗读。

师：善哉善哉，读得确实流利，我也想读一读。（师朗读）你们还想读吗？

生齐读。

师：读得真是投入，只要我们带着一颗心来，就会精彩！我们聊聊课题，聊聊两个人物的特点，对文章就有了理解，心里添了几分感动，也宁静了许多吧。

师：书香怡人，宁静致远，请你们再次平心静气地默读课文，看看还有什么不懂的地方。请大家认真倾听提问，争取为同学解答。

培养学生对书本、对阅读的热爱，我们需要持之以恒地推广阅读。关于书的名言太多，我就不一一赘述了，在这里，想谈谈犹太人对书本和阅读的态度。

犹太人曾饱受世界上最深重的灾难，很长时间没有自己的国家，却在经济、科学和艺术等方面为世界贡献了一大批杰出的天才：马克思、达尔文、弗洛伊德、爱因斯坦……据说，犹太人很爱读书。在孩子出生后不久，父母就把蜂蜜洒在《圣经》上，让他们去舔，让孩子从小就感到书是甜的。父母还不断地为孩子讲上面的故事，从小就培养他们的阅读习惯，让孩子从小体验到看书和吃饭一样的重要。由此可见，培养良好的阅读兴趣和习惯是教育中不可忽视的一项重要内容。

一句话，语文教学第一要务是让学生喜欢"读"，不管是课内还是课外。

三、举一反三——实践

语文教学姓"语"，应该多一些"语言实践"。教学中，不忘结合课

文进行了必要的拓展延伸，实现语言的输入和输出。“不注意激发学生兴趣的教学，就如同在生硬地捶打着冰冷的生铁”，教师要设计富有语文味的活动，设置引发兴趣的交流话题，创造引人入胜的交际情境，唤起学生积极参与的情感，点燃学习的激情，让学生参与到自由蓬勃、生动活泼的语文实践活动中来。

师：假如现在我就是俞伯牙，你们就是钟子期，请问子期，伯牙鼓琴，志在明月，你会怎么赞叹呢？

生：善哉，皎皎兮若明月。

师：为什么笑？有什么问题？

生：他说明月像明月。

生：可以这样说：伯牙鼓琴，志在明月，钟子期曰：善哉，圆圆兮若碧玉。

生：伯牙鼓琴，志在绿树，钟子期曰：善哉，依依兮若杨柳。

生：伯牙鼓琴，志在草原，钟子期曰：善哉，绿绿兮若绿野。

生：伯牙鼓琴，志在高天，钟子期曰：善哉，茫茫兮若苍穹。

师：我太喜欢你说的“高天”这个词了，若高天！高天这个词不一般。

在学生充分表达的基础上，我进一步有效地调动学生去触摸中华传统文化中的那一颗“君子之心”，演绎着文本中丰富的信息，让学生体会所谓的知音，就是那个世上最懂你的人。

师：伯牙的琴声寄托着他的心如流水、高山、清风、明月……君子的心像山一样的巍峨。

生：像水一样的浩大。

生：像高天一样高远。

师：那钟子期何止是在赞扬伯牙的琴，这分明是在赞扬伯牙的什么？

生：君子之心。

师：怎么样的君子之心？

生：像高山一样巍峨的君子之心。

生：像蓝天一样宽广的君子之心。

生：像大海一样辽阔的君子之心。

生：像江河一样浩瀚的君子之心。

生：像白云一样纯洁的君子之心。

师：你就有一颗纯洁的心，你能想到这么美的境界。

课堂教学过程中，教师还要善于处理生成的问题，给学生学习搭支架，如同苏格拉底的“产婆术”，也就是循循善诱吧。

师：他们二人一个很会听琴，一个很会欣赏，用我们的话来说，就是会欣赏，会倾听。

生：钟子期还有很高的音乐鉴赏能力。

师：音乐鉴赏能力，你这个词用得很标准，赞一个。

学生插嘴的是“音乐鉴赏能力”，考验教师的是驾驭课堂生成的能力和“以生为本”、从儿童出发的理念。叶澜教授说过：“课堂是师生智慧产生的地方，教师要善于发现并鼓舞学生，为课堂教学‘推波助澜’”。

再看这一段：

师：我只有一点补充，请同学们看插图，仔细看，伯牙弹琴的神态，你可以用一个什么词来形容？

生：专心致志。

生：投入。

生：人与琴合二为一。

师：琴即是我，我即是琴。接着说。

生：全神贯注。

生：专心致志。

师：接着来，一个一个大声说。

生：到了忘我的境界。

语文教学要避免格式化，要重视激发独特的见解和体验，课堂里要有讨论、争议和不同意见，也就是要有形散而神不散的语文研学氛围。这和我们的传统观念可能有所冲突，如同我们喜欢把新生的婴儿“打包”得紧紧的，胳膊腿都绑得直直的，美其名曰：“让他长得直一点。”西方人见了惊叹：“怎么能这样粗暴的对待婴儿，应该把他的手和脚都解放出来！”——我们的教育在孩子一出生时就开始了这种格式化，而我们今天的变革，就是想把我们自己，想把孩子们都从这样的包裹里解放出来，我们的胳膊腿，还有我们的创新精神。因为，语文就是让儿童实践、运用的百花园。

教学永远是遗憾的艺术，“一千个读者就有一千个哈姆雷特”，虽说教无定法，但我们在教学过程中，可以尝试凭借“质疑、乐读、实践”这“三剑客”，坚持追求“生动、扎实、有效”，发掘语文本身所承载的内涵。

创新课堂教学六法

教育创新是教育的根本，教学创新关键是课堂教学创新。

创新课堂教学就是要探索一条适合学生主动发展，有利于学生创新精神、实践能力、合作品质培养的教学方式，通过创设富有探索性、挑战性的问题，让学生通过自主探索和合作交流，更好地激发学生的学习兴趣，培养学生的创新意识和创造能力，引导学生在课堂活动过程中感悟知识的发生、发展与变化，培养学生主动探索、敢于实践、善于发现的科学精神。

因此我们只有将创新的教材、创新的教法与创新的课堂环境有机地结合起来，才能将学生的主动学习与创新意识的培养落到实处。

一、围绕“关键词”展开教学

【教学片段】

《地震中的父与子》

师：在地震这种大灾大难面前，父与子展现出来的人性的光辉，课文的最后一句做了概括，请大家齐读。

（这对了不起的父与子，无比幸福地紧紧拥抱在一起。）

师：这句话中，关键词是哪一个？

生：了不起！

师：地震中的父与子，了不起的父与子！我们围绕“了不起”三个字来品读课文。

出示学习要求：①自由朗读课文；②用波浪线画出描写父与子“了不起”的语句，并批注“了不起”的理由。

学生在自由朗读、思考批注后，交流反馈，男生发言：“不论发生了什么事情，我总会跟你在一起！”

【观课评析】

既然教材无非是个例子，那我们就需要思考：一是怎么解读这个例子？二是考虑学生学情，通过什么方法途径，让学生理解这个例子？三是通过学习这个例子，学生获得哪些知识与能力？四是学生的学情现状，学习之后的拓展延伸方向在哪里？

基于思考的教学过程就是教师课程，它是教师运用自身的学科能力和素养，解读文本、对文本进行再加工，然后通过有选择的活动设计，组织学生披文入理，含英咀华，这个过程体现出教师的专业素养和组织策划能力。这样的教学过程，才是教师的教育智慧和专业知识的综合表现，最终转化为课堂艺术，使学生获得知识的同时，获得能力，得到潜移默化的精神营养。

二、围绕“空白”延伸教学

【教学片段】

这是已经教过多次的文言文，走进碧岭的课堂，仍是熟悉的课堂，仍是好学的孩子，也许是校长来上课，孩子们感觉新奇和特别吧，他们特别认真，我和孩子们都很投入。

《杨氏之子》

师：假如你们是杨氏之子，何老师来你家家访，父母不在，你们肯定要出来接待，为何夫子设果，果有杨梅。何指以示儿曰：此是君家果。

生：未闻孔雀是夫子家禽。

师：注意听！我说的是何夫子到你家来了。

生：未闻荷花是你家植物。

师：一个接一个说。

生：为何没听说荷包蛋是你家的？

师：我特别爱你这个特调皮、特大胆，敢于调侃老师，有创造思维的孩子。请继续……

生：未闻核弹是你家造的。

生：我没觉得荷包蛋是你家发明的。

师：荷包蛋已经被人家占用了，现在说到了荷花、荷包蛋、核弹。接着……

生：未闻荷叶是你家种的植物。

生：未闻和谐号是你家列车。

师：如果和谐号是我们家的，那今天在座的各位坐和谐号都不收钱（众乐。）

生：未闻河水是你家的水。

师：那我就成了狼和小羊里的大灰狼了，（师用大灰狼的口吻）你把我的水弄脏了……

生：未闻和平是你们何家的。

师：我喜欢和平，世界和平就好。还有吗？

生：未闻河马是你家动物。

【课后自评】

这个课例抓住了“未闻孔雀是夫子家禽”这个富有内涵和想象空间的“空白点”，不仅关注文本知识，同样关注文本的内涵，丰富了语言和想象力，张扬文本中蕴含的人性、情趣之美。例如，《我的伯父鲁迅先生》一文中的“饱经风霜”，《我的战友邱少云》中的“纹丝不动”；古诗文中就更是一字千金，字字珠玑，值得品味的“文眼”很多，如“春风又绿江南岸”的“绿”的景象，“故园无此声”的“此声”是哪些留给作者美好回忆的声音呢？

崔峦先生曾说：“习作能力的根，在阅读能力。我们要重视读中悟写，读中学写，体现读写结合。”读写（说）结合是提高学生语文素养的一个重要举措。读是理解吸收的过程，写（说）是表达运用的输出过程，二者关系密切。因为运用语言文字反映生活、表达思想感情的方法是从阅读中获取的。

三、乐于放飞学生“想象力”

【教学片段】

《奇思妙想》

师：（板书课题）同学们，奇思妙想是本节课的主题，人类因为想象力而不断进步，可见想象力对于我们的重要性。下面，我要考考大家的想象力。

师给每一位学生发学习纸（注：每位学生拿到的图案都不一样，图案是黑白奶牛身上花纹的一部分）。

师：请同学们给黑白奶牛的花纹加上几笔，想象成另外的内容：物品、

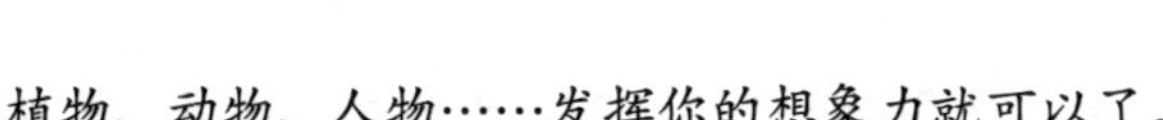

植物、动物、人物……发挥你的想象力就可以了。

生动手添加，有的画成茄子，有的画成人脸，有的画成小猴子……应有尽有，各不相同。

【观课评析】

在林老师的美术课堂里，她是一个很好的引领者、组织者，她的学生是学习的主体，教室里做到了“双主体”的有机融合，学生的“想象力”像放飞的风筝一样越来越高。

“想象力是科学研究中的内在因素”，爱因斯坦早就断言，“想象力比知识更重要”，他的脑袋从来就不去装死的知识。李政道教授在谈到苏联的宇航业时就深刻地指出，是俄罗斯文学造就了俄罗斯人民的想象力，这在某种程度上促进了苏联宇航业的发展。日本的产品善于创新，大受消费者的青睐，富有创意的想象力是日本人源源不断开发新产品的主要原因。在追求创新的21世纪，着重于培养人的创新精神的素质教育，理所当然要大力培养学生的想象力。利用课堂教学培养学生的想象力责无旁贷，而且有得天独厚的优势。

四、勤于培养学生的“思辨力”

【教学片段】

《学会看病》

师：听朗读，用一句简洁的话说说课文讲了一件什么事。

生概括发言。（从发言质量和习惯可见训练有素，功在平时）

师：（投影母子对话）请同学们朗读母子对话，归纳这段母子对话讲的是什么。

生：儿子感冒了，母亲让他独自去看病。

师：你觉得这是一个怎样的母亲？

生：严格、无情、严厉、不近人情、不照顾孩子……

师：继续读书，儿子看病期间，母亲的心情是怎样的？你觉得她是一个怎样的母亲？

生读课文，批注画记，交流儿子看病期间，母亲的心情：不安、焦虑、牵挂、着急、忐忑不安……

生读相关句子，并发表看法：母亲很有方法；母亲很负责，她是在教自己的孩子学会看病；母亲的用心很深……

师：儿子生病，是应该让他独自去看病，还是应该母亲照顾、陪伴他去看病呢？请同学们思考准备，辩一辩，说出理由。

生仔细读课文，找依据，准备辩论。

【观课评析】

梁老师的课堂简洁明了，教者思路清晰，学生学有所获：学生在老师的引领组织下，自主概括，朗读对话，思考辩论，陈述观点，无论是阅读活动，还是拓展辩论，都做到了主线贯穿，心中有数，好比一篇好的散文，“形散而神不散”，始终指向文本的阅读和思考，输入和输出，坚持培养学生习得语言和运用语言的实践能力，只有这样，语文教学才会培养会概括、会思考的人，我们的语文教学才能解放孩子们的思想，使他们更聪明、有意义地生活——这需要我们从点点滴滴去熏陶、渗透，并坚持去做。

五、细微之处见“功夫”

【教学片段】

二年级5班复习课

（1）听写生字词语，同桌互助订正。

（2）找出生字表第二单元的多音字，带领孩子们书写认读、组词说话，老师相机板书，二年级的小朋友不用老师提醒，自觉书写。

李老师的这节复习课，如同一弯溪流，清浅而明快，他的教学环节很简单，折射的是他平常工作中对每一位学生的关注。

这节课给我留下深刻印象的是三个方面：一是班里没有一个孩子不会听写，包括一个有点特别的学生，我坐在这个孩子的身边，发现他70%以上的生字都可以写出来。通过课后交谈，李老师告诉我，这个孩子接受能力弱，需要反复强调才能记住生字，他是通过课后的个别辅导，帮助这个孩子的。这就是“关注每一个学生”“为了每一个孩子都发展”的理念。二是孩子们的笔记，教师和孩子们一起找出多音字，一边组词一边板书，下课结束时，每个孩子都能完成笔记，没有落后或者偷懒的孩子。三是李老师不急不躁，用平静舒缓的话语，不停地鼓励孩子，评价督促：“××同学，现在没人干

扰你了，认真写。”“写得很认真，真是个学习小能手！”“很好，写得很好！”（抚摸一下孩子的头或者竖一下大拇指，给予肯定）“仔细写哦，不然你的笔记就太少啦。”……

【观课评析】

李老师的课堂不喧哗、不急躁，从容淡定，听者感觉清爽明白，学生学得踏实到位。下课时我巡视学生的记录，发现没有写不好的，即使是班里学习相对落后的学生，也是写得很完整。“罗马不是一天建成的”，这反映出老师平时的训练比较到位，孩子们基本养成了做笔记的习惯，而且速度有提高。《语文课程标准》中明确提道，“能正确工整地书写汉字，并有一定的速度”，怎样才能落实，如何才能做到书写有一定的速度？李老师的课堂告诉我们，书写训练要落实到平时的学习、作业过程中，点点滴滴去坚持做：一是书写态度要专心，二是心手同步要熟练，三是平时训练要坚持。

六、吃透课标“巧搭支架”

【教学片段】

《画 风》

第一环节：读课文

师：刚才小朋友们有滋有味地朗读了课文，读得很流利，看来你们都是爱读书的好孩子，要是你们能把这个句子读好就更好啦！

PPT投影句子：赵小艺眨眨眼睛，想了想，说：“我能！”

师：谁认识这个长得像水珠滴下来一样的标点符号？

生：我认识，这是感叹号。

师：带着感叹的句子谁会读呀？

生纷纷举手，朗读。

师：课文里还有这样的带着感叹号的句子吗？

生：有！赵小艺笑着说：“我还能画！”（生朗读）

师：赵小艺好能干哟！你要是赵小艺，此时心里一定……

生：骄傲、高兴、我好能干哟……

师：你们的确是好能干哟！我发现还有一个标点符号，长得像妈妈的耳朵，上面还挂着耳环。

PPT投影句子：宋涛："谁能画风？"

生：疑问号！我会读！

师：开心、高兴、兴奋、激动的时候用感叹号，那我们什么时候用疑问号呀？

生：有问题的时候用疑问号。（师表示肯定）

师：那我们试一试？要说出来，还要同时书空写出来。

生：好。

师：你吃饭了吗？（生：疑问号。）我得了一百分啦！（生：感叹号。）哈哈，我成功啦！（生：感叹号。）你几岁了？（生：疑问号。）……

师：都学会啦！我们再来读一遍课文吧？看到疑问号和感叹号要加油读好呀！

第二环节：读懂课文

师：宋涛、陈丹、赵小艺三位小朋友是怎么画风的呀？

学生发言，但是要讲明白怎么画风的，语言表达还有些困难。

师：看来大家心里明白，要怎么才能讲明白呢？我们试着这样来说一说，会不会清楚一些？（PPT投影：风来了，风把________吹起了，风藏在________。）

生读课文，找"风"。

生：风来了，风把旗子吹起了，风藏在飘着的旗子里。

生：风来了，风把雨丝吹斜了，风藏在斜斜的雨丝里。

……

师：课文里的小画家观察仔细，画出了风。小朋友们平时有没有仔细观察，还发现风藏在哪里呀？

生：风来了，风把黄树叶吹落下来，风藏在飘落的树叶里。

生：风来了，风把裙子吹得飘起来，风藏在飘动的裙子里。

生：风来了，风把果子吹得落下来，风藏在熟透了的果子里。

生：风来了，风把乌云吹得飘走了，风藏在飘走的乌云里。

……

【课后自评】

《语文课程标准》是教学的指南针，标准不仅仅是用来学习的，更是用来实践的。有效的课堂教学是"依标扣本"，引领学生由不会到会的过程。

低年级学生学习标点符号往往是一个简单的认知环节，而《画风》的教学则巧妙地搭支架，将标点符号的学习和课文朗读的指导融合，并进一步与举一反三、迁移运用结合，使得儿童始终处于朗读与认知合一，学习与运用合一，这个过程重点在于儿童的学习体验，所以小朋友专注认真，学习积极性很高。

第二个环节的教学，在儿童表达受阻，心里有话口难开的时候，教师又一次搭建支架，提供一个简洁有效的表达方法："风来了，风把________吹起了，风藏在________。"显然，这个支架对于二年级的学生来说，是及时有效的，孩子们一旦学会了正确的表达方式，他们的表达就好比获得了到达知识彼岸的舟楫，一下子畅所欲言，大有"茅塞顿开"的豁然之势。

巧妙地根据学生的学习状态为学生搭建学习支架，是教师的教学艺术，更是接了地气的"以生为本""关注学情"。

关注课堂反馈　凸现教学智慧

课堂教学反馈是教学的有机组成部分，它好比经脉贯通与教学之中。它是催化剂，能点燃学生的兴趣之灯；它是黏合剂，能促使师生互动，水乳相通；它是指明灯，能在学生疑惑时指引一条曲径通幽的路途。

关注课堂教学策略，就是关注教学实效，关注教师和学生在课堂里的生存状态，关注学生的全面发展，从而真正做到学生主体和教师主导的互动，使语文教学达到理想的境界。因此，在小学语文教学过程中重视改进教学策略，优化教学过程的质量就显得尤为重要。

虽然目前我们已做了种种尝试，但始终聚焦在教师的教上，而忽视了任何时候都贯穿教学全过程之中的教学反馈，令人担忧：

（1）关注教师的教和教材内容，忽视学生的思维成果，缺乏热情、鼓励，甚至冷漠。

（2）反馈对象不全面，提问在广泛有效地获取反馈信息方面体现不够。

（3）缺乏灵活机动的个体差异性，标准的唯一使得反馈如同请君入瓮般的僵化刻板。

（4）教学机智不足，反馈意识不明确，反馈方法不讲究。

（5）教师和学生自我反馈能力缺乏，反映在教师不能及时调整教学和学生缺乏参与热情上。

（6）教师过早的结论性评价，助长学生浅尝辄止的学习心理，形成一种思维的惰性。

笔者现就如何改进教学反馈策略，优化教学过程谈谈看法。

策略一：善意期望和热情激励的“皮革马立翁”效应

传统教学中教师过分关注教案和教材内容，重视语文知识的传授，忽视

学生的思维成果，缺乏热情、鼓励，甚至冷漠。因此，要注意尊重学生，保护学生学习的积极性，特别要重视反馈矫正中的情感把握。

案例一

某教师请一位学生朗读补充的阅读材料。该生读到“十四亿株”时，因读音拗口而卡壳，以致无法继续读下去，面红耳赤地站在座位上。一旁的同桌见此情景连忙说：“老师，她口吃！”面对突发状况，教师平静地拍拍她的肩膀，微笑着说：“课文中难免有些拗口的地方，别急，我们和你一起迎接挑战！来，大家一起来读吧。”在教师热情鼓励、领读和同学们的陪读下，该生开始读起来。一遍，两遍……只听她越读越流利，声音越来越响亮。

事后和该教师聊及这个课堂细节，说：“这个学生平时说话也不结巴，刚才开始读课文时还很流利。我相信她不结巴，只是紧张。”问及该生，她说：“大家都说我读书好听，我也太想读好了。可有时越是想读好就越是结巴，大家反而笑我了。”

反思：

（1）善意期望和热情激励是取得良好反馈效果的保证，教师的热情鼓励使该学生树立自信，学会克服困难。在师生共同营造的充满热情鼓励的教学氛围中，该学生乐于反馈，表露学情，乐于在获取知识的过程中体会乐趣，最终体验成功的喜悦。同时其他学生也体会到了体谅、帮助他人的快乐。

（2）教师要善于心理调控，当好学生的心理医生。例如，这次教学中一个细小的环节，是关爱学生的最真切表现。每当想到假如一个“疏忽”就会导致一个真正的结巴时，我的心里就会一紧，就会想起“学校无小事”这句话。

策略二：尊重标准与个性超越的平衡

母语不是靠几节课就能教会的，让学生乐读、乐说、乐思、乐写才有利于他们的可持续发展。

原有教学反馈缺乏灵活机动的个体差异性，标准的唯一使得反馈如同请君入瓮式的僵化刻板，源于教育观念的落后，致使学生只能揣摩、迎合教师的意图去回答问题，被迫放弃自己的思考、疑问，甚至是学习的空间和乐趣。例如，《颐和园》一文中“游船、画舫在湖面上慢慢地滑过，几乎不留一点儿痕迹”。教师问：“‘滑过’可以用什么词来代替呢？”学生

说："可以用'划过'代替。"教师又问："你们看这两个词哪个更好一些呀？"学生异口同声："'滑过'更好一些！"学生那刚被激起的一点点超越标准的火花就这样平息下去了。

以学生为本，要求我们用平等的态度去尊重学生已有的经历，运用切合儿童心理特征的教学方式，激发他们的学习兴趣，使他们"亲其师而信其道"。这要求教师根据课堂情况的变化调整教学方案，尊重个体差异，灵活调控教学进程。

案例二

在教学《早发白帝城》这首诗时，学生大多没去过长江三峡，纷纷提出有关三峡问题："三峡的景色是怎样的？""那里真的有猿猴吗？""不是写'两岸猿声啼不住'吗？肯定有猿猴，但那猿猴为什么啼不住呢？"……此时，教师如果再继续分析诗意显然是勉强的，学生必然无法集中注意力。于是她在简介三峡的情况后，就启发学生运用已有知识经历扩展想象："朝辞白帝彩云间"，联系"两岸猿声啼不住，轻舟已过万重山"可以推想三峡两岸是怎样的景象？接着在学生畅所欲言的基础上，让他们选用自己喜欢的方式或是把自己想象到的画下来，或是假设自己就是李白，突然获释返回家乡，面对此情此景，高声吟诵出这首千古名诗。

反思：

打通书本与知识之间的联系，挖掘现实与想象之间的弹性空间，母语不是靠几节课就能教会的，让学生乐读、乐说、乐思、乐写才有利于他们的可持续发展。因此，这种灵动的教学方式也更能为学生所接受。

策略三：面向全体，把机会还给每一个学生

看着眼前可爱的99只羊时，有没有发现丢失的那只呢？

通过对课堂教学进行分析，我们发现普遍存在下意识地喜欢提问优生的情况，和教师交谈究其原因，回答：一是没有意识到自己总在提问优生——提问的随意性、盲目性；二是课堂教学时间有限，一学生答不出，就得赶紧另找会的学生完成——受标准、教案等因素的牵制；三是忽视了视觉盲区，座位在最边上和最后的学生很少能被提问到——对教学缺乏反思，对面向全体学生的教学考虑不够；四是部分学生因为性格或学习困难等原因，长期处

于压抑的沉默状态，他们说自己是“教室角落里孤独的小蚂蚁”。凡此种种，导致语文课堂教学反馈中教师漫无边际地提问，搞“一言堂”；教师与少数优秀学生的“表演”现象严重，诸如分角色朗读、表演基本上是几个擅长表演的学生的专利，忽视了掌握全体学生的学习情况，更谈不上学生的学习态度、学习习惯、学习情感等非智力因素的反馈评价，直接造成学生的学习情感动力缺乏，学习兴趣低落。

听课情况统计表

提问 节次	时间	提问总次数	好座位回答次数	差座位回答次数	优生回答次数	其余学生回答次数
第一节	3月11日	56	46	10	32	24
第二节	4月11日	89	84	5	67	22
第三节	4月18日	47	39	8	29	18

反思：

“一枝独秀不是春。”第一，新的课程理念要求教师教学时要“面向全体，让每个学生都有机会得到发展”。例如，有一位教师是这样做的：“现在，我们把这个机会送给最边上一组的最后一位同学吧。”“你的座位非常偏，但老师却发现你思维活跃、发言积极，你真会学习！我们把掌声送给这个会学习的人！”第二，教师要灵活采用小组讨论、自学质疑、自主朗读、生问师答、生问生答、小组间集体讨论作答等教学形式，为学生创造参与、展示的机会。

策略四：鼓励学生“逐步养成实事求是、崇尚真知的科学态度”

教学机智不足，反馈意识不明确：如在教案中没有教学反馈环节的安排，即使有所安排，但在课堂教学环节中或是形同虚设，或是因驾驭课堂教学的能力有限，以及课堂教学结构不好，无法保证反馈环节的落实。例如，《我要的是葫芦》一课开始，教师问：“这棵葫芦长得怎么样？”学生有的回答“好”，有的回答“不好”。教师一听，离预定计划远了，忙说：“这棵葫芦首先是长得好的，它好在哪儿呢？”放弃了让学生就“好”与“不好”研读课文，去思考葫芦为什么会由“好”到“不好”的机会。

随着学生获取知识的渠道增多，他们就会有更多的问题和想法，传统的“传道、授业、解惑”应延伸到“激疑、启思”上来，这意味着教师的知识权威受到挑战。那么我们的教学就要适应教育教学的发展，引导学生“逐步养成实事求是、崇尚真知的科学态度”。

案例三

学生提出：“老师，我有问题！我认为课文中的‘一条彩虹’中的‘条’不如‘一道彩虹’中的‘道’用得好。”老师问：“这是你从课外书上知道的吗？”（学生点头）老师赞赏地说：“真不错！你不仅读书仔细，还有自己的想法，我们都要向你学习。”（学生自豪地坐下。）虽然老师只有一句话，但却使这位学生，甚至全班学生都记住了：能提出问题、有独到见解的学生是了不起的！这就是教学机智和反馈艺术的体现。

反思：

新课程标准要求教师引导学生广泛阅读，并有自己“独到的见解”。可学生个性化的见解极易从标准答案、教师权威和预定教案中“蒸发”，可谓千呼万唤难出来。

案例三中的教师是那样用心去关注、倾听学生幼稚的想法，哪怕它在成人的眼睛里根本还谈不上是什么发现。也就是这一句话，却使这位学生，甚至全班学生都记住了：读书动脑筋、有独到见解的学生是了不起的！

策略五：开拓一个思维的空间，打通书本与生活的连接

教学是一种机智，是一种艺术，是教师与学生交往的一种人生态度的体现。

案例四

教师刚板书好课题《雪猴》，一个学生兴奋地说：“老师，我在陵水的猴岛上见过猴子，还和它合过影呢！”这下如同沸油锅里溅进了一滴水——教室里顿时乱起来了：学生们有的交流自己的猴岛见闻，有的大谈《动物世界》节目里的猴子习性，有的联想到《西游记》中的孙悟空，还有的索性比画起猴子的动作来……

教师愣了一下，但迅速平静下来。她首先顺势给予学生交流已有生活经验的时间，然后让他们带着畅所欲言后的满足与快乐研读课文，了解雪猴与

战士们之间的趣事，最后让他们选用自己喜欢的方式或是把自己想象到的画下来，或是高声朗读课文中的精彩片段，或是假设自己就是一位即将转业回乡的战士，面对这可爱的雪猴，该怎样告别呢？

反思：

我们可以从中更深层地体会到教学是一种机智，是一种艺术，甚至是一种人生态度。宽容、理解、包容都在小小的天地绽放，如水中莲花般素洁的人性光辉，点亮一盏盏心灯。在这一环节的教学中，教师机智地因势利导，尊重了学生已有的知识经历，运用他们喜欢的表现方式，给了学生自由发言的时间，为学生开拓了一个思维的空间，让他们尽情地按自己的见闻说出猴子的可爱和习性，打通书本与生活的连接，拓展了学生的思维，舒展了学生的灵性，从而感受到语言文字的鲜活和学习语文的乐趣，使课堂真正成为体现师生智慧的空间。因此，这一环节的教学成为该课的亮点。

策略六：保持对课堂问题的敏感度，保护学生的好奇心和问题意识

斯霞曾说："我们不能因为学生问得幼稚而不予回答，不能因为自己无知而责怪学生多嘴，要鼓励学生探索好学的精神。"创造始于问题，学生那打破砂锅问到底的劲头就是他们最可贵的品质之一。在案例二中，教师敏感地把握住学生那幼稚提问的闪光点，为他们提出问题、思考讨论设契机、"开绿灯"，构建了一个互动的、充满生命活力的课堂。

案例五

师：大家读了《把铁路修到拉萨去》这篇课文以后，对什么问题最感兴趣？

生1：冻土上怎么可以修铁路？——问题指向施工技术难点，也能突出筑路大军的顽强和智慧。

生2：为什么要修青藏铁路？——问题指向地理、历史知识和西部地区发展战略等。

教师却觉得这些问题出乎意料，忙说："同学们提的问题和课文没什么关系，还是我来提吧。请你们想一想，课文有几个自然段，主要写了哪些内容呢？"于是，学生不再提问，老老实实地回到教师问学生答的轨道中。

案例六

师：大家刚刚读了《小蝌蚪找妈妈》的故事，有什么问题吗？

生1：青蛙妈妈为什么把它的孩子扔在池塘里不管呢？——问题指向青蛙的生活习性。

生2：我看小蝌蚪找到的不一定是自己的妈妈，只能说找到一只青蛙。——问题指向文本的体裁。

生3：小蝌蚪长大后为什么和小时候不一样呢？——问题指向青蛙的生长过程。

教师认真倾听了学生的提问和看法，然后师生一起就这些问题研读课文，发表各自的意见，甚至想到了课后收集有关青蛙生长过程的资料图片。

从上述案例五不难看出，学生的问题意识极易从标准答案、教师权威和预定教案中“蒸发”。相反，只要我们像案例六中的教师那样用心去关注、倾听学生哪怕是幼稚的想法，他们就能张起探究和创新的双翅，激发出灵感的火花。

策略七：适当延迟反馈，变教师控制的句号为激发学生思考的问号

在课堂教学中，教师过早的结论性评价，则容易助长学生浅尝辄止的学习心理，形成一种思维的惰性。因此，关于知识、动作方面的反馈一般要及时有效（即时反馈），但对于能力、情意方面的反馈，却要适当推迟对学习信息的判断。

案例七

执教《“凤辣子”初见林黛玉》，学生疑惑：“王熙凤这么热心、大方的一个人，为什么评价不好？”“王熙凤长得漂亮，性格又开朗，对黛玉也很关心，为什么×同学说她虚伪作假呢？是不是不太公平？”

这下，大家的不理解一下子激发出来。

这倒是个问题，也是个机会，我顺势说：“是啊？我也不理解？那怎么办，还是从书中找答案吧。”

一会儿，他们找到了这么一句：“妹妹几岁了？可也上过学？现吃什么

药？在这里不要想家。要什么吃的，什么玩的，只管告诉我。丫头老婆们不好了，也只管告诉我。”有学生认为这正看出王熙凤很关心林黛玉。

“大家有争议，那我们读一读，想一想，黛玉回答了这三个问题吗？”

很快，学生反应过来了：“哇！只是问话，没有回答的哦。”还有惊呼：“问给谁听啊！”

来得正好，我顺水推舟：“你们说，问给谁听的呢？”

“贾母！”“王夫人！”“讨好老祖宗。”……

“老师，我想王熙凤是性格放纵，但不是不拘小节的人，她是有目的的！”

“我也想到了，她出场时那么绚丽夺目，还带着一群丫鬟媳妇，分明是过来显摆威风的，哪里是不拘小节。”

“精心打扮，有备而来。”

反思：

以生为本的教育理念，不仅凸现了预设的精彩，同时还强调了生成的艺术。课堂就是这样一个生长问题的地方，真正完美的设计都是为“学”服务的。只要尊重学情，就会生成“柳暗花明又一村”的教学智慧。

总之，我们应以儿童的心态、成人的视野走进课堂，学会感动着学生的感动，精彩着学生的精彩，才有真正的课堂生机。有一句这样的惊世“凡言”：“教师的精彩只是一个平面，只有和千百个学生的精彩加在一起，才是真的精彩。”当然，打开广阔的空间后，还需要慧眼识途，否则，学生会在信息的汪洋大海中呛水，这就需要教师引的功夫。语文还是要最后回到语文中的，关注课堂反馈，凸现教学智慧。我觉得，这也应该是语文教师对待语文教学的基本态度。

朗读为“经”，训练作“纬”

——小学语文阅读教学中目标与素养有机结合的途径

长期以来，小学语文课堂教学偏重于对课文的分析，忽视对学生听说能力的培养；偏重于智力的开发，忽略对学生非智力因素的培养，直接导致小学语文出现了费时多、图热闹、效率低的怪现象。因此，阅读教学改革是当前的一个热门话题。语文教学必须提高效率，加强语言文字的训练，使之扎实到位，突出工具性，渗透教育性，着眼发展性，以全面提高学生的素质。

教学目标是教学的前提，明确教学目标有效地改变了小学语文课堂教学中教者随意无心，学生不知所云的弊端，使教师和学生都把握目标，紧紧围绕听说读写的训练来组织教学。然而，在教学目标究竟如何与语文素养接轨的问题上，则仁者见仁，诸说不一。在教学实践中，我深深体会到：要以朗读为“经”，训练作“纬”，始终如一日地贯穿落实在单元教学中，才能促进全体学生主动发展，全面发展。因为朗读对理解课文来说是追求深刻的理解，对感受课文来说是追求鲜活的感受，从而有力地保障了训练的落实，并将训练的落实寓于读书训练之中。只有加强课堂上的朗读指导，把教师的点拨与学生的朗读训练巧妙地结合起来，把朗读的指导与落实训练重点、培养学生能力有机地结合起来，才能进一步促进学生语感能力的发展，提高学生素质。下面结合第十一册第五单元的整体设计，谈谈我在实践中的拙见。

一、“导读”引路，明确训练目标

正确的动机是学习动力的源泉，尤其是小学生，在一个单元的学习活动中确定一个努力的目标，能使他们的学习活动更有目的性，提高教学的凝聚

力，因此，我们不可忽视“导读”的作用。“导读”是训练组的有机组成部分，它除了说明本组教材的组成，学习本单元应注意的问题之外，最主要的是指出了本教材的训练重点。通过阅读“导读”，师生对单元教学做到心中有数，并围绕这一明确的目标井然有序地进行学习、求知活动。

（1）整体出发，提纲挈领。从第五单元的教学整体出发，根据导读把握全局，了解本单元教材的基本情况以及教学中要注意的问题，师生共同确定第五单元的教学就紧扣“事物的静态和动态”来展开。

（2）根据不同的课文与要求制订具体的课堂结构时，必须把语言文字训练的目标也加以落实，并有机地结合进去，使之既相对独立又环环相扣。我在进行第五单元三篇课文的备课时，为了突出训练目标，把课后有关内容的一些要素重新处理，制定了以下教学目标。

教学目标表

课文	情感教育	字词句	阅读
《鸟的天堂》	认识大榕树的奇特和美丽；朗读体会激发热爱大自然、保护大自然的情感	学会生字新词，理解“陆续”“应接不暇”并造句。判断文中静态和动态的句子并加以理解	理解作者两次到“鸟的天堂”的所见所闻，以及所采用的动态和静态的手法；朗读课文，练习背诵
《草原》	了解祖国景美人更美，培养学生加强民族团结，热爱中华民族的思想感情，结合朗读加以深入体会	学会生字新词；掌握“那么……那么……”和“既……又……”两个句式；进一步理解文中动态与静态的句子	围绕“蒙汉情深”学习有关词句，继续理解动态与静态的描写手法
《镜泊湖奇观》	激发学生热爱祖国，热爱大自然的思想感情	理解文中“绮丽”“欣欣向荣”等词。理解文中优美的写景词句	理解文章思路，概括各部分主要内容；进一步明了景物描写中动态和静态的美。朗读品味，尝试运用

二、品读例文，理解训练重点

为了提高课堂教学的效率，必须以教师为主导，学生为主体，训练为主线，优化课堂教学结构。在教学中，可先创设情境，以感情朗读为引线，激发学生主动学习的兴趣，并引导学生体会祖国山河的静态美和动态

美，然后在此基础上让学生朗读、背诵。这样既帮助学生积累语言，又进行了语感训练，防止了“满堂问”“满堂灌”，保证时间，让尽可能多的学生参与训练。

1.创设情境，渲染气氛

从教育学、心理学角度讲，变有意注意为无意注意，调动学生的多种感官接受信息，使学生如临其境，如闻其声。例如，通过创设情境，使榕树的壮美、草原的广阔展示在学生眼前，大大激发了他们的学习兴趣，促进了对课文和训练重点的理解。

2.朗读指导，以读促文，借读启思

读，是阅读教学中最经常、最重要的训练，能帮助学生理解课文，发展语言，陶冶情感，感受语言，当然也不能一“读”了之，放任不管，而要引导学生处理好朗读时的语调，结合课文的内容富于变化，高低起伏适度，并且通过恰当的停顿、重读，体现节奏感。

例如：那翠绿的颜色，//明亮地/照耀着/我们的眼睛，似乎/每一片绿叶上//都有一个新的生命/在颤动。//这//美丽的/南国的/树。

按设计来读，深沉而兼有激昂，充分表达作者对大榕树旺盛生机的由衷赞美，有效地使语言文字教学的过程同时成为情感体验的过程，也使语言文字中蕴含的思想感情，出于口，入于耳，了然于心。

三、学好例话，归纳重点知识

读写例话是由“例”和“话”两部分组成，它结合例文讲述读写知识，每一篇例话通常侧重于读写的一个方面，交替穿插在各组课文中，一篇例话就是一个训练重点。

1. 读“话”明理

在自学例话的第一段时，先出示思考题：①什么静态，什么叫动态？②试举例说明。再引导学生进一步认识静态和动态是相对的；停歇的小鸟和一块石头都处于静态，但飞向蓝天的鸟儿和刚被扔出去的石头都处于动态。然后让学生谈论各自观察过的景物的静态和动态。

板书设计：

早晨的校园
- 花坛里（静态）
- 喷泉喷水，花草迎风点头（动态）
- 晨光中的景物（静态）
- 同学们的活动（动态）

2. 读“例”得法

引导学生回顾所学课文，从中找出自己最欣赏的描写静态和动态的语句再次朗读回味，领会意境，与作者情相融，心相通，悟出描写的方法，培养其语感，从而归纳：通过对景物静态、动态两个方面的描写，更能全面真实地反映周围的事物，使文章生动具体。

四、学以致用，落实重点难点

学以致用，这也是教学的关键和难点所在，学生是否理解、掌握了知识，要到具体的阅读、作文中检验。我利用第五单元的基础训练，进一步落实重点，使之扎实到位，实现知识的迁移、内化。

1. 放手阅读

作为教师，除了循循诱导，还要深信每一位学生的潜能是无穷的，放手给学生探索和实践的自主空间。我根据学生知识的掌握程度确定“自学—分组讨论—集体交流”的学习程序，然后让学生阅读教材第98页的短文，在民主、多向交流的学习环境中运用已有知识，完成训练要求。

2. 进行开放性的观察作文

例文是因有大自然作素材，因此，为学生提供鲜活的写作之源是必要的。于是，我把课堂教学延伸到课外，有计划地组织学生到公园去感受自然风光，观察景物动态和静态的不同之美。学生通过观察，对平时常见但不留心的事物有了较深刻的认识，那碧波荡漾的人工湖、形态各异的石雕小狮子、照影的垂柳、各色的鲜花，无不激起学生的翩翩文思，当然个个“下笔如有神”。

总之，不管是朗读指导还是单元训练重点，都是为了发展学生的语言，培养学生听说读写的能力，使其会读书，读活书，用活书，而且它们两者之间可以相互交织、相互借助、相互铺垫、相互补充，从而优化教学过程，提高学生素质，成为教学目标与语文素养有机结合的有效途径。

巧用“留白”教古诗

中华文化丰厚博大，古诗更是其中的精华。诗画同源，国画讲究气韵生动，疏可跑马，密不容针，其中的“疏可跑马”，主要是指“留白”艺术，古诗亦然，往往一字千金，如同一花一世界，一叶一菩提，一字之意，可以展开千言万语，无限不可言喻，只可意会的境界皆在其中。那么，我们在教学中如何巧用“留白”让古诗走进儿童的心灵，使学习古诗成为“生”机勃勃的自主需求呢?

一、巧讲故事，编出情境

古诗的文字简洁浓缩，但也为学生所难理解。教师或学生巧妙地结合诗意编一编故事，学生乐学爱听，更容易入情入境，明了诗意，是化深奥为情趣的做法。

如教学《示儿》时，我以舒缓深沉的语调给学生讲了一个故事，引导他们跨越时空，“看”到了诗人陆游在生命弥留之际仍不忘收复中原的感人情景，同时感受到这位八旬老人的赤子之心：“……有这样一位诗人，他浴血奋战了一生，可直到他八十多岁，也未能看到国家的统一。临终前，这位老人反复地叮嘱他的儿孙：‘虽然我知道人死了以后就什么也没有了，但我心中唯一的遗憾是没能看到国家的统一啊！如果有那么一天，我们宋朝的军队北上抗金取得胜利，平定了中原，收复了失地。儿孙们哪，家祭时你们可千万别忘了要在我的坟头放上一挂鞭炮，把这个喜讯告诉我呀！’围在老人身边的儿孙们含着泪连连点头，可老人仍觉得不放心，强撑着身子，颤颤巍巍地握笔写下了自己的遗言，要他的儿孙铭记在心。这遗言也就是我们今天要学习的古诗《示儿》……”师生沉浸在故事情境中，饱含深情地朗读起来。

故事感性的语言如同一块磁石，既牢牢吸引住学生的注意力，又帮助学生领悟了诗中的含义。

二、畅想画面，绘出意境

诗是无声的画。我们既可以利用现代教学手段，设置直观动感的画面，也可以激发学生动眼、动耳、动口、动脑，尝试画一画诗境图。

如教学杜甫的《江畔独步寻花》时，我先让学生随着轻柔的音乐，一边抑扬顿挫的朗诵，一边在脑海中想象花团锦簇，蝶舞莺歌，诗人低吟的画面，然后让他们把自己“看到”的美景和同桌交流，接着请他们画出自己心中的春景图。这样，学生经历了“读—思—说—画”的学习过程，不仅体会到诗人对春天的热爱和赞美，而且把这种感悟从五彩的笔端流淌出，品味了“诗中有画、画中有诗”的美妙意境。

三、借用留白，补出创意

“诗画同源”，古诗的魅力不只在它精妙上口的文字中，更在于它空灵含蓄的“飞白”艺术，给人以无限的遐想空间。教师在这些“飞白”处加以引导，让学生意会想象，激发其充满童真的创新火花。

如学习了《宿建德江》一诗后，我让学生分组合作，“当小导演，设计几个镜头来表达自己对诗文的理解。”他们很感兴趣，讨论后纷纷出台了不错的方案，有一组更是与众不同“……将镜头拉近，给诗人脸部来个特写：略带忧郁、疲惫，双眼凝望远方；切换镜头，插入诗人在长安时受到那些昏官们冷落的情景，再与诗人回想在家中与亲人在一起时的欢乐场面进行对比……”

又如教《梅花》一诗时，学生们是这样表达“遥知不是雪，为有暗香来”的：镜头一，大雪纷飞，墙角的梅花独自开放；镜头二，诗人闻到随风飘来的清香，举目四望，“咦？什么花好香啊！”镜头三，一阵微风吹过，花枝上的雪簌簌落下；镜头四，诗人眼前一亮：“哦，梅花开了！”他情不自禁地吟起诗来……

只有主动求知，才会有这么精彩的创意，他们俨然是一个个真正的导演，在思考、创造。

四、创意作业，练出特色

有位哲人曾说过：“所谓教育，就是当你学过的知识，在过了很多年的淡忘之后所剩下来的东西。”下面这份别致的课后作业就是对此话最生动的诠释。

学习了《惠崇春江晚景》和《江南春》，老师给学生布置了一道作业：“现在正是春天，请大家像诗人那样用心去观察体会，然后试着写一首古体诗吧。”第二天，学生创作的诗收上来了，虽然是五花八门，让人读了忍俊不禁，但他们那热乎劲儿可是溢于言表。“我也能写诗了！”他们自豪地交流着各自的“杰作”，乐呵呵地把自己的诗贴进“古诗园地”中：

《春景》：溪流欢唱哗啦啦，鸭群戏水叫嘎嘎。初春景色无限美，太阳见了乐哈哈。

《春天美》：冰化溪流迎春到，园里郊外百花香。阳光洒满天与地，草青柳绿换春装。

《春到》：窗外紫檀三两枝，冬去春暖燕先知。厚长衣裤皆离岗，正是短袖得意时。

《早春》：蒙蒙细雨如仙丹，黄莺啼鸣遍江南。大地复苏杨柳绿，白鹭翩翩过东岸。

五、演课本剧，拓出乐趣

古诗记叙了诗人的所见所闻和所思所感。在学生对古诗的情境展开联想的基础上，分组编一出小小课本剧演一演，甚至教师都参与其中，也是其乐无穷的。

《小儿垂钓》的孩童稚趣，《别董大》的豪迈送别，《寻隐者不遇》的淡淡遗憾，《游子吟》的慈母心、赤子情……都在师生的课本剧表演中得到个性化的诠释。学生的潜能是无限的，我们应该做的是激励和发现这可贵之处。

以上五招，还可以化而用之，招招见效，创意无限。其实，只要我们的教学从学生的角度出发，多一些灵活生动，就会多一些童真童趣，少一些食古不化，使古诗不至成为学生眼中难以消化的“骨诗”，让优秀传统文化变得可爱、可亲起来。

中药·固本培元·语文教学

——为小学语文课堂教学诊脉处方

语文教学是个宽泛、凝重的话题，它本身存在着太多的争议和改良的变数，加上与之关联的内容太繁杂，承载着千头万绪的任务，它的“浮夸、肿大、偏重、枯燥”是令人头疼的现状。近日读了些药名趣入诗联的文章，不由得想到了语文教学的某些现状，想到语文教学也该诊诊脉，得一个处方来清肝利胆、固本培元。兴之所至，率性写下这些药名，但求“趣”开言路，引得诸君争鸣。

一、当归——语文归真——当归吟诵根，滋养真性情

现状：小组合作、自主学习、质疑讨论在语文教学中难以到位，而原有的教学方式又已“抛却”，语文教学陷入“邯郸学步”的尴尬。

案例一 当归吟诵根，滋养真性情

五年级《松鼠》

师：读了课文后，你收获了什么？

……

生：我懂得了写动物先写外形再写习性。

师：你们说得很好，作者布封在哪一自然段中写了松鼠的外形呢？大家自由读一读。（学生自由读文）

师：刚刚同学们读得有些犹豫，再好好读读，记住描写松鼠外形的词语或句子，等一会儿进行擂台赛，谁记得最多，谁就是擂主。

我的话音刚落，学生们就迫不及待地拿起课本读开了。挑战擂主的比赛在我的主持下紧张有序地进行着，学生们激情高涨，有些记不准的学生还在争分夺秒地诵读着。比赛结束后，几乎每个孩子都记住了描写松鼠外形的句子，明白了作者的观察顺序。

“教材无非是个例子”“熟读唐诗三百首，不会作诗也会吟”，那么，我们有没有花时间用好例子，花时间带领学生吟咏、积累语言？

【课后自评】

通过教师的领读、引读、学生的展示读，以及欣赏录音朗读，引导学生读出语句的节奏韵律，读出句读的顿挫缓急，读出情感的跌宕起伏，读出人物的悲欢离合；还要根据教学需要选择齐读、分角色读、男女生赛读、小组读、个别读、配乐读、自读、默读、背诵、浏览等形式提高读的兴趣和效率，“读”得主动、愉悦，又能形成“自读感悟了然于心”的语文能力。因此，我始终坚持“准确、自然、动情”，作为阅读、朗读训练的“吉祥三宝”。

（1）准确——严谨的美。准确是第一要素，一方面是语音的准确，另一方面是句读停顿、感情停顿、轻重缓急等的准确，须示范引领、揣摩斟酌。

（2）自然——本色的美。自然是诵读的底色。无论声音是高亢深沉，还是甜美清脆，诵读时都要情发于心，声随情动，情动而声随，才富有感染力，不造作不媚俗。

（3）动情——艺术的美。诵读是读者、文本和作者的对话，它呈现了读者鲜明的个性感悟和情感体现。激情处当如尊者棒喝，恰似醍醐灌顶，使人洞然了悟；凝然时应是无声处见惊雷，是情感和思考走向内化、升华。如此，语文当归。

二、熟地——熟读品味——课文成熟地，自有硕果生

现状：语言训练不落实，教师不范读，不板书，不辨析词意、字形，不纠正学生错误的语言，纯属花拳绣腿、浮光掠影式的教学，一节课下来，学生连课文都没有读通顺。

案例二　课文成熟地，自有硕果生

在四年级《绿色的办公室》（1996年人教版教材）一文的教学中，讲第三自然段的“他埋着头，双膝托着文件夹，笔头在稿纸上沙沙地画着”这句

话时，我问学生："句中的'埋'可以换成什么词？"

"可以换成'低'"。学生异口同声。

"为什么用'埋'而不用'低'呢？"

经过短暂的思考，学生纷纷举手："用'埋'比'低'更能突出列宁工作时的专心致志、全神贯注……"

这比刚才字面上的理解深了一层，我点头肯定，并继续追问："列宁的工作这么专心，而'绿色的办公室'的条件是那么艰苦，说明列宁是个怎样的人呢？"

学生分组讨论，不一会儿就陆续举手："说明列宁是个不怕困难的人。""说明列宁是个不被困难吓倒，坚持革命工作的人。"

这时，我肯定了学生的见解，并稍加点拨："列宁这种不怕困难，坚持革命工作的精神就是一种革命乐观主义精神。他在'绿色办公室'里写出了伟大的著作《国家与革命》，拟订了许多重要文件，指导了俄国革命。"

一个普通的"埋"字，经过三次品析，挖掘出了其丰富的内涵。

【课后自评】

不管是预设还是生成，真正完美的教学都是为促"学"启"思"服务的。品味就是研读的过程，而且这个过程比结论更重要。朱熹说过："读而未晓则思，思而未晓则读。"学生边读书边思考，在研读、理解课文中学会提取、处理言语信息，在谈论自身经历和见闻时，学习沟通、评赏。只有经历阅读、品味、揣摩、想象、理解、感悟这一系列的语文实践活动，才能领会出作者遣词造句的妙处，获得淋漓尽致的独特体验，发现字里行间深藏的意蕴和情感，实现语文能力的提高，促进语文素养的飞跃。德国教育家斯第多惠曾说："教学的艺术不在于传授本领，而在于激励、唤醒、鼓舞。"

三、苦参——落实书写——字字苦参商，笔笔费思量

现状：写字教学成了阅读教学的附庸，指导不细致，时间不充足，评价不到位，听课时常常看到只用三五分钟匆匆一写的现象。

案例三 字字苦参商，笔笔费思量

师："狐狸"这两个字有什么相同的地方？

生：它们左边的那一部分相同。

师：这是我们今天要学的新偏旁——反犬旁。反犬旁的字一般都和兽类有关。

师指导学生写好“狐狸”两个字。

师：先写好反犬旁。看，第一笔“撇”和第二笔“弯钩”的交叉点，要同“钩”对齐。再写“瓜”，横撇要平要短，竖撇不能长于反犬旁，竖提要写在竖中线上，点长在“钩”上，就像一个小瓜，捺要写出笔锋。你们看——

师做出一条辅助线，让学生观察竖撇、竖提和捺。

生：它们三个差不多在一条线上。

接下来，还指导书写了“狸”“猴”。

这位教师的正楷字写得十分规范漂亮，让听课教师们赞叹不已，学生也屏息凝神，写得十分认真。

【观课评析】

《语文课程标准》明确指出：“写字是一项重要的语文基本功，是巩固识字的手段，对于提高学生文化素质起着重要作用，必须从小打好写字的基础。”写字确实是实施素质教育的一项重要内容；写字是教师重要的基本功之一，更是小学生必须掌握的一项技能。

语文是透着翰墨之香的，这墨香伴着书香滋养着人的性灵。“字是一个人的第二张名片”，足见一笔好字就是个人的“形象工程”了。然而，因为指导不细致，时间不充足，评价不到位，写字教学渐渐成了阅读教学的附庸，常常看到“挤”出二三分钟匆匆一写的现象。作为母语教育的一部分，有些课标教材是安排了专门的毛笔、硬笔书法临习的，可很少能落实到位，大多是听凭学生自己去涂鸦。

重视写字教学，要从一笔一画做起，有规有矩，如起笔、行笔、收笔都十分讲究。这好像做事，起笔像做事的开端，行笔恰似做事的过程，收笔如做事的结尾。我们不仅要求学生注意每个字工整、大小统一，而且注意笔画与笔画间匀称透气，力求做到通篇给人一种宁静、和谐、平稳的感觉。规范、端正、整洁地书写汉字是进行书面交流的基本保证，是学习语文和其他课程以及形成终身学习能力的基础，同时能培养学生的观察力、思维力、审美能力和良好的意志品质。

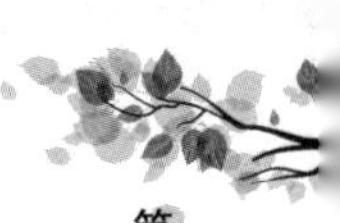

四、半夏——删繁就简——褪却繁杂花，留得半夏枝

现状：课堂上，师生间“短、平、快”一般的问答，匆匆忙忙地演示，学生浏览式地阅读。因为语文教学像个大篮子，似乎每个学科的东西都和它关联，都可以装进来，语文要承载的东西太多、太杂、太重。其实，我们的课堂也许只需寥寥数语，几个动作，三五道具，就能激起千浪，学生的习作更会别样创新分外红，从而达到“无为”而“无不为”的理想境界。

案例四　褪却繁杂花，留得半夏枝

请看名师孙建锋老师的作文课堂。

“啪！”上课伊始，孙老师出其不意地将一块湿漉漉的抹布倏地掷在了黑板上。黑板上立时诞生了一朵“水花”，“水花”瞬时舞蹈为一幅“水画”。望着惊奇不已的孩子们，他智慧引导：“此刻你们一定思绪翩翩，何不把看到的、听到的、想到的，随手写下来呢？”二十分钟过去，看看学生的习作吧。

习作一：

注视着黑板上那块抹布打湿的水痕，我目不转睛：

一秒、五秒、十秒……水痕渐渐地消瘦着……十厘米、五厘米、一厘米……它很快被蒸发了。

如果不是亲眼看见，我不会相信水痕曾经美丽地在黑板上走了一遭。如果不是水痕的提醒，我还不知道我正美丽地走在大地上呢。

水痕一分一秒地逝去，不正验证了时间的残酷吗？“滴答”“滴答”的时间啊，无情地带走了水痕，终将无情地带走一切，包括我自己。

望着消失的水痕，我明白了没有任何人可以斗得过时间。我们只能好好地珍惜、充分地利用时间。

水痕，我因你而觉悟。

习作二：

“嘭”的一声，让静静地坐在教室里等待上课的同学们着实吃了一惊。

那是孙老师将一块湿抹布掷在黑板上发出的声音。那声音是任何人撞击黑板都可以发出的，但那样引导我们写作文的方式又不是随便什么人都能想得出来的。那就是用心，就是创新。

“嘭”的一声，我的耳畔响起另外一种声音—— 一种敲醒中国人的声音——著名诗人余光中，作家莫言、苏童、马原等在上海复旦大学演讲，共同呼吁拯救优美的中文。余先生一针见血地指出：“在欧美文化狂潮的影响下，中国人必须保持冷静的头脑，英文充其量是我们了解世界的一种工具而已，而汉语才是我们的根。当你的女友改名为玛丽，你怎能送她一首《菩萨蛮》？”

难道国人现在不讲中文不写中文了吗？中文已经到了灭绝的边缘了吗？“拯救”这个字多么迫不及待而又触目惊心啊！现在，我还不可能完全听懂作家们高瞻远瞩的疾呼，但我懵懂地觉得，能写出“床前明月光”那样千古绝唱的人少了，能写出《红楼梦》那样鸿篇巨制的人少了。是不是善于运用优美中文去创造好文章的人越来越少了？

“嘭”的声响中，同学们异彩纷呈的作文出现了，优美的中文得救了。

你看，三分钟，“一个动作”“一种声音”“一副表情”“一句话语”；最节省的时间，最经济的手法，最“瘦身”的指导，孙老师成功地点击了孩子们心灵的鼠标，激活了孩子们丰盈的想象。

……

【观课评析】

“无为”，也是一种“有为”的语文教学境界。简约一点，再简约一点，把复杂的内容变得简单明了，使冗长拖沓的教学过程变得便捷，使复杂多样的教学方法变得简单易行。荀子说：“不全不粹之不足以为美。”其实，敢于“瘦身”，做课堂“减法”，未尝不可以真的来一点“不全、不粹、不足”的简洁之美。记得有位哲人说过这样一句话：“所谓教育，就是当你学过的知识，在过了很多年的淡忘之后所剩下来的东西。”那么，这堂别开生面的作文课就是对此话最生动的诠释。

五、枳实——体验实践——纸上终觉浅，此事要躬行

现状：费尽心力想还给学生却怎么也给不了完整的“快乐童年”；花钱让孩子们去亲近自然，却还是不得自然；要孩子们写一写生活、学习中的事情，看到的大多是几句无病呻吟。

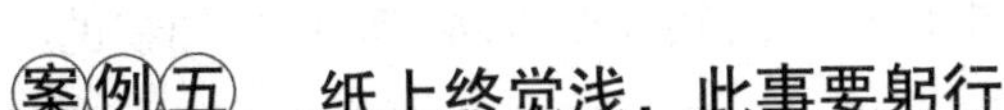 案例五 纸上终觉浅，此事要躬行

有一次，一批省级骨干学员来到我的工作室跟岗学习，我执教四年级童话故事《巨人的花园》。谁知道开课伊始，电脑就出故障，好比急伤风遇到慢郎中，怎么办？眼见不争气的电脑如此表现，我笑着调侃："大家看，这电脑爷爷已经七岁了，在电脑界可谓是高龄老人啦！反应很慢，愁眉苦脸地找着我的文件，转呀转呀，转得头都晕啦……找了好半天哟！好不容易才找到何老师的文件！这是不是一个很好的童话故事啊？"三言两语就把这个不和谐事件变成了一个很好的童话指导，变"废"为"宝"——随时随地能为学生提供写作素材。

著名特级教师管建刚老师认为，作文只有解决了学生的温饱——"写什么"，只有学生发现到处都是能写的东西，再不用为"写什么"发愁，不用把"写什么"当回事了，这个时候，只要教师稍一组织，稍一引导，学生自会把写作重心移到审美——"怎么写"上来，自会去琢磨起草，琢磨构思，琢磨加工，琢磨怎样把作文写得跟别人不一样。

无独有偶，儿童作家蒋方舟的母亲、作家尚爱兰女士在回顾女儿写作上的成长时，说："发现题材，是最最重要的写作才能。如果做不到这一点，那就等于文学的高位截瘫者，他的文学生活不能自理，要靠别人才可以存活，等于是一个高度迟钝者，到处都是食品，根本就看不到哪一种是可以吃的，要别人指定了才知道吃。"

【课后自评】

语文教学姓"语"，是不是应该名"体验"呢？这种体验，是阅读文本的体验，参与过程的兴趣，感知生活的经历。"不注意激发学生兴趣的教学，就如同在生硬地捶打着冰冷的生铁"，那没有体验的语文教学也是失却了灵魂的"鸡肋"，语文教学第一要务是让学生"喜欢"语文。

《语文课程标准》指出，"语文课程与其他课程的沟通"，"提倡跨领域学习"。加强语文课程与其他课程以及社会生活的联系，让学生在语文综合性学习活动中，运用语文知识，整体发展听说读写能力，培养合作精神、主动积极地参与精神、探究精神和创造精神，以及组织、协调和实施的能力，形成综合素质，为学生的后续学习和终身学习打下坚实的基础。语文课标还明确提出"要培养学生的语文综合实践能力"。而这种实践活动是基于

学生的直接经验，密切联系学生自身生活和社会生活，体现对知识的综合运用的实践性课程。它有助于密切学生与生活的联系，推进学生对自然、社会和自我之内在联系的整体认识与体验，发展学生的创新能力、实践能力以及良好的个性品质。

六、远志——课外阅读——滋养生远志，出口成华章

现状：《语文课程标准》中明确提出各学段课外阅读量的具体要求，可是课外教学依然难以落到实处，普遍存在信手而为，搁置不管的情况。

案例六 滋养生远志，出口成华章

让学生喜欢阅读应该成为我们的重要日常工作。编写推荐书目，数目可以根据需要及时调整、更换；开设《诵读》课程，分1–6年级各上下两册，每学期安排15课时的内容，每周背诵一篇，每周展示；鼓励每天阅读至少一小时，班级建立阅读微信群，让阅读的种子在每个家庭，在每个孩子心中生根发芽，蓬勃生长。例如：

课程表

年级		书目	
		书名	作者
一	上	《孩子一生必读的百科故事之美的故事》（彩图注音版）	
		《三毛流浪记全集》（彩图注音版）	张乐平
		《改变孩子一生的好故事——培养正确生活》（注音版）	张洪波
	下	《亲子共读精彩故事系列——365生活故事》	
		《亲子共读精彩故事系列——365动物故事》	
		金色童年阅读丛书：《儿童睡前故事》（少儿拼音读物）	
二	上	《鹅妈妈的故事》	莱曼·弗兰
		《木偶奇遇记》	克·鲍姆
		《格林童话》	科罗狄
	下	《神舟六号航天专家告诉你：110个航天秘密》	沈力平
		《小企鹅心灵成长故事》	
		《安徒生童话》	

续 表

年级		书目	
		书名	作者
三	上	《那个骑轮箱来的蜜儿》	杨红樱
		《四个调皮蛋》	杨红樱
		《漂亮女孩夏林果》	杨红樱
	下	《爱的教育》	亚米契斯
		《昆虫记》	法布尔
		《假如给我三天光明》	海伦·凯勒
四	上	《品味一生的77篇风景美文》	吕毅然
		《品味一生的105篇励志美文》	翁晓婷
		《品味一生的81篇校园美文》	王其凯
	下	《科学家故事100个》	叶永烈
		《草房子》	曹文轩
		《海底两万里》	凡尔纳
五	上	《高士其科普童话》	高士其
		《夏洛的网》	E.B.
		《三国演义》	罗贯中
	下	《城南旧事》	林海音
		《童年》	余秋雨
		《水浒传》	施耐庵
六	上	《读者》	
		《读者》	
		《读者》	
	下	《鲁宾逊漂流记》	笛福
		《汤姆·索亚历险记》	马克·吐温
		《红楼梦》	曹雪芹

【观课评析】

学生读不读，教师是关键！阅读和创作是一对孪生姐妹，只阅读不创作就好比只开花不结果，所以，我们要强调阅读，也要重视写作，可以通过举办丰富多彩的阅读、创作、欣赏、交流、分享活动作为校园阅读的延续与拓展，用写作检验阅读效果，用阅读提升写作能力。同时，向家长宣传书香校园建设的理念及“书香家庭”的创建标准，并推进建设“书香家庭”，鼓励家长和孩子一起阅读，养成好读书、读好书的良好习惯，倡议家庭图书角的建设标配：一个温馨的读书角、一个书架、一盏台灯、一批好书，让阅读的种子在每个家庭，在每个孩子心中生根发芽，蓬勃生长。“三分课内，七分课外”，教师为学生创设的读书“花园”，是一个充满书香的“花园”，一个充满快乐的“花园”，从而实现了阅读、积累的增值效果。

第三篇

生动作文

3

教材无非是个例子——图书馆里学作文

现场感——活动之中教作文

“南粤名师大讲堂”执教公开课

执教《生命生命》，启迪学生“生活作文”

培养创新意识是作文教学的灵魂

众所周知，作文教学是小学语文中的一个难题，很有点“难于上青天”的感觉，往往教师费尽口舌和心机，学生仍不得要领，无从下笔。为什么平时伶牙俐齿、讲起话来滔滔不绝的学生一遇到作文就变得笨口拙舌？为什么面授机宜的教师往往在作文这个“百慕大”就折戟沉沙呢？每想到这个问题，我的脑海里总会涌出下面两个例子：

案例一

某作家到一学校观察作文训练，学生们写道：鱼儿在水里游来游去，很活泼。作家不甚满意，经过启发，一学生写道：鱼儿在水里游来游去，水很活泼。作家喜出望外之余，不免心中忧虑：老师能肯定吗？

案例二

某一年级实验班测试，要求学生写100字的一段话，有位小朋友苦于无词，于是挥笔写道：“只有80个字，再写20个就够了，好了，行了。”

上述两个事例，前者是读书得来，后者是亲眼看见，让我啼笑皆非之余，不由深思：教法的陈旧不变，见闻和生活经历的缺乏，评价体系的僵化刻板等等，已将作文封闭得严严实实，使其显得高不可攀，令师生们望而却步。

穷则思变，变则通。古人说：“问渠哪得清如许，为有源头活水来。”一语道破天机，我们小学作文教学要打破僵局，确实急需引进源头活水，添进一些生机了。笔者认为，培养创新意识，就是作文教学中的灵魂。因为任何僵化、陈旧的东西都毫无魅力可言，只有鲜活、创新的作品才有动人的光彩。唯其新，才能使教师真正做到“教无定法，贵在得法”，也只有勇于创新的教师，才能教出敢于创新的学生；唯其新，才敢于打破奉命作文的框框，激发学生的兴趣和写作欲望，去体验成功的乐趣；唯其新，学生作文才有可能像原野上的清风，自然清新，各具特色，远离“八股文”，不再人云亦云。诚然，我们的学生不可能个个都成为文学大师，但如果他们通过作文这一有着强烈创新意识的途径，大胆表达心声，那就是教育的成功之处。

下面仅就小学作文教学中如何培养学生的创新意识，谈谈我在教学实践中的拙见。

一、教师确保“一桶活水”——创新的动力

叶圣陶先生说：“教师善读善作，深知甘苦，左右逢源，则为学生引路，可以事半功倍。”的确，学生不会写作文，最简单的一个原因，就是教师自己下水写作的机会少，学生从来没听过教师议论写作文的亲身体会。可见，教师拥有强烈的创新意识和本身足够的“一桶水”，对学生的影响力是很大的。第一，作为教师，我广泛阅读，细心观察，从生活中获取灵感，得到启示，加强知识积累，并尽量借鉴他人的经验，了解外界教改的信息，博采众家之长，确保“一桶水”的鲜活度。第二，在关隘处，我亲自“下水”示范，取得指导学生作文的主动权，教到点子上，导在关键处，以健康、强烈的感情潜移默化地影响学生，在学生的心目中树立良好的形象，使学生因亲其师而信其道，因情动而相随，喜欢作文。当然，我“下水”的招数是多种多样的：口述选材要点，拟订作文提纲，帮学生开个头、结个尾，难写处指点一二，经常谈谈自己的所见所闻、所思所感……记得那次下午第一节上课铃响后，学生仍在谈笑风生，连作业本都没有交齐。我见了以后，二话没说就在黑板上写下这样几句打油诗：

中午不知为何忙，一点小事进课堂。

须知时间多宝贵，今后遇事早想方。

五年级的学生一看就明白我的意思，当晚他们在日记中也写下了鲜活的文章：《老师的诗》《唉，真不该》《委婉的批评》……

二、联系生活，激活文思——创新的源泉

生活是写作的源泉，“小学生练习作文之要求，唯在理真情切而达意。”学生们随着年龄的增长，经历的增多，对事物开始有了自己的感知，情感也丰富起来，而且想一吐为快。我常常是一遇到偶发事件，就“计上心

来”，抓住契机，指导学生观察生活，落笔成文，力争写出一篇篇真实、自然、清新的文章。

一只大黄蜂飞进了教室，语文课成了观察课。师生们惊、躲、赶、打，目睹了它逃生的经过，写出的文章格外生动、有趣。

班里一学生因天凉感冒而突然呕吐，学生们有的清除脏物，有的照顾生病的同学，我也脱下自己的外衣给那学生穿上。这一场面学生写起来都有自己的真实感受。

学校围墙缝里长出了一株生机勃勃的半边红，比盆栽里的还要精神，我有意识地引导学生注意观察，积累材料，学生写的《墙缝里的半边红》耐人寻味，新颖活泼。

几年来，我坚持引导学生把目光投向广阔的生活空间，去捕捉和观察日常生活中遇到的有意义和有趣的事，竭力为学生营造出一个开放的作文环境，如组织学生春游、秋游、野炊，到公园去赏景，参观潜艇和高炮部队，开展丰富多彩的班队活动等。虽不仅仅是为了作文而活动，但多彩的生活确实陶冶了学生的情操，使学生的作文有了长足的进步。《参观高炮一连》《大海给我上一课》《我家的芒果丰收啦》等充满生活气息的作文陆续发表在省级刊物上，大大提高了学生作文的自信力。

三、立足教材，培养语感——创新的基础

离开了扎实的语言文字基础，学生作文就成了无源之水，无本之木，更谈不上什么创新了。叶老说：“文字语言的训练，我以为最要紧的是训练语感，就是对语言的敏锐的感觉。”我注意把阅读教学作为训练语感的主渠道，引导学生揣摩语句，借读启思，达到理解课文、发展语言、陶冶情感、感受语言的目的。

首先加强朗读指导，启发学生处理好朗读的语调，结合课文的内容富于变化，高低起伏适度，并且通过恰当的停顿、重读，体现节奏感。有效的朗读可以使语言文字的教学过程，同时成为体验情感、培养语感的过程，使语言文字形象地出于口，入于耳，了然于心，从而跃然纸上。

其次，引导学生在关键处“咬文嚼字”，对语言进行比较，提高他们对词语的感知能力，体会作者遣词造句的妙处。如教《绿色的办公室》一文中“他埋着头，双膝托着文件夹，笔头在稿纸上沙沙地画着”一句时，将

"埋"换成"低"等词，让学生在具体的语言环境中体会到"埋"一词用得准确传神：列宁工作的认真、专注。

四、指导修改，取长补短——创新的保障

实践证明，学生了解学习结果比不了解学习结果更能提高学习的积极性，激发学习情感，促进学习的进步。美国专门从事中小学写作研究的格雷夫教授认为，"师生间正常的个人磋商才是真正的写作教学的基础"。我想，他所指的"磋商"，不仅只局限于师生间面对面的交谈，也应包括学生与学生之间的相互交流，以及"作文评语"等形式。因此，我把作文全部由教师批改的方式，改为由师生共同参与批改，尊重学生的意见，在民主的气氛中和学生一起批改作文。①学生自改。学会修改文章，是一个良好的习惯。我教学生按照"读—思—改"的方法进行自改，有些错别字、漏字、笔误以及不通之处，只要学生多读一读，多想一想，就能及时发现并纠正，这样长期坚持，学生自改能力会越来越强。②同学互改。俗话说："当局者迷，旁观者清。"让学生当小老师，批改其他同学的作文，往往可以从新的角度发现文章的优点，提出修改意见，使小作者豁然开朗，既能促进写作兴趣，又能相互取长补短。③教师批改。我在前两个步骤的基础上，进一步提示修改，或做出评价，尤其注意淡化对切题的要求，个别学生的作文情真意切、语句通顺、有中心，但因离题而面临不及格的危险，我就先指导其换一个恰当的题目，并对该作文予以肯定，然后指出其不够切题的毛病，引起学生重视。这样做有利于因材指导，起到导向作用。

五、鼓励投稿，激发兴趣——创新的深化

作文教学费时低效，其中很重要的原因是学生缺乏明确的写作动机，他们没有一个切实的目标，奉命作文，毫无乐趣、兴趣可言。我引导学生树立目标——我的作文是要拿到班上交流，或投稿争取发表的。他们的创作热情大为高涨，主动阅读，揣摩仿写，观察创作，踊跃投稿。每当学生发表作文时，这小小成功所带来的喜悦和精神动力是无穷的，同时，也触动了其他同学。

另外，我充分利用班内宣读、班际之间的交流、出黑板报等途径，鼓励一些基础较差的学生尝试"投稿"的滋味，体验其中的乐趣，并对他们作文中的"闪光之处"予以及时肯定，变被动为主动，使他们觉得作文也不是一

件神秘的苦差事。

“教学相长”，几年来，作为教师，我先后在省刊上发表论文5篇，在范文写作比赛中两次获省级一等奖，一次获国家级一等奖，更令人欣慰的是我班学生也不甘示弱，他们不仅陆续在省级刊物上发表作文9篇，获省一、二、三等奖6人次，而且对作文保持着饱满的热情，有一种敢于创新、以我手写我心的精神。

裴斯泰洛齐说过：“教学的主要任务不是积累知识，而是发展思维。”学生作文就是一种发展思维、培养综合能力的创新活动，如果我们教师在作文教学中不搞一刀切，有灵活的指导方法和大胆的创新意识，行之有效地引导学生写出一点新内容，吐露一点新见解，构思新颖一点，语言活泼一点，下笔大胆一点，学生的思维必定活跃起来，才有勇气和信心去大胆尝试创新，真正写出自己的作品。

改写作文教学设计

——让温暖跨越时空

一、听一听：如何与经典对话

你别问这是为什么

妈妈给我两块蛋糕，
我悄悄地留下了一个。
你别问，这是为了什么。

爸爸给我穿上棉衣，
我一定不把它弄破。
你别问，这是为了什么。

哥哥给我一盒歌片，
我选出了最美丽的一页。
你别问，这是为了什么。

晚上，我把它们放在床头边，
让梦儿赶快飞出我的被窝。
你别问，这是为了什么。

我要把蛋糕送给她吃，

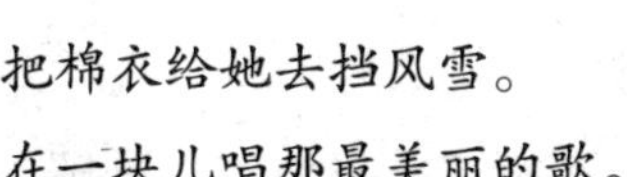

把棉衣给她去挡风雪。
在一块儿唱那最美丽的歌。

你想知道她是谁吗？
请问问安徒生爷爷——
她就是卖火柴的那位小姐姐。

这是我国9岁儿童刘倩倩创作的诗歌《你别问这是为什么》，在联合国举办的世界儿童诗歌比赛中荣获“菲利亚”金质奖章。

同学们，这首诗字里行间的无私爱心是不是让我们感到特别温暖和感动？读了这首诗，你是不是也想像小诗人那样，拿起手中的笔，让思绪跨越时空，用文字来表达自己对小女孩的关爱呢？今天，我们就来改编《卖火柴的小女孩》或《凡卡》，让温暖跨越时空，让文字散发出暖人的温度。

二、讲一讲：旧瓶如何装新酒

同学们，本单元的主题是“让温暖跨越时空”，要求我们挑战经典，改编名家名篇和课文。

改编是改变原文表现形式的一种写法，说白了，改编就是“旧瓶装新酒”，原文就是那个珍贵的“旧瓶子”。那么，我们在改编故事时，既要尊重原文，和原文一脉相承，又不能把旧瓶子弄脏了，更不能把旧瓶子弄坏了，同时，还要在原文的基础上添加新的内容，好比往瓶子里装入新酒，让它有新的味道才行。

自信的你有兴趣当一回“安徒生”或“契诃夫”吗？那么，我们怎样才能改编好经典童话、名著故事或经典课文呢？有几点想法和大家分享。

（一）主题要清晰

1. 明确主题，改编才有主心骨

同学们要记住的是，本单元的主题是“让温暖跨越时空”。这种温暖不仅仅是指外在的温度高一点，更应该是精神层面的感动，改编后的故事要求有温馨、善良、和谐的感人情节，这是它和原文最大的区别。因此，同学们要将“爱心、善良、和谐、温暖”贯穿全文，让读者体会到那种关爱和温暖、感动与和谐。

2. 尊重原文，改编源于好基础

同学们，如果你读懂了原文，了解了故事情节，理解了人物，你就成功了一半。为什么这么说呢？因为改编虽然相对灵活自由，但还是要尊重原文的，总不能颠倒黑白，把善良的人改成凶恶的人，这是其一；其二，改编不同于缩写和扩写，不能原文照搬，而要改变情节，添加新的内容，那就要求我们熟悉原文，才能做到锦上添花。

（二）构思要巧妙

1. 改变原文情节

改编后的文章，或许比原文更有趣，或许比原文更有新意……这样，被改编的文章读者看了才会产生较强的吸引力。

例如，改编《卖火柴的小女孩》时，你可以想：假如小女孩跨越时空，来到了我的家里，会有着怎样的故事呢？假如我来写《卖火柴的小女孩》，我会想象她遇到了谁？他们不在同一时空，在这样的矛盾冲突中，会有哪些戏剧性的故事发生呢？会发生怎样翻天覆地的变化呢？……越是温暖、善良的意愿越好，同学们完全可以自由支配，发挥奇思妙想去写其他的内容，只要合乎情理、扣住主题就行。下面的改编范例《天空被照亮了》就是这样一个例子。

2. 拓展故事背景

同学们，作家的创作素材是来源于生活的，因此，我们常常从他们的作品里看到他们的生活经历的影子，而这些经历也可以成为我们改编的素材。如改编范例《街头重逢》就将契诃夫的童年经历与凡卡的命运融合在一起。

说到写作背景，《卖火柴的小女孩》还真有一段来历呢！

当时，安徒生的一个朋友寄来一封信，信里附着三幅图，请安徒生写篇童话，以配其中一幅图。安徒生选择了手中拿着一束火柴的穷苦小女孩的一幅图，配上了这篇童话。因为安徒生的母亲幼年是个讨饭的孩子。安徒生说："妈妈告诉我，她没有办法从任何人那里讨到一点东西，当她在一座桥底下坐下来的时候，她感到饿极了。她把手伸到水里，沾了几滴水滴到舌头上，因为她相信这多少可以止住饥饿。最后她终于睡过去了，一直睡到下午。"这幅图，自然使安徒生想起了母亲的苦难童年。文中那小女孩的模特儿便是安徒生的母亲。

《凡卡》的作者契诃夫小时候在父亲的杂货店里，目睹了父亲对小学徒的

虐待，十分同情小学徒的命运。后来，契诃夫就创作了《凡卡》，写出了学徒工的悲惨遭遇，从一个侧面揭露了沙皇制度的黑暗和当时社会的罪恶。

怎么样？你找到灵感了吗？

3. 延伸脉络续写

作者在展开故事情节和结尾时，常常埋下伏笔，或留下意味深长的想象空间，同学们可以对这些文章脉络加以拓展延伸，就会创造出另一片别出心裁的精彩天地。例如，《凡卡》，你可以想象爷爷怎样才能收到信呢？他收到信以后会做些什么呢？这里面会有什么感人的故事发生呢？……聪明的你可以读一读改编范例《凡卡回家》，就会明白其中的奥妙。

三、读一读：欣赏几篇改编范例

天空被照亮了

妈妈开了一家奥运纪念品专卖店，周末，我到妈妈店里去帮忙。店里人来人往，热闹非凡。

忽然，一个瘦弱的身影从我身边闪过，那金黄色的头发引起了我的注意，她手上抓着一把火柴，穿着破旧的衣服。咦，她不就是卖火柴的小女孩吗？她怎么到了这里？一个个疑问涌上我的心头。

我好奇地走上前去，她瞪大了眼睛望着我。我说："你怎么了？卖火柴的小女孩。"她惊讶极了："你怎么认识我？""我当然认识你，我读过安徒生的故事。"我肯定地说。我把心中的疑问说了出来："你怎么了？怎么不回家？……"她低下头，低声地说："我……我不敢回家，因为今天我没卖出去一根火柴，我怕……我爸爸会打我的！"

多么不幸的女孩呀！我心中默默地想：唯一疼爱她的奶奶去世了，妈妈也走了，爸爸又天天打她。不行！我一定要帮助她！一个大胆的想法从我的脑海里蹦出。我对妈妈讲了她的种种不幸，终于说服了妈妈，妈妈答应把她收留下来。小女孩也答应了，从此，小女孩就来到了我的生活中。

妈妈给她申请了学籍，白天，我和她一起去上学，放学后，我们就一起去卖奥运纪念品。过了一段时间，纪念品卖完了，我和小女孩也有一份自己的工资呢。小女孩说："我们把钱捐赠给奥运会吧。"这可是个好主意。我们马上联系了奥运捐赠处，把钱捐赠给了奥运会，奥组委也表彰了我们。小

女孩的身世也就流传开了，她受到了世界各地好心人的帮助。

一天，一张邀请函传到了我家，原来是奥组委邀请小女孩去做奥运火炬手！听到这个好消息，我们都激动得流下了眼泪。

终于，奥运火炬开始传递了，小女孩跑的是最后一棒。这时天色近晚，她在人们的欢呼声中，高擎着火炬向前跑着，脸上露出了甜美的笑容。然而就在快到终点的时候，发生了一件出人意料的事。几名“藏独”分子突然冲上前来，试图抢夺小女孩手中的火炬。面对三四个穷凶极恶的歹徒，她左右躲闪，与他们搏斗着。她机智地将腰弯下来，头靠着膝盖，紧紧抱着火炬。当歹徒逼近她后，打她，抢她的火炬时，她果断地熄灭了火炬，把它紧紧抱在怀里，仿佛忘记了自己，忘记了危险，只有温暖的圣火在心中燃烧。

她凭着自己的小小身躯抵挡住歹徒的袭击，赢得宝贵的时间。警察把几名“藏独”分子一举拿下。

这时，小女孩擦着了火柴，点燃了火炬。她高高地举起火炬，跑向终点，点燃了圣火。一下子，火光照亮了整片天空，人们欢呼着，熊熊燃烧着的奥运圣火映红了不同肤色的脸庞，温暖着整个城市，温暖着全世界每一个热爱和平的人。

（深圳市南山区育才三小　朱一青）

老师的赞叹：本文的小作者能够在读懂、理解原文的基础上，展开丰富的想象，把文中原来可怜的小女孩变成了参与奥运会的火炬手，而且机智勇敢地保护了圣火。文中对小女孩保护圣火的环节写得细致感人，尤其是与“藏独”分子的较量一段更能看出小作者不仅想象极为丰富，而且很善于在文中融入时代气息。本文的结局更是让人感到惊喜，让读者感受了“同一个梦想，同一个世界”的暖人温度。

街头重逢

我叫契诃夫，很不幸的是我出生在沙皇统治的年代。我的爸爸是一家杂货店的老板，虽然对我来说爸爸妈妈算是个慈祥而有趣的人，但我却发现他们实际上是凶恶而冷酷的，我做梦也想不到他们竟然是这种人。

那天我正躺在沙发上看着小人书，新来的小学徒正在为我弟弟摇摇篮，那时候我弟弟大约七个月大，挺娇气的。那个小学徒摇着摇着竟睡着了，摇篮停住了，弟弟一下子就醒了，号啕大哭起来。这时，我爸爸一脸怒气地走过来，一把将小学徒拽到了院子，对他一顿拳打脚踢。紧接着，挨了打的小学徒又被我妈妈叫去收拾一条青鱼，这么小的孩子根本不知道该怎么做啊。他只好胡乱抓起那条鱼从尾巴弄起。结果，妈妈火冒三丈，捞起那条青鱼用鱼嘴直戳小学徒的脸，还狠狠地踢了他一脚。

这恐怖的一切都印在了我的脑海中，我真不明白，昔日那慈祥的父母，今天怎么都成了凶恶的恶魔，难道只是因为小学徒是个穷人的孩子吗？难道穷人的孩子就不应该得到尊重吗？我真同情那个小学徒，也十分痛恨压迫穷人的富人。可我也没有什么办法帮他，只好趁着家里人睡着了以后，偷偷拿一点儿面包给小学徒吃。谁知道我爸爸又发现了，小学徒还挨了一顿揍呢。

不过，我的心里酝酿着一个计划，我要帮助小学徒离开这个鬼地方。我不露声色地从父亲嘴里问清了凡卡家乡的具体地址，悄悄给凡卡的爷爷写了一封信。不久，他的爷爷康斯坦丁·马卡里奇就设法来到城里，带走了那个小凡卡。虽然后来我爸爸知道了事情的原委，但他除了干瞪眼和揍我一顿，又能怎么样呢？

日子一天一天地过去了，我也长大成人，当了一名作家。1918年初春的一天，我正漫步在莫斯科的街头，因为十月革命刚刚取得胜利，人们都喜气洋洋的。忽然，一个人冲过来拥抱着我，激动地喊着："契诃夫先生！契诃夫先生！你不记得我了？""凡卡！是你！"我惊讶得说不出话来。原来凡卡参加了俄国的十月革命，已经是一个勇敢的革命者了。

这久别后的街头重逢，真是让人温暖的一幕啊！凡是听说我和凡卡的经历的人，谁能不为我们的故事所感动呢？

（深圳市南山区育才三小　刘逸南）

老师的赞叹：作者根据《凡卡》创作背景，也就是作者契诃夫童年的生活经历来进行改编，并且联系到1917年的十月革命，想象凡卡成为一个有理想的正义之士。在文章中，"我"对凡卡的暗中相助闪现着人性的良知和温暖，而凡卡参加了十月革命，推翻了沙皇统治，为穷人谋取幸福更是博大的温暖。文章构思独特而又合情合理，语言简练。

凡卡回家

那醉醺醺的邮差看见凡卡那写着“乡下爷爷收”的信，本想当一场笑话扔掉，可一见那歪歪斜斜的字，便想起了自己的童年。“我小时候不也是这样受尽了欺负吗？我也写了一封这样的信，信上的地址只写了‘奶奶收’，后来便没有寄到。感谢上帝，让我从地主家里逃了出来，还干起了邮差。”那位邮差喃喃道，“这一定又是哪个跟我有一样命运的孩子写的。我必须帮助这个孩子，不然他说不定会死掉的。”他扬起鞭子，到城外的乡村去，最后在日发略维夫那儿找到了凡卡的爷爷，把信交给了他。

爷爷用颤抖的双手接过那封信，才看了一页就止不住抹起眼泪来。他想了一会儿，决定将凡卡从城里接回来，于是，他去向奥尔迦小姐告假：“小姐，非常感谢你从前教我的孙子凡卡写字、念书和数数。现在请允许我离开几天。我想我这辈子不会忘了您的宽宏。”

“出了什么事吗？您为什么急着离开呢？”奥尔迦小姐放下手中的针线，问眼前这位眼泪汪汪的老爷爷。

“是的。凡卡他出了一些事……”

“哦！快告诉我，他出了什么事？是病了吗？”奥尔迦小姐急切地问道。爷爷将凡卡的信递了过去。奥尔迦小姐看完信已泣不成声，“是的，我们必须把凡卡接回来，毕竟他还那么小，他受不了，可能会死的……”

天刚蒙蒙亮，凡卡就得起来给老板洗衣服、生炉子，还要在顾客们来之前将卫生打扫干净。虽然日子苦极了，但他只要想到爷爷，想到奥尔迦小姐也许马上就会来接他，他又兴奋起来，倦意一下子便没有了。只要听到窗外传来马蹄声，可怜的孩子就赶紧跑到门口张望，看看是不是爷爷来接他了。他就这样期待而又不安地等待着，盼望着爷爷的身影早些出现。

一天，他突然听见一连串急促的马蹄声，然后就是一声熟悉的吆喝声。没错，这是爷爷的声音呀！凡卡扔掉扫把，冲到门口，掩饰不住脸上的喜悦。

“爷爷——”凡卡扑到爷爷怀里，“噢，爷爷，我可把您盼来了。这几个月我可想死您了！”

爷爷高兴地把凡卡举起来，转了一圈：“噢——，我可怜的好孙子！你看，奥尔迦小姐也来了！”说着，将奥尔迦小姐扶下马车。

“奥尔迦小姐！”凡卡惊呼着，“噢！我就知道你会来的！你和爷爷是

世界上最好最好的人了！”

奥尔迦小姐也开心地笑着：“凡卡，我们来接你回去了。跟我们上车吧。”

凡卡高兴地蹦上车子，催着爷爷快走。他忘掉了老板的责骂，忘记了伙计们的捉弄，他此时只想着那美丽的乡村，那些一身银白的树木，还有那两条可爱的狗。他仿佛已经闻到了乡下稻田里散发出的香味，仿佛听见了羊圈里羊群咩咩的叫声……

马鞭的声音响了起来，马车随即消失在了早晨的浓雾之中。

（深圳市南山区育才三小　吕晨曲）

老师的赞叹：作者把握住了《凡卡》原文中的一个细节，凸现了关心凡卡的奥尔迦小姐这一形象，使故事合乎情理，又别出心裁。正义战胜邪恶，善良战胜冷漠，既是人类进步的主旋律，也是本次习作的主题。本文构思精巧，文笔流畅，语言老到，结尾那一幅晨雾迷蒙，马车远去的图画更是情韵悠长。

小女孩与燕子

那个卖火柴的小女孩赤着脚，又冷又饿，蜷缩在街角。今天没有人需要火柴，她也没有得到一分钱。就在她觉得自己饿得快要昏死过去时，她听到一声微弱的鸟鸣，原来那是一只冻僵了的小燕子倒在雪地里，小小的身体仿佛就要被雪吞没。

“噢！可怜的小家伙！你跟我一样冷得回不了家了呢！”小女孩抱着这只燕子，又蜷缩在墙角，极力用自己的身体去温暖这只冻僵的燕子。

不知道过了多久，小燕子慢慢醒过来。拍着翅膀，用稚嫩的声音问着：“小姑娘，是你救了我吗？看，雪花落在你的卷发上了呢，那真是美丽极了……噢，我肚子饿了，请问你这里有什么可以吃的吗？”

“没有，小燕子，我这里什么都没有。我也和你一样饿极了！”

“噢……”小燕子看起来有些沮丧，但马上又高兴起来，“没关系，我现在感到非常暖和了，我可以去找吃的。”

“我不能跟你去，因为我冷得动不了。你只要给我说说这些食物的样子我就不饿了。”小女孩说。燕子听了，就飞走了。小女孩又觉得冷极了，她盼望着小燕子赶快回来，用她说不完的话来温暖她。

不知道过了多久，小女孩听到一个细小的声音："我回来了！"

小女孩用力地抬起头，看见小燕子模糊的影子。"你瞧，我给你带来了一点面包渣，这一小片够我吃三天，你快吃了吧，吃了你就不饿了！"小燕子看着小女孩一小块一小块地吃那些面包渣，"噢，你知道吗，今天街上可真是热闹呢。因为今天是人们说的大年夜，每个铺子都放着好听的歌曲，还摆着绿绿的、挂满闪亮的小球的树，真是太美了！我溜进一家面包店，看见老板正坐在桌子旁边和别人大吃大喝，吃的东西多得吓人，我恐怕一年也吃不完那些东西。许多面包发出诱人的香味，我真想吃一口。它们都涂了甜奶油，金黄金黄的。"

"真是谢谢你，可爱的小燕子。吃了这些我就不觉得饿了。"小女孩的脸变得红润起来，苍白的嘴唇也恢复了血色。这时，一阵寒风吹过来，冷得她又打起了寒战。

"看来，我得再跑一趟，我刚才看见了一户人家在烤火呢，那火炉看起来很暖和，我要去带点温暖来给你。"小燕子说着，又飞走了。

不一会儿，小燕子又飞了回来："我在那户人家的火炉边站了好久，走的时候还用翅膀揽了一把，我应该把温暖带回来了，尽管我看不见它，可我想你应该看得见。怎么样，'温暖'漂亮吗？"

"是的，它非常漂亮。它很鲜艳，是火红火红的，散发出金色的亮光，照得人身上很暖和。噢！小燕子，我觉得你身上也充满着'温暖'呢！"小女孩觉得不那么冷了，身子也不再蜷成一团，她伸出凉凉的小手抚摩小燕子滑溜溜的羽毛。

"真的吗？"小燕子惊奇地喊道，充满了兴奋，"噢，一定是的！你说的跟我看到的一模一样呢！我看见那大火炉里有红红的火焰，发出巨大的亮光，靠近它就会觉得温暖。里面还有木柴烧了之后'噼啪'的响声呢！"

"小燕子，你看，我这还有一大把火柴呢。我们把这火柴划着了，也可以发出那种光，也可以暖和身子呢。"小女孩从衣兜里掏出火柴，在墙上划燃一根，握在手心里。

"是真的！我感觉身上又暖和了！"小燕子喊着。

小女孩划着一把火柴，它们发出强烈的光，把这小小的街角照得如同白昼一般。街角变成了一个小房子，房子里住着一个美丽的小女孩与一只带着温暖的燕子。她们微笑着，进入梦乡。

“小燕子，给人温暖的小燕子，我要给你讲我的故事了……”

（深圳市南山区育才三小　吕晨曲）

老师的赞叹：改编后的文章要给读者带来乐趣，写出新意尤为重要。做到这一点并不难，合理地发挥你的想象定能谱写新篇章。本文的小作者能够在读熟、读透原文内容的基础上，进行大胆的想象，较成功地改编了《卖火柴的小女孩》，读了以后，有一种温暖和关爱的美好感觉在心里生长，让人感动，而且富有安徒生童话的浪漫色彩。

四、写一写：轮到你们动笔了

1. 温暖，是心灵的一种拥有，是一种幸福的境界

每个人都可以创造出温暖，可以是自己温暖他人，也可以被他人温暖。在感恩的心里，在满是谢意的眼里……总能让人看到温暖。汇聚心灵的力量，世界就会温暖起来。

改编《卖火柴的小女孩》和《凡卡》，让这份温暖跨越时空。题目自拟，如《假如小女孩来到我家》《爷爷收到信以后》。

2. 写作提示

（1）“让温暖跨越时空”，要注意要有时间和空间的跨越，如小女孩来到了现实社会中，如《天空被照亮了》，小女孩来到了现实社会中，还成了奥运火炬手。她得到了我们一家还有社会这个大家庭的关爱，同时也将这种关爱转化为力量，勇敢地护卫奥运火炬，这就是温暖的魅力。

（2）理解“温暖”的含义。这里的“温暖”就是互相之间的关爱。如《小女孩与燕子》中，小女孩和小燕子之间的真情和关心，就让我们体会到那份跨越时空的温暖、和谐。

（3）从改编例文可以看出，习作的重点是体现温暖的过程。要设计具体的故事情节，从语言、动作、神态、心理等方面细致地刻画，只有将自己的情感融于字里行间，从笔尖流淌出来的文字才能吸引读者的目光，让读者和你的温暖产生共鸣。如《街头重逢》，从帮助凡卡脱离虎口到两人街头重逢，故事发展既在情理之中，又在预料之外，引人入胜。

（4）原文要尊重。改编虽然是“旧貌换新颜”“旧瓶子装新酒”，而且写法上也比缩写、扩写自由灵活，但改编文章时仍然要以读懂原文、尊重原

文为前提，第一，风格上与原文尽量一致，如《卖火柴的小女孩》虽然是一个凄美的故事，但充满了浪漫色彩，我们的语言就要尽量优美诗意一些；第二，人物形象要有延续性，如小女孩天真、善良、令人同情的美好形象在改编中要得到延续，不能编造成凶悍的、丑恶的样子，要使原文与改编文章一致。这一点，改编例文已经起到了很好的示范作用。如《凡卡回家》中奥尔迦小姐的形象刻画就是依托原文进行的，原文中写道："奥尔迦小姐很喜欢凡卡，经常教他写字、画画、数数，甚至教他跳舞。"在改编的故事中，奥尔迦小姐依然是美好、善良，关心凡卡的形象。

现场作文教学实录——《一份薄礼》

一、设计思路

（1）为学生现场提供写作素材的同时，使习作教学成为愉快的师生交往过程，使学生的习作成为“有米之炊”。

（2）引导学生仔细观察，找到适合自己的表达方式，使他们乐于表达所见所闻，所思所感。

二、课前交流

师：离上课还有几分钟呢，来，我们来玩一个“谁是我的知心朋友”的游戏吧。（教师面朝学生，手藏于背后）请你们猜一猜我伸出了几个手指？（数字1、3、5）

学生立刻活跃起来，初次见面的陌生感消除了，师生关系迅速融洽起来。

师（问第二、三次猜对的学生）：你有什么猜测的窍门？

生：您第一次出示了三个手指，所以再次出示‘3’的可能性减少33%，而五个手指特别顺手，因此我就猜您会出示五个手指，结果猜中了。

生：前两次您分别出了三个和五个手指头，那我们肯定会猜第三次是‘1’了。这样一来，您就肯定不会再出‘1’，所以我觉得继续出‘5’是我们想象不到的，可能性也最大。

师：我们怎么才能知己知彼，明察秋毫呢？看这个大大的“聪”字，我们就会发现做一个聪明的人需要眼观六路、耳听八方、口勤说话、心多思考。

三、导写过程

（一）巧解“聪”字，情境练说

师：看来，我们如果仔细观察，做到“眼观六路、耳听八方、口勤说话、心多思考”（学生齐读）的话，就有望成为一个聪明的人。

师：那我们现在来试一试这几句话的效果。假设这里是教室的门，上课铃声响了，我走进教室，先向大家问好，同学们回答。别小看这个短短的过程，这其中有走上讲台的老师，有老师和同学们的问答，而且在这样特殊的地方上课你一定有自己的感受，这就要求同学们眼观六路、耳听八方、心多思考，再把看到的、听到的、想到的说出来，就是口勤发言。

学生练说后，教师结合下面的文字进行小结：

“叮铃铃”，上课铃声响了，老师精神抖擞地走上讲台，她浅浅地笑着，温和的目光掠过我们的脸庞。顿时，被她看到的同学都直起了腰背，仿佛我们是一棵棵茁壮成长的小苗，而她那温和的目光里似有一种神奇的力量。随着一声“同学们好！祝大家上课愉快”的问候，我们不约而同地回答：“老师好！祝老师上课愉快！”我心里暗暗想：又是一个新的开始，我可要专心听讲，多多发言。

今天，我们要让自己的眼、耳、口、心都投入观察之中，准备好了吗？

（二）设置期待，深切体验

1. 听说礼物，期待过程

师：同学们，今天是我和大家初次见面的日子，我特地从深圳给大家带来了一份薄礼，你们猜一猜这份礼物是什么？说说自己的理由。（教师略一停顿，学生按捺不住的好奇心被激发了，思维更加活跃起来）

生：我想是一只小动物吧，好让我们观察它，写出好文章。

生：我想一定是一些好书，这样既表达您的心意，又能给我们阅读，增长见识。

生：糖果吧，因为我上课前已经观察过了，没发现您带什么大的东西，我想只可能是糖果这一类小东西咯。

……

师：大家都有自己的想法和理由。那么，刚才你都听到了什么？看到了什么？又想到了什么呢？连起来说一说就是出口成章了。

学生练说，发言。

师：仔细倾听同学的发言，听听他做到了几个“到”？（下为学生发言之一）

让我们意外的是，何老师亲切地告诉我们：“同学们，我给大家带来了一份薄礼。”说完这句话，她还郑重其事地在黑板上写下四个大字——一份薄礼。老师来上课还带见面礼？这可真有意思。于是，我们不由得都伸长着脖子，瞪大了眼睛，期待着老师拿出那珍贵的礼物。我想：老师说不定给我们带来了一个什么小动物，让我们观察观察，再写作文呢。

2. 却是白纸，体验奇怪

师：这个礼物因为能够千变万化而格外珍贵，所以现在请同学们轻轻闭上眼睛，等待我拿出它。（学生闭上眼睛，也有眯成一条缝偷看的，看得出他们完全沉浸在情境体验之中）大家可以欣赏礼物了，这个礼物就是——（教师拿出了一张纸）小小礼物，不成敬意。

学生一阵哄笑，伴随“唉”声一片，更有甚者：“老师，您也太小气了！就这么一张纸，还是给我们全班同学的，每个人都分不到一厘米见方的纸片，能干什么啊？”“还以为什么礼物呢？一张白纸，可真是一份薄礼。”

师：你看到了什么礼物？怎么一片笑声和叹气声？（教师引导学生把前因后果说清楚。下为学生发言之一）

我们一个个迫不及待地想早点见到礼物，可何老师这时却偏偏要我们闭上眼睛，说这样礼物才会出现。我的心里十分期待，我想，同学们的心情也一定和我一样。于是，我忍不住把眼睛眯起来，想偷偷来个先睹为快，却没见她拿出什么礼物来。我正疑惑不解时，只听到老师一边说“大家可以欣赏礼物了，这个礼物就是——”，一边从文件夹里拿出一张白纸来。一下子，教室里热闹起来，同学们都“啊”起来，叹气声，议论声，响成一片。有的同学埋怨老师太小气，拿这么一张白纸当礼物，还有的同学不死心，要老师把白纸反过来，说背面可能是一句送给大家的名言。我也想：老师千里迢迢带来的礼物，应该不会这么简单吧。

3. 设计礼物，创造精彩

师：看来大家都觉得这份礼物实在是不成敬意。那请同学们帮我想个办法，将这张白纸设计成一份能表达出我的心意的礼物，好吗？

学生思考片刻，纷纷出主意。

生：老师，您把白纸叠成千纸鹤，表示您祝愿我们能健健康康、快快乐乐地成长，也好比您像一只白鹤，带着我们自由想象。

生：我建议您把白纸折成一只船，因为您好比一艘大船，让我们在作文的海洋里遨游。

生：老师，您可以在这张纸上画一个大大的爱心，在它的里面在画上很多的小爱心，表示您的爱心很大很大，装着我们这些小爱心。

生：老师，我想您用白纸剪出一些白色的雪花，因为我们这里是没有冬天，不会下雪的，这样，我们一定会记住您——一个让我们这里飘满雪花的老师。

生：老师，您用它为我们表演一个魔术：钻过白纸。

师：哦？可是我不会呀。

生：不要紧，我来教您吧。

学生上台示范，经过她的对折撕纸之后，一张小小的A4纸变成了一个大圆，师生俩人笑着钻过了纸圈，教室里响起了热烈的掌声。

……

老师结合学生发言板书：剪纸、书签、画画、折纸、魔术……

师：看来白纸也有白纸的优势，它给我们提供了自由想象的空间。如果这个过程要写下来，你又会写什么？（学生先独立思考，然后同桌、前后同学之间交流）

4. 细细体会，明白心意

师：同学们，今天大家对我用白纸做礼物的行为表示不满意，让我很紧张。现在，我想再问问大家，你今天从我这里到底得到了什么礼物？

生：我得到了作文课的快乐，也明白了写作文的方法。

生：我明白一张白纸，原来就是无限的想象空间。

生：我明白了白纸虽小，但却包含着老师对我们无限的心意。

……

（三）拟定题目，放手写文

师：同学们，要是把你们经历的这个过程写下来，你会选择哪些环节来写？你会拟一个什么题目呢？

生：我要写您和您的这节课，题目就是《特别的老师，特别的课》。

师：善于选材，题目也很好。来，请把你的题目写在黑板上吧。

生：我要写您引导我们想象的过程，题目是《让梦开始的地方》。

师：真是一个有诗意的题目，太妙了。快把它写下来和我们分享。

生：老师，我也写想象的过程，题目是《让海南飘雪的老师》。

……

师：现在，请大家拿起笔，把自己最想说的内容细细写下来。根据自己的习作速度，可以写全文，也可以写片段，万一时间到了没写完，还可以直接念出来。

学生习作，教师随即巡视指导。

（四）展示习作，互动评点

师：请同学们把自己写得最精彩的段落读给大家听，当然，也可以读出整篇文章，其他同学认真听，并发表意见。采用PK的方式，文章、评论最好的同学上台来作为擂主。

鼓励学生朗读自己的习作。

师：谁愿意把自己的作文读给大家听？（一位学生上台）文章好还要读得好，有感情地朗读能为精彩的文章锦上添花。来，试一试。

学生朗读习作，其余学生评点他写得成功的地方或者提出修改意见，教师也参与其中，相机评点。

师：同学们，一个小时的时间转眼就过去了，虽然我们刚刚认识，可又要说再见了。希望大家记住我这个让海南飘雪的老师，记住这节让梦想自由飞翔的课，今后多多"眼观六路、耳听八方、口勤说话、心多思考"，使自己成为一个聪明的人。（下课）

板书设计：

（学生板书题目）
特别的老师，特别的课
让梦开始的地方
让海南飘雪的老师
一张白纸，无限精彩
奇怪的作文课
……

听说礼物　期待
却是白纸　奇怪
大家设计　精彩
细细回味　明白

剪纸
画画
折纸
书签
赠言
……

习作内容的“吉祥三宝”

——时代感、层次感、现场感

“作文难，难作文”是一个共性话题。我们除了从教学设计、兴趣激发、语言积累、能力培养等方面来探因求解，还要从习作内容的设置上来总结有效策略，反思掣肘原因。

一、习作编排要摆脱惯性，体现时代感

语文承载了太多“非语文”的东西，好比一只容量有限却什么都要兜着的篮子，那些突兀生硬的思想道德说教却只会适得其反。而现行教材的习作编排仍然没有摆脱这一贯性。

以四年级上册为例，我们通过学生问卷了解到，看图作文《胜似亲人》被公认是“最不感兴趣的内容”。这并不奇怪，画面表现的内容、呈现的生活背景与学生存在很大的距离，给学生想象的空间也不大。

可见，习作编排也可征求学生意见，编学生之所爱；习作内容须让学生言之有物、言之有情，才能渐至言之有趣，继而言之有味。

二、习作设置与教师解读要凸现层次感

纵观一至六年级教材（人教版），关于景物的习作练习（包括口语交际）有七次，其中二年级上册、三年级上册、四年级上册几乎是同题说、写。

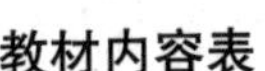

教材内容表

	习作内容	补充内容
二年级上册	介绍自己知道的风景名胜	
二年级下册	夸夸家乡，并写一写	
三年级上册	介绍自己去过的一个地方	
三年级下册	介绍家乡（或他乡）的景物	
四年级上册	写游览过或了解到的一处自然景观	
四年级下册	描写校园景物或别的景物	也可以写校园里难忘的事
五年级上册	二十年后回故乡，想想家乡的变化	还可以写亲人、同学见面等

学生反复面对类似内容，甚至是相同的习作练习，从心理学的角度来说，就是不利于培养学习兴趣、激发习作热情的弊导因素。

因此，一方面，教材中习作内容的编排要尽量整体协调，避免重复，各有侧重，分层渐进，同时在《教师用书》中也需从全局着眼，相应地明确不同年级的景物描写的训练点，避免习作教学中发生“揠苗助长”式的盲目拔高或“老调重弹”的茫然现象；另一方面，教师也应该依据课程标准，通读教材，整体解读，注重低、中、高年级段的衔接，并根据各年级学生的特点和习作要求，把握好各个年级段的训练重点，使得同题或类似题材的习作凸现层次感，让学生感到每次习作都有新的收获，产生渐入佳境的成就感，形成内驱力。

三、习作内容要有情有趣，关注现场感

教材或教学中是否可以适当添加一些“做写结合”的习作内容，新颖活泼，有情有趣。例如，亲子习作系列：“今天是交换节（我来当爸爸或妈妈）”“听爸爸夸夸我”“请妈妈教我一招”“我为妈妈捶捶背（或洗洗脚、唱支歌……）”等等。

这类做写结合的习作内容，用最简单的方式，最聚焦的手法，为学生创设了自由交流、感恩亲人、快乐沟通的条件，点击了学生心灵的鼠标，激活了他们丰盈的想象，在过程中聚焦体验，在体验中促进表达，在表达中体会运用祖国语文，不仅让学生的习作成为“有米之炊”，还为他们进行一次次“心理按摩”。

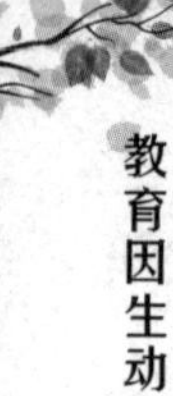

小学生作文评语浅谈

无论是文中寥寥数语的眉批，还是文末三言五语的总批，作文评语作为作文教学的一个内容，作为作文指导的一个步骤，对语文教师和学生都有不容忽视的意义。就教师而言，学生是否达到自己在作文指导时所提出的要求，自己是否实现了预定的教学目标，今后应该如何确定作文教学的坐标和方向，往往要通过作文评语传达给学生；就学生而言，苦心经营的一篇小文，教师看后是否认可，有哪些优点，哪些不足，长处如何发扬，短处如何改正，常常要在作文评语中得以了解。可见，作文评语不仅是学生作文成绩的总结，也是教师作文教学成效的归纳，是联结教师和学生的纽带和中介。因此，教师必须重视并写好作文评语。作文评语写得是否恰当，评价是否准确，对学生作文水平的提高起着至关重要的作用，对于正在经历识字、学词、读文这些语文学习初始阶段的小学生来说，这种作用更显得尤为重要。

那么，怎样的作文评语才算是恰当准确的？作文评语如何能最有效地发挥它的指导作用？无数优秀小学语文教师的优秀评语和作文教学经验证明，原则性和灵活性的有机结合是处理好这一问题的根本所在。

一、作文评语的原则性

1. 紧扣《语文课程标准》

《语文课程标准》是教学活动的方向和标尺，它是在充分尊重学生的心理发展、充分了解语文教学现状和充分体现汉语特点的基础上建立和制定的，因而具有高度的权威性、深刻的指导性和广泛的可行性。大纲在作文教学方面，做出了富于层次性和阶梯性的宏观的和微观的规定。比如，《语文课程标准》要求，教师要从学生一年级起，就注意培养学生两方面的能力，一是用词造句、连句成段、连段成篇的能力，一是观察事物、分析事物的能

力。作文评语就要遵循这一原则渐次指出学生的作文用词造句是否恰当，连句成段是否完整，观察生活是否准确，分析事物是否有力，这样才能规范学生的写作思路，使其沿着良好的写作方向进步成长。落实到不同年级，大纲又根据学生思维发展的特点，提出了具体要求。大纲并不是要求学生一开始写作文就做到中心明确、条理清楚，而是提出“应该从说到写，由易到难，循序渐进。低年级着重练习写话，要有内容，语句要完整、连贯；中年级着重练习写片段，内容要真实具体，语句要通顺连贯；高年级着重练习写成篇的作文，要有中心，有条理，达到小学阶段的要求”。教师的评语也要体现出相应的阶段性，对这一阶段应该达到的目标要严格把握，对这一阶段《语文课程标准》没有提出要求的，则不必苛求。中年级的学生只要能写得具体，有内容，有真情，就该给予肯定；相反，文章的中心明确，条理也清清楚楚，就是内容空洞，情感虚假，教师也必须予以纠正。总之，《语文课程标准》是教师写作文评语的基本依据。

2. 结合课本

作文教学与阅读教学密不可分，课文是学生最直接的范文，学生从课文中学习作者观察、分析事物的方法，学习文章遣词造句、构筑文章的技巧，经过模仿而走向独创。课本，提供了优秀的语言材料；阅读，练就了学生的基本功。不仅如此，语文课本作为引导学生学习语言的蓝本和凭借，它还担负着训练、强化学生将写作与阅读合二而一的任务，这一点表现在课后那些有步骤、有目的、有计划的写作训练项目上。这些训练题从句到段，从段到篇，从一种表达方式到另一种表达方式，从一种文体到另一种文体，逐步有序地增进着学生的写作能力。这就要求教师不仅在指导作文时要让学生学习课文的写法，而且在评语中，也要对照检查学生的作文哪方面学到了课文的长处，哪方面还有待改进，哪方面在模仿的同时又有独创，让学生真正意识到作文和课文间密不可分的关系，与课文学习同步的写作练习，才是扎实的。作文评语在二者结合中的导向作用不可忽略。例如，教学完《童年·冬阳·骆驼队》（人教实验版第六课）一文后，让学生写一篇有关于自己童年的文章，有学生写了一篇文章，取名为《童年·草地·风筝》，教师给予的评语是：“林海音奶奶以《童年·冬阳·骆驼队》一个诗意而又有特色的标题向我们展示了一幅淡淡的童年水墨画，今天，你再一次为我们带来了一个同样风格的标题，这种模仿充满着诗情画意，一路随你笔尖流淌的文字漫步

茵茵的草地，欣赏那无边的美妙风景，心旷神怡；对于放风筝美好往事的具体描写，也使我们如身临其境，深切感受到你的童年生活那份自由自在，纯真快乐。情景交融，淡淡地散文笔调将往事娓娓道来，从中能够看到一些林海音奶奶那篇文章的影子，'学以致用'是学习写作的重要途径之一，愿你以后能够多关注文本的写作方法，同时自己学会创造，相信收获会更丰富。"这种评语，为学生架设了一座文本与写作之间的桥梁。

3. 符合学生实际

作文是学生认识水平和语言文字表达能力的一种体现，在作文中，学生试着把自己所见、所闻、所想、所感和亲身经历的事情用恰当的词句表达出来，这个过程是独立的，因而也就显示出了极大的差异性，不同年级的学生，同一年级不同阶段的学生，同一阶段能力不同的学生，写出的文章都会不一样，即便是低年级作文时的大同小异，"小异"也是现实的存在，更何况中年级的小同大异、高年级的独自构思取材。教师的评语因而也要从学生的实际出发，不提出过高的要求，也不放过该改的错误。如果说课堂作文讲评注重的应是作文中带有共性的问题，那么，作文本上的作文评语就应多抓一些个性的问题，根据每个学生、每篇文章的具体情况，提出具体的意见，这样才能有的放矢，让所有的学生都有所得。例如，一位学生习作水平整体并不很好，但非常善于用歇后语，教师给他评语："老师有一个惊喜地发现，你的每一篇作文都有歇后语，而且用得恰到好处，这成为你习作中独特的风格之一。由此看来，你很注重课外知识的积累，那么，请像关注歇后语那样去关注优秀习作的写法，像背诵歇后语一样去背诵一些好词佳句，并将其'据为己有'，这将弥补你习作中的文章结构安排、文采不足的缺点，也会使你的歇后语更达到锦上添花之效。"学生看评语后清楚明白自己的优点与缺点，并因受到鼓励而会使其更有信心地投入到写作之中。

4. 兼顾内容与形式

内容与形式是一篇作文的血肉和骨架，二者不可分割。一次作文，训练的目的可有所侧重，或内容，或形式，作文评语也往往要相应地有所侧重。但内容决定形式，形式又反过来影响内容，这种互相依赖的关系使得教师的作文评语不可能只顾其一，不及其二。《语文课程标准》指出，指导小学生作文，要从内容入手。作文评语也要首先从内容的角度指出文章写没写出真情实感，哪个方向观察得仔细，体验得深入，哪些材料选择得既有趣，又有

意义，哪部分思路开阔，想象丰富，从而引导学生懂得什么是值得写的，什么是不可以写的，解决“写什么”的问题。但同样的材料，不同的学生因遣词造句、布局谋篇的能力不同，也会显出高下之分。很难想象，面对一篇言之有物，情真意切而语病甚多，句子散乱的作文，教师会只肯定前者，而对后者视而不见，评语中只字不提。语言能力是一种基本功，它是从小学到中学经过无数次的语言训练积淀成熟的，教师对学生语言形式上的任何一次微小的忽略，在学生那里都可能被误以为默许甚至肯定。因此，作文评语在重视内容的同时，也应该不放过形式上的纰漏，使学生的作文从一开始就做到文质兼美。因此，我们的作文评语还可以旁批的方式进行，在任何一段文字甚至是一句话旁边，都可以给予点评。例如，“以引用古诗的方式开头，别出心裁”；“这一件事情选择的事例非常好，尤其对于人物的神态写得非常细致，很好地突出了人物的特点，但人物语言描写过于简单”等等，此种评语很有针对性，最后再用一段话做一个形式与内容上的点评，让学生能够清晰地明白习作细节上的优点与缺点，方能修改出一篇好习作。

二、作文评语的灵活性

遵守原则性不等于拘于原则性，作文评语还应在把握原则的前提下讲求灵活性。

1. 标准因训练目的而异

一篇作文在表情达意，用词造句等方面的好坏是有一定标准的，但这个标准可以因训练目的不同而灵活掌握。如看图写话练习，只要学生把图中主要的意思写出来了，顺序清楚，语句通顺，就可以算作好文章；写一个人，能写出他在外貌、语言、动作、心理上的基本特点，写一处景物，能写出它的层次、特色，也该是好文章；同样，写一次活动，能把主要过程记下来；写一个场面，能把主要情景写出来；写记叙文，时间、地点、人物、事件都很完整；写说明文，说明顺序清楚，说明对象描述准确；写日记、书信格式正确，真实可信……都应给予鼓励和肯定。下面是一位教师给作文《第一次做家务》写的一段评语：“第一次独自做饭，免不了要手忙脚乱。按照做饭的先后顺序，作者依次写了淘米、煲饭、炒菜的全过程。因为经验不足，就要格外细心；越细心，就越慌神儿。好在小作者挺机灵，关键时刻能急中生智，转危为安。作者抓住了‘第一次’做饭的特点，文字不多，却写得小有

波澜。别看小作者做饭时手忙脚乱，文章可写得步骤清楚。”（《小学生优秀作文》2008年11期33页）这段评语从说明文的训练目的出发，着眼于所评作文是否圆满地完成了写作说明文的要求，如过程是否完整，顺序是否清晰，标题中的“第一次”是否充分体现出来了……这样，就使学生了解了自己的文章在什么方面达到了老师提出的训练目标，从而进一步努力。

2. 角度因文而异

一篇作文的长处或短处在作文要素的各个方面表现是不均衡的，作文评语应该从什么角度入手，关系到能否对学生的作文做出公正评价的问题，因为一篇作文，尤其是一篇优秀作文，其优秀之处都各有不同，这就要求教师写评语时能选择恰当的角度，抓住文章的突出之处。如《小精灵》一文的评语：“伟伟可真是当之无愧的‘小精灵’呀！瞧他那双饱满的天庭下乌黑的大眼睛，瞧他趁人不备干的那些‘坏事’，瞧他挨打告饶时甜甜的嘴巴，瞧他吃饭时与‘小伙伴’们有福同享的‘慷慨’，瞧他以外婆的绝招‘反击’外婆时的狡猾，无不透着淘气、顽皮和聪明。文章在记叙外婆‘哄’伟伟爱惜粮食的过程中，从语言、动作、表情、外貌等多方面选取细节，按照一个4岁男孩的特点，生动地做了刻画，使伟伟活生生一个小精灵跃然纸上。虽然他还不懂事，但却很可爱。”（《小学生优秀作文》2008年11期41页）再看作文《我是司令你是兵》的评语：“如果没有异想天开，童年也就不会色彩斑斓了。换一个角度体会一下指挥别人的威风，换一种活法体验一下辛苦和艰苦的滋味，不仅是一种乐事，还是一件好事。文中‘司令’和‘小兵’的语言和动作既是‘兵’的，又是‘孩子气’的，两个孩子那副煞有介事、俨然真为司令真为兵的神气劲儿，令人忍俊不禁，由不得赞叹作者描写的活泼。”（《小学生优秀作文》2008年12期25页）同是写人的作文，前一篇作文侧重写伟伟的真实活动，后一篇作文侧重写两个孩子的真实想象。作文评语的角度也有所不同，前一篇评语着重评人物描写的是否生动，后者着重评作者独特的体验和想象。

3. 语气因人而异

作文评语的接受对象是学生，学生能否和乐于接受并受到启示，是检验教师评语写的是否合格的尺度。学生的年龄、心理、性别、经历不同，写出的文章也会风格各异，这就需要教师变化各种语气，写出能让学生心服口服的评语来，这样才能充分发挥作文评语的指导作用。好的作文评语也该是一

段短小精悍的文字，让学生有所收获，与学生有所沟通，互相理解，同时又赏心悦目，生硬、呆板、千篇一律、放之四海皆用的评语只能引起学生的厌倦和反感。请看作文《月亮娃娃》的评语：“周智莹小朋友真幸运，她能有个‘月亮娃娃’。她太喜爱这个娃娃了，所以对它观察得很细致。她是按这样的顺序来观察并描写的：蓝天→星星→月亮→小男孩和小女孩→可爱的小花猫。写一个静物比较容易，要把静物写得生动而又具体就不那么容易了。周智莹小朋友恰恰做到了这一点：她不仅写了这个静物各部分的颜色、样子，还写出了小男孩和小女孩的服饰和姿态，最后还写出了自己的联想，字里行间流露出对爸爸送给自己的这份礼物的喜爱之情。”（《小学生优秀作文》2008年11期5页）这样的评语不仅指出所评作文的内容和写法上的特点，而且表达了对一个小女孩真挚的理解，语气是那样亲切、温和，像老师，更像妈妈。再看一段为《给姑妈的一封信》写的评语：“沈思同学在给姑妈的这封信里，记叙了家里发生的一件大事——爷爷给她找了位新奶奶。她明知道这应该是件喜事，可是自己却‘怎么也高兴不起来’，原因是她太爱自己的亲奶奶了。沈思同学，你不是也很敬爱爷爷吗？你不是也希望爷爷晚年幸福快乐吗？那么请你在心里给新奶奶留个位置，像爱亲奶奶那样去爱新奶奶吧！全信感情真挚，语言流畅得体，格式正确无误。初学写信的同学能把信写得这样好，是很不错的。”（《小学生优秀作文》2008年11期11页）这样的评语，语气更像谈心，从写作的角度看，谈心也是一种在内容上对学生进行写作指导的方式，而且是一种很好的方式。

总之，作文评语的原则性和灵活性是互相联系、互相渗透的，作为教师，应灵活地掌握原则，又不失原则地讲究灵活。无论怎样，语文教师都要重视作文评语的写作，对教师来说三言两语、信手拈来的作文评语，对学生可是字字重千斤，直接影响到他们的作文甚至做人，“随风潜入‘文’，润物细无声”，所以，必须字斟句酌。

现代信息技术与游戏化作文教学模式的融合探索

一、现代信息技术对教育方式的深刻影响

有史以来，没有哪项发明创造能与电脑和网络相提并论，它如此深刻地改变了世界，改变了人类社会，深度地介入到我们的生活中，让我们的衣食住行和教育、休闲等，都深深地打上了它的烙印。

通信是人与人之间通过某种媒体进行的信息交流与传递，是我们表达精神、情感和思维的重要形式。从鸿雁传书到邮差送信，从有线电话到移动通信，从短信、Q群到微信，从博客、微博到朋友圈、公众号，从平板电脑到智能手机，现代信息技术的每一次创新发展，都会带来一次人类生活方式尤其是社交方式的深刻变革。

我们不知道未来人类获取信息的工具还会如何飞速发展，也不知道技术革命还会以何种方式影响我们的生活方式，但可以肯定的是，现代信息技术的发展将永无止境，它改变着我们的生活方式、教育方式，甚至思维方式，而我们对此既无法拒绝，也无法回避，唯一的办法只有接受它，引导它，进而驾驭它，使之为我所用。

信息技术对教育发展的影响由来已久。正是信息技术的进步持久地推进着教育的进步与发展。一个众所周知的事例是：20世纪七八十年代，当通信工具还是以邮政信函投递为主体时，函授教育便成为正规教育之外的主要补充形式；之后随着广播与电视的普及，广播电视教育便全面取代了函授教育；再后来随着互联网的发达，远程教育又让电视教育黯然失色。可以说，每一次技术的重大突破，都伴随着一次教育改革的重大飞跃，而这种飞跃涉及教育改革的各个层面。语文教改是这样，作文教改尤其如此。

二、现代信息技术的进步助推作文教学的三次飞跃

纵观近三十年作文教学改革的道路，撇开理论探索不说，在教学手段和教学模式上大致经历了这样三个阶段，分别是：以幻灯和影视为主要手段的电化教育阶段；以校园网为依托的多媒体技术阶段；以三网融合为背景的游戏化习作时代。这三个阶段，以不同的现代信息技术为依托，给作文教学改革注入了强大的动力，为作文模式的创新与发展做出了里程碑式的贡献。

1. 以影像为主导的电化教育时代

电化教育是指在教育教学过程中，运用投影、幻灯、录音、录像、广播、电影、电视、计算机等现代教育技术，传递教育信息，并对这一过程进行设计、研究和管理的一种教育形式。把电化教育引入作文教学，是对传统作文教育模式的一次突破。自古以来，作文教育都是先生对学生，笔墨加唾沫。台上教师苦口婆心地教，台下学生绞尽脑汁地写，课后教师煞费苦心地批。如此循环往复了上千年，直到电化教学将声、光、电等现代元素加入课堂，用投影的方式引入文本图片，用影视效果模拟写作场景，用声学、光学技术制造写作氛围。从此作文课堂变得图文并茂，有声有色，而且丰富多彩。

2. 校园网背景下的多媒体时代

校园网是为学校师生提供教学、科研和综合信息服务的宽带多媒体网络，是一个具有交互功能和专业性很强的局域网络。为备课、课件制作、授课、学习、练习、辅导、交流、考试和统计评价等各个教学环节提供网络平台和环境。校园网的建立，加上多媒体技术的应用，让作文教学的平台更加广阔，手段更加丰富，教学效果也更加显著。

3. 三网融合背景下的游戏化习作时代

互联网技术的应用，为教学改革打开了广阔的天地，尤其是智能手机、平板电脑的问世，手机和网络的强强联合，把网络和多媒体技术发挥到极致，并衍生出许多闻所未闻的新媒体与新功能，人类从此进入全媒体网络时代。

全媒体时代里，媒介信息传播采用文字、声音、影像、动画、网页等多种媒体表现手段，利用广播、电视、网站等不同媒介形态，通过融合的广电网络、电信网络以及互联网络进行传播，最终实现用户以电视、电脑、手机等多种终端均可完成信息的融合接收，实现任何人、任何时间、任何地点以任何终端获得任何想要的信息。

三、现代信息技术与游戏化作文教学模式的融合探索

全媒体时代里，现代信息技术高度发达，并高度融合，为教学手段的拓展、教学目标的达成、教学改革的实现，提供了无限的可能。作文教学绝不仅仅是课堂的40分钟，课内课外、线上线下，正如“一切景语皆情语”，我们可以延伸理解为“一切生活尝试皆为作文”，只要你愿意，只要你敢于尝试，全媒体网络都可以为你提供完美的解决方案。

1. 巧借快递捷径，做到“读遍天下书”

逛书店或者上图书馆曾经是获得图书的主要方式，但随着网络和快递行业的异军突起，网络购书便成为很多读书人的首要选择。我们只要轻点鼠标，足不出户就可以很快拥有自己心仪的图书。

对策：

作文水平的提高，还是有赖于海量的阅读，读书破万卷，下笔才有神。购书、借书、读书都是良好的学习习惯。一方面，教师要指导学生上当当、卓越、亚马逊这些专业的图书网站，搜索世界名著和优秀的课外读物，以及有关作文技巧、作文素材之类的教辅读物。同时学生还应该熟悉网购的程序、快递的方法及鉴别图书、选择图书的技巧。另外，图书馆、新华书店、阅览室仍然是中小学生必去的学习场所，在网络时代尤其应该鼓励学生养成爱书、藏书、读书的良好习惯。

2. 正视电子读物，善用“时尚洪流”

如今，在公交候车亭，在地铁车厢里，我们很少见到捧着书本的读者，起而代之的是戴着耳机滑动着手机荧屏的悠闲乘客。过去那种悬梁刺股与秉烛夜读的场景也不复存在，取而代之的是电子阅读和在线阅读。现代信息技术的进步使人类的阅读方式和学习习惯发生了翻天覆地的变化，人们不再把纸质图书看作传播知识的唯一载体，电子阅读无限地扩充了人们的阅读渠道，让终身学习和随时学习成为最现实的可能。

对策：

电子阅读分离线和在线两种。手机和平板电脑借助网络连接图书网站和搜索引擎，让读书变得随心所欲；而电子图书收集了海量的图书信息，为我们构建了一所移动的图书馆，因为离线，所以更少束缚。现在的中小学生对电子阅读不再陌生，但需要注意的是：①勿长时间阅读，以免影响视力；

②勿长时间低头，注意颈椎健康；③抵制各种诱惑，尤其是抵制游戏、动漫的诱惑需要毅力；④为学生开列选读书目，多读名著与经典；⑤要把阅读和积累结合起来，学会在阅读中积累素材、积累范文，并建立分类档案，这种档案最好是电子的；⑥要养成动脑、动笔的好习惯，把读和记、读和摘、读和写结合起来，并以读带动写作；⑦纸媒阅读也不可偏废，包括书报杂志，尤其是时政新闻、社评社论等。

3. 掌握搜索引擎，打开海量信息的闸门

在浩如烟海的信息中，我们要怎样才能找到自己需要的信息呢？搜索引擎就像一只神奇的手，从杂乱的信息中抽出一条清晰的检索路径。

如今台式电脑、笔记本电脑、移动PC、掌上电脑、智能手机、网络电视，都已发展为网络终端，并拥有上网功能，借助它们可以从容地连接百度、谷歌等搜索引擎，获得海量的网络资讯。熟练地使用搜索引擎是学生必备的网络技能。当你拥有一个强大的搜索引擎的时候，你就拥有了取之不尽，用之不完的知识源泉。

对策：

写作最怕的是没有词汇，没有素材，没有范文，当你拥有搜索引擎的时候，你就拥有了上述一切。因此，一要拥有随时随地能上网的终端；二要熟练地掌握搜索技巧，提高搜索效率；三要敏锐地从数以十万计的搜索结果中发现你的猎物；四要学会把网络素材变成自己的写作素材，作文一定要用自己的观点、自己的语言来表达，不能依赖网络，更不能抄袭；五要学会用搜索引擎建立自己的作文素材库。

4. 反转“网络课堂”，创新写作“嘉年华”

相比传统教学模式，网络课堂更具主动性、开放性、交互性和创造性，更能培养学生信息获取、加工、分析、创新、利用、交流的能力。利用网络开展作文教学，在很多学校已普遍采用，并有许多成功的案例和经验。

对策：

（1）在线备课。教师首先要熟悉网络环境，熟练地使用软硬件；其次要提前准备相关的网络资源，做到有的放矢；最后要准确地找到自己的网络定位，即充当在线主持人的角色。

（2）在线指导。充分利用网络功能，以对话、邮件、聊天或论坛回帖的形式随时随地为学生提供在线指导。

（3）在线讨论。利用在线讨论交流的方式，让学生自主交流写作素材，讨论写作的特点，最大限度地激活学生思维，获得写作的灵感。

（4）在线搜索。指导学生利用网上海量的信息资源和强大的搜索功能，为写作过程提供源源不断的素材资源。

（5）在线再现。无论是写人、叙事、绘景，都可以通过网络搜索相关材料，甚至把要写的内容变成视频再现于学生眼前，让学生获得现场创作的快感和灵感。

（6）在线评点。除了教师评点外，还要让学生参与进来，让每个学生既是作者又是读者还是批评家，教师只是读者中的一员，不再是唯一或最后裁定者。

（7）通过班级日志、博客群，让作品“发表”，及时新颖的评价手段能激发学生的兴趣，让他们体会习作的“嘉年华”所带来的成功之乐。

5. 用好聊天工具，让教学贴近学生需要

用好聊天工具，个性时尚的教学方式无形中缓解了学习压力，让师生交流变得轻松愉快，有润物无声的奇妙功效，尤其适合于语文和作文教学。比如把QQ群的习作交流、群的共享和群空间、快速传送文件等优势运用到作文教学中，使学生不知不觉中学到写作方法，积累写作素材，提高习作技能技巧。

对策：

（1）对个别学生进行辅导的聊天式教学，可以让学生克服对教师的畏惧心理，很容易拉近彼此之间的距离，师生之间更容易侃侃而谈，而且一对一地交流，针对性更强。

（2）开通习作博客，让学生为自己的博文配插图、加动漫、添音频、连视频等，创设集文字、图形、影像、声音、动画于一体的写作和阅读情境，培养学生的信息化素养和艺术创作欣赏能力。

（3）开展互相批改、评点，变被动为主动，从而达到叶圣陶老先生说的“作文教师改不如学生改，学生改不如集体改”的境界。

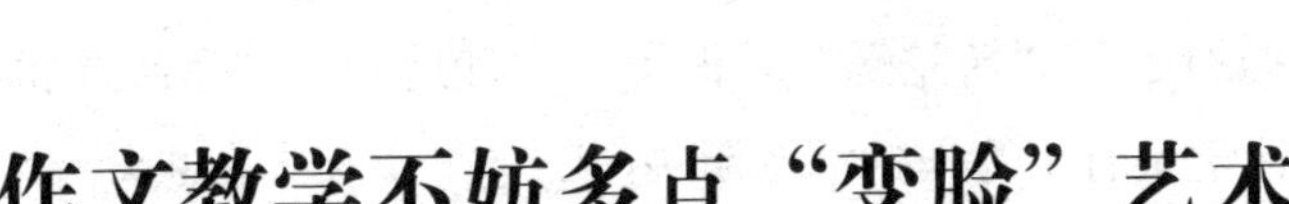

作文教学不妨多点“变脸”艺术

京剧舞台上几千出戏，数不清的花脸角色，而每个角色都有自己的一套画法，引得许多国际友人、有识之士对它充满了好奇与着迷，不由自主沉醉其间，探索脸谱的奥秘；川剧的变脸绝技，更是让人匪夷所思：一张脸刹那间可以变幻出十余张之多，真是值得惊叹的艺术。不管是京剧的脸谱千变万化，还是川剧的变脸独树一帜，对作文教学而言，它们那善于表现、富于变幻、让人好奇不已的魅力，让笔者觉得：我们的作文教学如果尝试多一点“变脸”艺术，会不会平添一些意趣，而学生也会像京剧、川剧迷那样，爱上作文，乐在其中?

作文教学的“变脸”，或是角度转换，或是方式创新，一切以教得生动、有效，学得有收获、有兴趣为目标。虽无定法，却有迹可循，在此，我且试着从一个实践者的角度，结合亲历的教学过程，来谈谈作文教学的“变脸”艺术。

一、变换内容，用鲜活的课程资源激发作文意趣

在新课标中，随处可见“语文是实践性很强的课程，应着重培养学生的语文实践能力，而培养这种能力的主要途径也应是语文实践”“尽可能满足不同地区、不同学校、不同学生的需求，确立适应时代需要的课程目标，开发与之相适应的课程资源，形成相对稳定而又灵活的实施机制，不断地自我调节、更新发展”“各地区、学校都蕴藏着多种语文课程资源。要充分利用已有的资源，积极开发潜在的资源，特别是人的资源因素和在课程实施过程中生成的资源因素。”这当然也包括作文教学资源的“变脸”。

2010年，我和来自连州教研室的省级骨干培训班学员一起开展了“让农村资源走进小学生习作的研究”，为农村的孩子摆脱作文短板做了一次有益

探索。

其一，开发特色课内外游戏。哪个孩子不喜欢玩，不会玩耍的学生能写出体验独特的文章？教师们因地制宜，设计了很多简单实用的乡土游戏，组织学生玩“抛石子”“转陀螺”“泥塑”“沙地画”“赛纸飞机”等，丰富的实践体验让学生有了习作的活水源头。

其二，开掘农村家庭生活场景。家庭是学生生活的主要天地，引导学生参与家事，如“割禾”“摘菜”等；与家禽家畜为友，“喂猪”“看牛”等；和小伙伴比赛，“发豆芽”“我的泥娃娃”等，促使学生留心身边的人、事。

其三，开拓农村社会生活。利用生活这本书，组织学生参加社会实践活动：了解东陂的圩日、三月三的来历、东陂水角和东陂腊味的制作过程等；了解东陂抗日英雄冯达飞的事迹等活动，让学生体验浓浓的乡情、亲情和劳动人民的朴实情怀，丰富其心灵。

其四，开展亲近自然活动。农村是个广阔的天地，有着得天独厚的自然资源。教师们开展“欣赏广袤的自然风光”，重点介绍“连州东陂地下河”；观察小鸡、小狗等家禽家畜的样子、生活习性；观察水稻、油菜、白菜等植物的形状、色彩、生长过程；随着农时变化，注目特有的劳动场景图：秋收图、种植图等活动，让学生们在大自然的怀抱中，体验美，发现美，写出美。

其五，关注农家农事。新农村建设也是农村资源习作的极好素材，教师们带着学生参观新农村建设示范点、养殖专业户等，出示家乡今昔的照片，了解家乡的过去，感受今天的飞速发展。开展“家乡的变化”讨论后，学生的振奋之情自然流于笔端。引导学生注目农家新居、乡村水泥路、网络进家等，进行“时空对比”训练——歌颂农村的新风尚。听自村事、谈自家事，激起学生爱家乡之情，习作时更能表达真情实感。

变则通，这作文内容的“变脸”经历说明：只要转变一下思路，作文教学的空间是大有可为的。

二、变换时空，用鲜明的现场体验激发表达需求

巧妇尚且难为无米之炊，何况小学生涉世未深，生活体验远远不足，经历过的人或事，往往也因为阅历不足，并没有像成人有那么丰富的感触。写

起作文来，也难免无病呻吟，为赋新词强说愁。因此，设计现场作文或唤醒回忆，引导学生留心观察，使他们“有较为丰富的积累和良好的语感，注重情感体验，发展感受和理解能力”是极为必要的。笔者曾上过这样一节几乎称不上作文指导的作文课。

【教学片段】

一上课，我就宣布：“‘欢欢喜喜吃柚子’比赛现在开始”。

规则：（1）各组商定选柚方法，并由代表说出各自的高招；（2）挑选柚子；（3）动手剥皮分瓣，无论甜酸一律吃完；（4）收拾干净，最快的一组为冠军，依此类推。学生们个个摩拳擦掌，跃跃欲试。

第一关：各支高招选柚子

因为隔着彩色的塑料膜，他们只好“八仙过海，各显神通”：有的用手轻拍，有的煞有介事地东按西按，有的神秘兮兮地闻闻，还有的二话不说，干脆拎一个就走。选柚的理由更是妙趣横生：“拎一拎，沉的柚子水分就多，好吃”，显得很有经验；“按按柚子的‘肚脐眼’，软和些的可能熟一些，也就甜了”。这个高招比刘姥姥的“大火烧了毛毛虫”还要搞笑；“我想闻闻这柚子的香味，香一些的应该好吃”，又引来一阵笑声：“你的鼻子赛过警犬咯！”至于“没招，只好碰运气”的，被公认为最“听天由命”的无奈。

第二关：齐心协力吃柚子

一声令下，各小组就忙开了：用手抠的，用剪刀划的，还有七手八脚帮着按住柚子的，都拿出了武松打虎的架势，脸蛋涨得通红，额头上都渗出了汗珠。不一会儿，各小组陆续把柚子剥好，去皮剔子，塞进嘴里，有的美滋滋地连声称好，也有的愁眉苦脸，大呼“酸死了”。不管如何，柚子很快就吃完了，“战场”也是在笑声中争先恐后地清扫干净。

第三关：诙谐风趣评特色

冠、亚、季军诞生了，师生们一起为各组命名：风卷残云之冠军；囫囵吞枣之亚军；狼吞虎咽之季军……细嚼慢咽之最后一名。无论是哪个学生，无论是哪个组，都一脸喜气，一脸热情。尤其是听说第八小组的柚子虽干涩无汁，但他们却食之殆尽时，更是引起诙谐的称赞：“在如此艰苦卓绝的条件下，勇夺冠军，佩服佩服！”

第四关：自由命题写感受

学生在一片欢笑声中写下了这节飘着柚子香味的课，有参与有体会，有内容有感受，习作结果也就可想而知了。

在这种通过预设或唤醒回忆的“变脸”方式下，学生不再是被动的接受者，而是带着参与的兴趣，直接与体验对话，从而使作文过程与观察体验、与合作探究相统一，由此获得“自我发展力”。

三、变换角度，用无限的想象潜能激发创新意识

德国教育家福禄贝认为，真正自由的活动才能激发人的创造性。关于创新，课程标准的叙述很多，这让我想起一个小故事：牙膏公司征集提高销售量的最佳方案。有的提出打折促销，有的提出附赠纪念品吸引顾客，从众多方案中胜出的方案只有一句话：请将牙膏瓶口增宽一毫米。“一毫米”，简单易行，不花一分一文解决问题。什么时候学生作文的要求可以增宽一毫米呢？那将有多少学生不再举笔维艰呢？

在不改变原作基本思想内容的前提下，让学生改编经典，向文学大师们发起挑战，让独特的创意融入名著名篇中去，同时又要让文学经典变成笔下汩汩流动的字符，让经典为学生所有，让学生享受经典，创造经典。

“原作好比是一支人见人爱的古董酒瓶，如果不想它只是你们家客厅博古架上的摆设，那你就酿一壶茅台或五粮液式的美酒再装进去吧。”学生们听得津津有味，也马上明白了改编要锦上添花，不要画蛇添足；要别开生面，柳暗花明又一村，不要翻炒剩饭，拿一张旧船票重复昨天的故事。

学生们或是想象卖火柴的小女孩来到了雪灾中的中国，还救护了受伤的高压线维修工人，奇特的构思和字里行间所包含的那份关爱生命和温暖人心的真情，更是让人感到温馨，让人不由得为“温暖无国界”而拍掌叫好；或是根据《凡卡》创作背景，也就是“我”（契诃夫）童年的生活经历进行改编，想象“我”帮助凡卡逃离虎口，并且联系到1917年的十月革命，设想凡卡成为一个有理想的正义之士，参加了十月革命，推翻了沙皇统治，为穷人谋幸福……种种奇思妙想，个个不落窠臼。

“纸上得来终觉浅，深知此事必躬亲。”怎样帮助学生练得这寻找“源头活水”的本领？作文教学没有“点石成金”的金指头，只有不拘一格的“变脸”，一招一式地精心研磨。

四、变换教法，用具体的作文指导培养习作能力

在与香港的学校合作进行作文课题研究时，我体会到他们的课题小而实，如《怎样写好比喻句》《学写说明文》等。新修订的语文课程标准也指出“初步掌握学习语文的基本方法”，我觉得，这种重视学习方法的思路是务实的，语文的人文性和工具性是应该是兼收并蓄的。

我听过两节高年级篇章仿写作文课，执教教师重视培养学生良好的语感和整体把握的能力，就给予了学生确切有效的指导。

第十册《养花》一文，她紧扣“乐趣”二字，从“长知识”“益身心”“同分享”“伤菊秧”四个方面，极尽养花之乐：有喜有忧，有笑有泪，有花有果，有香有色。学生特别喜欢这篇结构简单，语言亲切的文章。接着，引导学生自拟文题，学生不仅能运用此文的行文结构，还不知不觉地模仿老舍行文的语气，写下了许多极富生活情趣的好文章，不仅形似，还颇有几分神似。

第十一册的《第一场雪》按照“雪前”“雪中”“雪后”“雪的联想”的时间顺序，酣畅淋漓地描述了第一场雪。问及学生可以将此种写法运用到哪些场景描写时，他们很快就有了多种选择：写雨景，写日出……

方法培养了，意识加强了，审美的敏感也就相应地提升了，好的句段和章法都会不知不觉地拿来琢磨，拿来为己所用。句子的生动、结构的严谨、手法的新颖，也就尽在这具体务实的指导之中。从而做到“其言若出吾之口，其意若出吾之心”，则可“其文若出吾之手”，进而做到“仿而能作，作而出新”，这源于勇敢的“变脸”之功。

五、变换途径，用小报、博客等放大评改效度

新课程标准提倡“用积极的评价引导学生通过观察、调查、访谈、阅读等途径，运用多种方法搜集材料”“要关注学生修改作文的态度、过程和方法。要引导学生通过自改和互改，取长补短，促进相互了解和合作，共同提高写作水平”，可是互评互改往往流于形式，自评自改也常常因能力和阅历限制，难以实现有作用的“自我批评”。

基于此，尝试用编小报、写博客等方法，促进学生自评自改和互相评改，从而达到叶圣陶老先生说的“作文教师改不如学生改，学生改不如集体

改”的境界。

1. 学习合理安排篇幅

“作文是技能，不是知识，空讲写作方法是无济于事的，宜在读中悟法、写中用法。作文还是习惯，要经常练习。”学生平常写作文随意性大，篇幅、字数随意，而小报篇幅则要求学生简练文字，学会剪辑精华段落。这样对学生概括、提炼语言的能力有了高一层次的要求，也提高了学生对语言文字的审美能力。

2. 提高驾驭文字的能力

崔峦先生提出：“习作能力的根，在阅读能力。我们要重视读中悟写，读中学写，体现读写结合。”学生平常的作文里的语病、错别字等，一般是依赖教师批改，未能养成认真检查、修改的良好习惯，而办小报的作文是要给同学看的，因而学生都产生了准确运用语言文字的责任感，每个小组也重视自己将要展出的小报，希望办好小报，展示小组实力和编辑水平。他们的自评自改和互评互改自然也是用心多了。这正是作文修改和评价的好时机，也是编辑作文小报的目的所在。

我觉得，无论作文途径如何“变脸”，它的出发点和终点都是学生，而且我们还要进一步发挥个人网络博客和班级博客群的作用，让学生作品呈现在社会大众面前，接受更广泛的大众点评，让每个学生既是作者又是读者还是批评家，教师只是读者中的一员，不再是唯一或最后的裁定者。网络及时新颖的评价能激发学生的兴趣，将引导学生把写作延续到校外和课外，让写作成为随时随地的习惯和爱好。

六、变换方式，让网络作文成为写作“嘉年华”

今天我们把电脑压缩成平板，让手机充满了智慧，使QQ拥有了魔力，让博客插上了翅膀……这些生动时尚的通信工具对小学生而言，既是必不可少学习工具，又是不可多得的智力玩具，每个孩子都爱不释手。可以这么说，一个小学生不一定每天放学后结伴游戏，但几乎都会用QQ聊上几句；一个青少年不一定喜欢看中央电视台的《探索发现》栏目，但很有可能会互发几个段子，互通几段微信。我们如果利用好这些学生和家长都擅于使用又乐于使用的日常通信工具和社交平台，那么我们的作文教学就有可能事半而功倍，孩子们的作文水平也有可能因此而突飞猛进。

有一次，班里爆发流感，防疫站要求停课，我和学生约定在QQ群里上一节作文课。没想到，上课时间还没到，学生已经在群里自动点名完毕，比平时上课主动多了。

讨论的时候，争着发言，还会回应其他同学的话语，偶尔有调皮捣蛋灌水的孩子，很快被班级的群管理员屏蔽，急得直打我的电话，要求我帮他说说，给一次改正错误的机会。

不少学生还会搜索相关的材料来阅读，有的是下水文，有的是相应的名家之作，贴在群里共享。一时间，QQ群里热情高涨，热闹非凡，48位学生无一“漏网”，全员参与。

返校后，查看他们的作文，有不少学生记录了这兴奋的第一次“触网”的语文课，笔端流淌着的是兴奋与喜爱。

由此可见，小学生充满好奇心和探究精神，他们喜欢尝试新的变化，童真是最宝贵的。作文教学要及时“变脸”，适应学生需求，让学生自主交流写作素材，讨论写作的特点，最大限度地激活学生思维，同时利用网络海量的信息资源和强大的搜索功能，为写作过程提供源源不断的“正能量”。

第四篇

生动教案

4

教学设计：三年级想象作文——《三个小洞》/《草原》/《杨氏之子》/《草船借箭》/《"风辣子"初见林黛玉》/《说说成长中的心里话》/《一份薄礼》/《伯牙绝弦》

说 课 稿：绿色零食益健康　快乐实践更精彩/珍爱自然　敬畏生命/自己的花是让别人看的

2018年，何莹娟老师被聘请为华南师范大学教育学院兼职教授

何莹娟老师与青年教师磨课交流

2010年10月，何莹娟名师工作室第一期省级骨干教师跟岗培训活动

教学设计

三年级想象作文——《三个小洞》

——放飞想象编童话故事

【设计理念】

《语文课程标准》指出，语文课程必须“爱护学生的好奇心、求知欲，充分激发学生的主动意识和进取精神，倡导自主、合作、探究的学习方式”。这节口头作文课不论是教学内容的确定，还是教学方法的选择，评价方式的设计，都将极力促进学生这种学习方式的形成。

【教学目标】

放飞想象，取长补短，相互合作，共同提高写作水平。

【教学过程】

1. 如诗如画描秋色

师：今天，老师要带你们到大森林里走一走，愿意吗？

（音乐缓缓响起，出示画面）

师（舒缓地）：蓝蓝的天上白云飘，秋天把原野染醉了。一阵风儿吹过，树叶纷纷飘落，像五彩的蝴蝶翩翩起舞。地上铺上了一层厚厚的金色的地毯。在这迷人的季节里，小蜜蜂给好友蚂蚁写了一封信，同学们想不想看看这封信呀？

（示图：蚂蚁在“读”一片树叶，树叶上有三个洞）

创意：柔美的音乐，醉人的秋色，把孩子带入迷人的童话世界。一封奇特的信，拉开学生想象的序幕，学生的好奇心被充分调动起来。

2. 见仁见智解密信

师：蚂蚁收到蜜蜂的信看了很久很久。同学们想想看，蚂蚁会怎么理解这封信？大家猜猜这三个洞表示什么意思？

师：（板书：三个小洞）请同学们当一回蚂蚁的秘书，帮它翻译一下这封密信吧！

例如：这三个洞是要告诉蚂蚁，蜜蜂有三桶蜜，要蚂蚁来与它分享。

这三个洞的意思是，蜜蜂当了蜂王，想请蚂蚁三天后到王宫参加宴会。

蜜蜂三天后要去美国留学，想与蚂蚁告别。

……

创意：充分发挥学生学习的自主性，让他们充分展开想象“译文”。

3. 无拘无束构奇思

师：当蚂蚁读懂这封信后，会做什么？蚂蚁和蜜蜂之间会发生什么事呢？请同学们选择你觉得最有趣的，把自己的想法说给同学听听。

要求：小组讨论时，要让有困难的同学先说，说不好的地方，其他同学帮帮他。（学生自主讨论，教师客串其中）

创意：提倡合作学习，关注有困难的学生。

4. 绘声绘色讲趣事

师：请同学们把编好的故事说给大家听听，尽量让平时发言比较有困难的同学先说。

引导：你们听了这个故事觉得哪些地方值得你们学习？

（“讲趣事”与“议短长”交替进行）

创意：让学生充分互动，培养互改文章的能力与习惯，教师参与点评时，以肯定为主，尽力呵护学生的积极性。

5. 亦激亦策励雄心

师：这节课，同学们编了这么多有趣的故事，老师听了非常高兴。只要你们仔细观察，大胆想象，并能持之以恒，我相信，你们将来一定会成为中国的安徒生。

创意：在鼓励中鞭策学生，使学生找到差距，树立信心，使学习活动得以延伸。

【设计特色】

1. 放飞思维显自主

该课的设计灵感源于北师大新教材《识字有用处》一课。教师取其“趣点”——三个洞，让学生展开想象。学生的思维不受约束，对“三个洞”的理解各具特色，风趣万千。三个小洞，就像一个魔盒，打开学生想象的大门，学生的思维就像脱缰的野马，任意驰骋，学习的自主性得到充分的发挥。

2. 放胆“示弱”求合作

热情关注学习有困难的学生是本节课的一大特色。教学中，教者极力创设轻松的气氛，把发言的机会让给“弱势个体”，让他们大胆展示自己。在学习中，能力强的学生积极发挥作用，形成互学、互助、互进的合作氛围，充分体现教师面向全体学生这一教学理念。

3. 放手互评促探究

课程标准指出，要引导学生自改和互改，取长补短，促进相互了解和合作，共同提高写作水平。教师在引导学生欣赏故事时，大胆放手，让学生充分发表意见，增强师生、生生互动效果，营造共同研究、探讨的氛围。

《草原》

【教学目标】

（1）随文学会10个生字，并认识4个生字。

（2）朗读课文。第一课时要求能读得文通字顺，第二课时学生都能达到流利、有情趣、有所感悟的要求。

（3）体会句子含义，感受草原的风景美和人情美，陶冶学生情操。

（4）体会文章写景记事、抒发情感的方法。

【教学重点】

识认生字，朗读课文。

【教学难点】

领悟句子的含义，学习文章写法。

【教学过程】

第一课时

1. 旅游热点——学生谈心中的草原

读题，想想心目中的草原是什么样子的？

2. 初识草原——学生初读课文

（1）根据拼音读准生字。

（2）整体把握作者选取草原之行中的哪些方面来介绍草原。

3. 随文学字，理解字词——学生自学为主

（1）画出文中带生字的词语，根据拼音读准字音。

（2）识记字形，学生找出难写易错的字并捉摸记忆方法。

（3）写生字词。

4. 熟识草原——学生再读课文

师生分自然段读课文，要求能读得文通字顺。

5. 学生质疑，练习书写生字词

第二课时

1. 印象草原

用一个词或一句话来概括草原留给你的印象。

2. 品味草原

找出相关句子或段落来推介草原的风土人情之美。

边读边想象，说说体会到美在哪里。

过渡：仅仅读出喜爱、赞美的语气就够了吗？看看作者当时的心情吧！第一次看到草原，面对满眼翠绿，怎不让人感到愉快和惊叹？你们怀着愉快的心情，带着惊叹的语气，去读读看。

（1）“在天底下，一碧千里，而并不茫茫。”（想象点拨，指导朗读）

（2）“这次，我看到了草原。那里的天比别处的更可爱，空气是那么清鲜，天空是那么明朗，使我总想高歌一曲，表示我满心的愉快。”（分享经验，指导朗读）

（3）“那些小丘的线条是那么柔美，就像只用绿色渲染不用墨线勾勒的中国画那样，到处翠色欲流，轻轻流入云际。”（借助经验，唤起想象）

（4）“四面都有小丘，平地是绿的，小丘也是绿的。羊群一会儿上了小丘，一会儿又下来，走在哪里都像给无边的绿毯绣上了白色大花。”（以读代讲）

（5）“这种境界，既使人惊叹，又叫人舒服，既愿久立四望，又想坐下低吟一首奇丽的小诗。在这境界里，连骏马和大牛都有时候静立不动，好像回味着草原的无限乐趣。”（联系前文，体会意境）

（6）也不知是谁的手……民族团结互助。

①如果你是访问团的一员或是蒙古族中的一个，当时你会说些什么？

②说着你想说的话，和前后左右的同学握握手，体会一下当时主客相见的热闹场面。

3. 介绍草原

创设旅行社招聘导游的情境，向游客介绍你最喜欢的草原风光和民族风情。

4. 领会学习文章写法，仿写片段

（1）你觉得这篇文章有哪些地方最值得你学习？

（2）选取三亚的美景仿写一个片段。

板书设计：

《草 原》

景色美（天蓝　地广　草绿　牛羊多）

人情美（远迎相见　待客联欢　情谊深）

蒙汉情深何忍别　天涯碧草话斜阳

《杨氏之子》

【教学目标】

（1）读通读顺，尝试背诵，体会基本意思，打消对文言文的畏难情绪。

（2）体会杨氏之子语言的巧妙和趣味，学以致用。

（3）拓展阅读，培养对文言文的兴趣。

【教学过程】

课前谈话：

带“之”字的成语、诗句等。

害群之马、不毛之地、一面之词、无根之木、无源之水、非分之想。

（一）熟读成诵——文言文不难

1. 入 题

同学们，这节课我们学习第九课《杨氏之子》。齐读课题。

谁家的孩子？杨家的孩子就称为杨氏之子。生回答：×氏之子、×氏之女。这篇课文选自哪里？《世说新语》，南朝刘义庆的《世说新语》。

2. 读 文

（1）文章很短，才几十个字，大家先自己读读，看看它与我们平时读的文章有什么不一样的地方。（学生读，反馈发现）

板书：文言文

师：文言文是中国古代的书面语言，从秦、汉，到唐、宋、明、清，沿用了两三千年的书面语言。学好文言文，对了解祖国文化、学习语言文字有很重要的意义。

我们平时学的课文是白话文。文言文和白话文有很多不同，最大的不同是——很简练。有时候一句话就一个字，但包含的意思很多，需要我们补充想象，把一个字变成很多字，把一句话变成很多句话。

故事发生在（梁国），书写（梁）

杨氏子是一个怎么样的孩子？板书：甚聪慧。从他的待人接物以及与孔君平的对话可以看出来。

（2）同学们会不会读文言文呢？谁来读一读？（指名1～2人读）

这篇文言文讲的是一个九岁的小男孩的故事，读的时候，心情是轻松的，是高兴的，要好玩。（示范读）

（3）同学们试着读慢一点，更放开一点、投入一点，就更像古人读书啦！再练练。

（学生自由读、齐读）

（4）读得非常好，读懂了吗？你来讲讲这个故事。

重点：诣，拜见尊长。设果，未闻。

3. 会 意

孔君平是开玩笑逗着玩，还是挖苦讽刺这个孩子？我们重点来读读。

（1）古文对白

孔：此是君家果。

杨：未闻孔雀是夫子家禽。

（2）现代文对白

师：你姓杨，杨梅也姓杨，杨梅是你家的水果。

生：……

师：你姓杨，杨梅也姓杨，你们五百年前是一家人嘛，哈哈哈。

生：……

（3）替换姓氏对白

师：同学们扮演杨氏之子。何夫子前来家访，父不在乃呼儿出，为设果，果有杨梅，何指以示儿曰："此是君家果。"儿应声答曰："未闻荷花是夫子家鲜花。"

（4）对比体会，加上"未闻"之后的语气与没有未闻的语气之不同。

（5）从哪里看出杨氏子的"聪明"？

提示："惠"有三个解释：

①仁慈；

②柔顺；

③同"慧"，是"聪明"。

设果——有礼貌、有教养、懂事大方；应声——敏捷机智；未闻——委婉幽默，值得学习。

（二）理解想象——文言文有趣

1. 读得真好！能背诵吗？再给三分钟，争取背下来

教师先给大家背一遍；2～3名学生背诵。

2. 带文（投影：拓展——《狗窦大开》）

无独有偶，《世说新语》中还有这样一个对答如流的孩子，名叫张吴兴，故事讲的是他八岁时候的一件事情。

张吴兴年八岁，亏齿，先达知其不常，故戏之曰："君口中何为开狗窦？"张应声答曰："正使君辈从此出入！"

对比言语之异同，评价一下杨氏之子和张吴兴的回答。

3. 知 书

出示《世说新语》这本书，学生齐读教材48页关于这本书的介绍。这本书津津有味地介绍了许多的名人、高人、奇人的言谈举止、奇闻趣事。

4. 为学生读书（投影《道旁苦李》《陈太丘与友期行》）

（四）学以致用——文言文有用（投影）

通过反复朗读、结合注释、图文对照、联系上下文等方法，学习了《杨氏之子》。百说不如一练，下面我们就来试一试、用一用。

（1）貌不佳歌难听：张氏女，年方十五，痴迷追星。此女为吾表姐，乃周笔畅之忠实粉丝。一日，吾观其戴着耳塞，沉迷于笔笔世界，即戏曰："笔畅貌不佳歌难听。"言未止，女勃然大怒，曰："非人哉！敢辱骂吾之偶像！"吾见势不妙，忙退避三舍以求平安。

（2）母子趣话：黄家爱子，今年十二岁，方头大耳，甚聪慧。一日，正痴迷于足球赛事，母不悦，嗔责曰："不知汝为何如此痴迷于足球？"儿应声笑答："不知母亲大人为何酷爱逛街购物呢？"

（3）我很幽默：假如遇到了以下事情，你怎样说才称得上机智幽默？

① 同学说你小肚鸡肠时……

② 同学给你起了一个外号"眯眯眼"的时候……

（五）归纳延伸——文言文有意思

《世说新语》还有很多类似的小故事，文言文也是浩如烟海，像《西游记》《三国演义》《红楼梦》等都有适合我们青少年阅读的版本，都很有意思，也不难读。感兴趣的同学可以去读一读。总之，文言文不难，文言文有意思，文言文有想象空间，文言文还能带给我们中华文化内在的智慧、高超

的精神、脱俗的言行，是宝贵的财富，值得我们去好好学习，希望大家热爱它、钻研它，在自己的生活中用到这些幽默、高超、脱俗的智慧和精神。

建议同学们完成课后综合性学习，收集、积累生活中的智慧、幽默的艺术语言。

《草船借箭》

【设计理念】

根据《语文课程标准》提倡的多角度的、有创意的阅读，逐步培养学生探究性阅读、自主感悟的能力和热爱祖国语文的情感。

【教学目标】

（1）通过对课文内容的探究，领悟诸葛亮的神机妙算，感受人物形象的经典美。

（2）研读课文，拓宽阅读范围，培养学生的语文素养，引导学生感受祖国文化的魅力。

【教学过程】

1. 说一说——谈话引入，概括内容

《三国演义》是一部对中国乃至世界都影响深远的古典名著。之所以影响巨大，不仅仅因为它是一部脍炙人口的文学作品，还因为它是一座中国谋略智慧的宝库。很多成功人士就是因为领悟了三国的智慧而一举名扬天下。最著名的是清朝皇帝康熙，他熟读《三国演义》，并依据其中的谋略，为大清开疆辟土，成为千古一帝。受益于三国的何止他一人，毛泽东的《论持久战》等重要军事著作中也闪耀着三国的智慧，一个外国军事家曾经幽默地赞叹道："毛泽东是靠了一本《三国演义》战败了蒋介石的800万大军的。"虽然它描述的是国与国之间的战争，但只要换个角度思考，三国的谋略不仅适用于军事、政治，也适用于商战。

（1）板书课题，问：哪三国？故事发生在什么时候？当时的情况怎么样？（学生读课文提示，板画当时情况图）

（2）谁能抓住课题来简要说说课文主要写了一件什么事情？（略）

2. 算一算——计算入手，体会实情

（1）周瑜妒忌诸葛亮，给诸葛亮出了一个什么难题？

（10天造10万支箭）

（2）请大家计算一下，10天造10万支箭，如果每天按10小时计算，平均每天要造多少支？每小时造多少支？

（3）很明显，这是无法完成的。为什么？

① 我们会这样去算，诸葛亮当然更会算得仔细。

② 诸葛亮就是在计算思考之后，懂得周瑜要加害于他，把根本不可能完成的任务硬要他完成，所以才设了“草船借箭”的妙计。

③ 我还觉得这么一算使我更体会到周瑜的心胸狭窄，诸葛亮真是“神机妙算”。

设计意图：在阅读课文中这样千“算”万“算”，便“算”出了文内之意和文外之韵。这说明教师点拨、引导之法，从根本上说是“教无定法”“无法即法”，其基础还在于深谙课文，精于设计，化解传统的长篇大论式单向讲解于指导学生感悟发现的互动活动之中，既高效地促进了学生读写能力的提高，又有机地培养了学生自主探究敏于发现的能力。

3. 想一想——呈现专题，潜心探究

（1）那你们觉得，诸葛亮在跟周瑜立军令状之前，到底想过些什么？

（2）下面请同学们自由读课文，想想课文中哪些材料与解决这个问题有关。

（学生读文讨论，教师巡视，点拨引导）

（3）刚才同学们学习、研究得很投入、很专心，可见这个问题确实引起了同学们的兴趣。接下去我们来汇报，按照这样的规则：我认为诸葛亮在跟周瑜立军令状之前肯定想到（什么），我的根据是（读一读课文中的材料）。

例如：

（1）我认为诸葛亮在跟周瑜立军令状之前肯定想到周瑜想暗害他，我的根据是课文中写道：“周瑜看到诸葛亮挺有才干，心里很妒忌。”因为诸葛亮的才能要超过周瑜，而周瑜又是一个心胸狭窄的人，所以对他很妒忌，恨不得杀害他。（分角色朗读，演一演，说出言外之意）——体会言外之意理解课文。

（2）我认为诸葛亮在跟周瑜立军令状之前肯定想到会有大雾，我的根据是：“这时候大雾漫天，江上连面对面都看不清。”因为如果没有大雾，诸葛亮的借箭计划就会全部落空，那么他一定会落在周瑜的圈套之中。

（3）我认为诸葛亮在跟周瑜立军令状之前肯定会想到鲁肃一定会借船给

他，课文中说："鲁肃私自拨了20只快船，每只船上30个军士，照诸葛亮说的，布置好青布幔子和草把子，等候诸葛亮调度。""私自"是偷偷地干，说明鲁肃没有把借船的事报告周瑜；"照诸葛亮说的，等候诸葛亮调度"说明鲁肃很听诸葛亮的话，他是不会为难诸葛亮的。

（4）我认为诸葛亮在跟周瑜立军令状之前肯定想到在大雾漫天的天气下，曹操一定不会派兵出来。课文中写了曹操在营寨里听到鼓声和呐喊声，就下令说："江上雾很大，敌人忽然来攻，我们看不清虚实，不要轻易出动。只叫弓弩手朝他们射箭，不让他们近前。"曹操生性多疑，再加上天气的原因，只叫弓弩手射箭而不派兵进攻，正中诸葛亮的下怀，这也是诸葛亮事先算到的。

设计意图：这部分教学是探究性阅读课的关键。

（1）确立了高质量的探究性阅读专题。这个专题具有四个特点：集中性，因为它涵盖了课文的大部分内容；深广性，因为它有相当难度，足以让学生花一番精力研究、探索；开放性，因为它答案多维，能充分展示学生的学习个性；逆向性，因为它必须根据文中已知内容去推断未知，训练学生逆向思维的能力。

（2）重视探究性阅读过程的指导，如引导学生选择解决专题的方法，对小组合作研究的分工建议，学生自主探究中教师的巡视、点拨、参与以及要求学生按照规则来交流汇报，等等。这些指导不仅仅是为了帮助学生潜心探究，也是引导学生很好地解决专题，提高探究性阅读的效率，更是为了培养学生良好的探究性阅读的意识、习惯和能力，因为对于探究性阅读来说，探究过程往往比探究结果更重要，学生的探究能力是在具体的探究过程中逐步形成的。

（3）汇报交流中，教师运用精妙的"片言只语"，或以引导，或以点拨，或以矫正，或以碰撞，或以激励，或以启迪，使学生认识不断深化，探究不断深入，信心不断增强。

4. 评一评——引导思考，深化探究

（1）对比体会，诸葛亮的"笑"与鲁肃的"惊"。

诸葛亮这一"笑"，"笑"出了他的本事，更"笑"出了他超人的智慧，难怪周瑜长叹一声，说："诸葛亮神机妙算，我真不如他！"可见，诸葛亮在立军令状之前想得那么周到，那么成熟，那么滴水不漏，所以说诸葛

亮的确是神机妙算。

（2）对比体会诸葛亮的“笑”与周瑜的“叹”。

（3）出示诸葛亮对周瑜的评价，再谈“三国”。

5. 阅读拓展材料，了解三国人物

（1）学生阅读《三国演义》中的精彩片段，分组交流。

（2）拓展：滚滚长江东逝水，浪花淘尽英雄。是非成败转头空。青山依旧在，几度夕阳红。白发渔樵江渚上，惯看秋月春风。一壶浊酒喜相逢。古今多少事，都付笑谈中。

——调寄《临江仙》

（3）结课：滚滚长江东逝水，浪花淘尽英雄。是非成败转头空。青山依旧在，几度夕阳红。数风流人物，还在今朝。

《“凤辣子”初见林黛玉》

【教学目标】

（1）读准课文中难读的字词，正确、流利地朗读课文。

（2）品读重点语句，感受人物形象，学习人物描写的方法。

（3）激发阅读《红楼梦》的兴趣，进行练笔。

【教学重点】

感受人物形象。

【教学难点】

学习人物描写方法。

【教学时间】

1课时。

【教学过程】

课前谈话：了解学生对红楼梦的阅读情况、飞花令“春”。

（一）读题导入，理清人物

齐读课题，理解题目，导入新课。

“凤辣子”为什么要加上双引号？课文里谁让大家称呼王熙凤为“凤辣子”？

找出原话齐读。读注释理解“泼皮破落户儿”。

（板书：行为放纵，不拘小节）

出示课件：贾母在贾府中年龄最长、辈分最高、权威最大。她的孙媳妇王熙凤是实际上的贾府大管家，林黛玉是贾母外孙女儿，母亲因病去世，作为外婆的贾母非常疼爱她，把她接进荣国府，就有了《“凤辣子”初见林黛玉》这个故事。

（二）初读课文，研读外貌

1. 自由读文

课文是用古白话文写的，今天读起来不那么容易懂，大家先读一遍，读

准字音。

2. 读难点段

课文中有一段话特别难读。（出示课件）谁来读？

指名读、教师读。

3. 齐 读

有节奏的读。标出描写颜色、金银珠宝的词。

借林黛玉的眼，凤辣子给你留下怎样的印象？（光鲜亮丽、高调张扬）

（三）品读言语，体会人物

古人云，“察其言，观其行，而善恶彰焉”，因此，我们不仅要看凤辣子光鲜亮丽的外表，还要看看她的言行举止，看看凤辣子到底是怎样的一个人。

师生分角色读：师读提示语，学生读凤辣子语言的句子。

1. 师生品味第一句

“一语未了，只听后院中有人笑声，说：‘我来迟了，不曾迎接远客。’”

从这句话中你读懂了一个怎样的凤辣子？“笑”，可见未见其人先闻其声，与恭肃严整相对，足见凤姐之泼辣、热辣。

2. 小组讨论其余的三句，读懂了一个怎样的凤辣子

（1）这王熙凤携着黛玉的手，上下细细打量了一回，便仍送至贾母身边坐下，因笑道：“天下真有这样标致的人物，我今儿才算见了。况且这通身的气派，竟不像老祖宗的外孙女儿，竟是个嫡亲的孙女。怨不得老祖宗天天口头心头，一时不忘。只可怜我这妹妹这样命苦，怎么姑妈偏就去世了。”

从这段话中你读懂了一个怎样的凤辣子？“真”“才”“竟”“嫡亲”。（板书：老辣）

（2）说着，便用帕拭泪。贾母笑道：“我才好了，你倒来招我。你妹妹远路才来，身子又弱，也才劝住了，快再休提前话。”这熙凤听了，忙转悲为喜道：“正是呢，我一见了妹妹，一心都在她身上了，又是喜欢，又是伤心，竟忘记了老祖宗，该打该打。”

从这段话中你读懂了一个怎样的凤辣子？（板书：麻辣）

（3）又忙携黛玉之手，问：“妹妹几岁了？可也上过学？现吃什么药？在这里不要想家。要什么吃的，什么玩的，只管告诉我。丫头老婆们不好了，也只管告诉我。”

从这段话中你读懂了一个怎样的凤辣子？（板书：硬辣）

王熙凤真是个语言学家，短短一段话，50多个字，却关心到了林黛玉的方方面面。我们一起来读一读，看看王熙凤关心林黛玉的哪些方面。任何一个人听到这样一段话，都会觉得王熙凤是一个热情、周到、贴心的姐姐啊，何况是初来乍到、寄人篱下、年幼天真的林黛玉。

请大家再读这一段话，看王熙凤热情地一连问了三个问题，林妹妹回答了吗？那林黛玉为什么不回答呢？是没有机会回答。那我们再往深处想想，这些话到底想说给谁听的呢？

杀伐手段，埋伏了恶辣、心狠手辣的行事风格；急功近利，必将带给自己酸辣滋味、苦辣人生。但她光芒耀眼，为人张扬，是一个美丽聪明的个性女子，她的香辣、麻辣、热辣、火辣带给了大观园很多笑声，她的泼辣果断也为腐朽的贾府拖延了一下破败潦倒的时间。

作者曹雪芹借黛玉之眼、借贾母之威将一个特立独行、个性鲜明的王熙凤带到我们身边，通过对人物外貌、动作、神态、语言等，将凤辣子的形象刻画得栩栩如生、活灵活现。这是我们需要学习的地方。

（四）学以致用

抓住人物特点写同学，让大家猜猜他是谁。

学生思考、写人物，然后读自己写的人物，大家猜猜他是谁。

读经典、学经典，学习抓住特点写活人物，今天才开了一个头，大家感兴趣的话去读读《红楼梦》，品味其他人物，多多观察，也学着写一写生活中的人。

板书设计：

贾 母

“凤辣子”初见林黛玉

外貌　　性格放纵　不拘小节

语言　　能说善道　八面玲珑

动作　　见风使舵　善于奉承

神态

细节描写：正面刻画　侧面烘托

《说说成长中的心里话》

【教学目标】

（1）激发学生的表达欲望，回顾自己的成长经历，学会向别人说说心里话，能具体、有条理地把压在心底的事和想法表达出来，鼓励真实而有创意地表达。

（2）在交流中学会倾听、尊重别人的独特内心感受，提高自己的认识，培养习作的自信心。

【教学准备】

课件：喜、怒、哀、乐的四个贴画。

【教学过程】

（一）课前小游戏，引入新课

课件一：出示四个成语

喜笑颜开、怒发冲冠、唉声叹气、乐不可支。

师：上课之前，我们先来做个小游戏，老师说成语，你们将成语表达的意思表现出来。做好准备了吗？（遇到开心事了，欢喜不已。愤怒到了极点。一筹莫展，唉声叹气的，一定有了烦恼。哈哈，你们乐得手舞足蹈了！）

相继板书：喜、怒、哀、乐。

（二）一句话童年

师：生活和学习中，喜怒哀乐就像四个形影不离的小伙伴时刻跟随我们。有喜有悲，有笑有泪，我们的童年生活因此而更加绚烂多彩。

课件二：一句话童年。你能简要讲讲你的喜怒哀乐事吗？

我很高兴，那次……

我很愤怒，记得有一回……

我很伤心，那一天……

师：听着你们的故事，老师想到了刚刚发生的一个令我感动的故事。

（三）师述引生入境：童心谢师恩——讲述我的感动

3月9日下午，我回到办公室后，发现办公桌上放着一束塑料小花，旁边还放着一份看上去像贺卡的东西——不太整齐的订书针订好的、两页像草稿纸样的白纸，不细看上面写的“节日快乐”四个字，你根本不会想到是一份贺卡。（展示学生的礼物）

这是谁送给我的节日礼物呢？当我打开卡片，读到这样一段话：（投影展示）

老师：

祝你节日快乐、身体健康。还有祝你越长越美丽、漂亮。我送你的花是我用了两天做的。

鑫宇

2008年3月9日

在读完贺卡后，我首先要说明：我是在征得鑫宇同学的同意之下才把这个故事拿来与大家共享的。的确，我被感动了，但这份感动不是我要来的。我要解释一下，鑫宇在信中没写明白。昨天三八节，我布置了一项作业——做一件回报父母的小事。今早，鑫宇就来告诉，他昨晚坚持给爸爸洗了脚，因为爸爸不让。最后，爸爸被感动得哭了。我听了以后，连连夸他做得好，并笑着说了一句：“什么时候你也能把我感动一下哦。”真没想到，下午他就给了我一个惊喜。我从他简朴甚至笨拙的话语里，读到了一颗真诚的心，读到了一份无价的情感，所以，我很感动。

此时此刻，我很想对鑫宇说一声——谢谢。下面，就让我们用最热烈的掌声请出我们今天这个故事的主人公，也是这节课的特邀嘉宾——鑫宇同学。

谢谢鑫宇，谢谢你对我的祝贺。老师觉得不仅仅收到了一张贺卡，更是收获了你对老师最真心的祝福。你让我又一次感到做教师的幸福和快乐。我想问问你，能否告诉我，告诉同学们——

（1）你为什么要这样做呢？

（2）这束花做得很精致。你自己做的吗？有困难吗？

我再次感受到了你的真诚。我会好好保存这份礼物和祝福的，谢谢你！请先到旁边坐下。

（四）学生分组练习

（1）师：同学们，在你成长的过程中，你是不是也有很多心里话想说却

没有机会说出来，这一次，就让我们一吐为快吧！

①先想想：你打算跟谁说心里话，你打算跟他说些什么？

②为什么要给他说这些话？（把原因讲述一下）

（2）指名3～5个学生回答。

相机板书：对谁说

说什么

为什么说这些话

（3）师小结：说出心里话，你们的误会一定会消除；跟父母交流，说出心里话，你和父母都会更开心。下面，让我们在小组里面找个同学说说你的心里话吧！

出示课件：读题。

① 对老师说，为了我们的成长，您操碎了心；

② 对妈妈说，我已经长大了，别再把我当小孩看；

③ 对邻居说，谢谢您多年来对我们家真诚的帮助；

④ 对小伙伴说，我们不要再互相起外号了，这样不文明。

（4）学生分组练习，教师巡视。

（五）小组汇报

（1）指名两个学生示范——关于同学交往。（烦恼）

（2）关于同学之间的相处，还有烦恼要说吗？

（3）师小结：同学交往应文明，团结友爱。讲述得很清楚。除了同学相处的烦恼，其他同学还对谁说了什么？

（4）愤怒、高兴等事例逐一说一说。

板书设计：

喜怒哀乐

对谁说

心里话　　　　说什么

为什么说这些话（重点）

《一份薄礼》

【设计思路】

（1）为学生现场提供丰富的写作素材，使学生的写作成为“有米之炊”。

（2）引导学生找到适合自己的表达方式，使他们能具体地表达所见所闻，所思所感。

【课前交流】

（1）师生互动游戏。心灵感应，问：你是怎么知道我的想法的？

（2）怎么才能知己知彼、明察秋毫呢？

聪明的人：耳、眼、口、心。

板书：眼观六路、耳听八方、口勤说话、心多思考。

【教学过程】

（一）练说，提出要求

（1）今天我来和大家上作文课，在上课时，请大家仔细观察，要做到：（手势示意学生齐读）眼观六路、耳听八方、口勤说话、心多思考。

（2）能做到吗？那我们现在来试一试。假设这里是教室门，上课铃声响了，我走进教室，大家问好，同学们回答。别小看这个短短的过程，这其中有老师、同学们的声音，有走上讲台的人物，而且在这样特殊的地方上课你一定有想法，这就要求同学们眼观六路、耳听八方、心多思考，最后再把看到的、听到的、想到的说出来，就是口勤发言。

（3）学生练说。

（二）期待礼物

1. 听说有礼物，心里期待

（1）师：同学们，我给大家带来了一份薄礼，这份礼物是——

因为有悬念，学生的好奇心被激发了起来。问：你听到了什么？看到了什么？又想到了什么呢？

（2）学生练说，引导学生倾听他人发言，并评论做到了几个“到”。

（3）小结点拨，范文引路。

让我们意外的是，何老师亲切地告诉我们："同学们，我给大家带来了一份薄礼。"说完这句话，她还郑重其事地在黑板上写下四个大字——一份薄礼。老师来上课还带见面礼？这可真有意思。于是，我们不由得都伸长着脖子，瞪大了眼睛，期待着老师拿出那珍贵的礼物。我想：老师说不定给我们带来了一个什么小动物，让我们观察观察，再写作文呢。

2. 却是一白纸，老师好"坏"

（1）这个礼物是——（拿出一张纸）小小礼物，不成敬意。

（2）你看到了什么礼物？怎么一片笑声和叹气声？引导学生把前因后果说清楚。

（三）设计礼物

1. 大家出主意，创造精彩

（1）看来大家觉得这份礼物实在是不成敬意。那这样吧，大家帮我想个办法，怎么将这张白纸变成一份礼物呢？（请一位学生重复说说，老师刚才说了一句什么话。）

（2）学生出主意。

（3）看来白纸也有白纸的优势，可以任我们自由想象，自由设计。现在，我们就在这张白纸上画上花儿，使它成为礼物。

2. 礼物终得见，真是开怀

（1）见机出示礼物。

（2）如果这个过程要写下来，你会写什么？（强调眼、耳、口、心都到）

（四）总结归纳

请同学们说说，你今天从我这里得到了什么礼物？（归纳作文要点：看、听、思、写）

（五）拟定题目大胆写

（1）同学们，要是把你们经历的这个过程写下来，你会选择哪些环节来写？你会拟一个什么题目呢？

学生上黑板板书各自的精彩题目。

（2）现在，请大家拿起笔，把自己最想说的内容仔细写下来。

（3）根据自己的习作速度，可以写全文，也可以写片段，万一时间到了没写完，还可以用打腹稿的方式补充。

不管你想些什么，也不管你选择怎样写，老师要提醒大家注意一点：把自己最想说的那部分写仔细点，写具体点，突出自己的重点。

（学生20分钟的习作）教师随即巡视，指导学生习作。

（六）互动评改，展示欣赏

请同学们把自己写得最精彩的段落读给大家听，当然，如果认为全文都很精彩，也可以全文都读，其他的同学认真听，并发表意见。

（1）每位同学大声朗读自己的作文。

（2）展示自己认为最精彩的段落。

读好——文好一半读。

板书设计：

一份薄礼

听说有礼物　充满期待
却是一白纸　老师好“坏”
大家出主意　创造精彩
礼物终得见　真是开怀
细细来回味　心里明白

眼观六路
耳听八方
口勤说话
心多思考

《伯牙绝弦》

【教学背景】

本次授课班级为深圳市蛇口育才教育集团育才三小六年级（1）班，该班学生是从四年级带上来的班级，学生对语文学习兴趣浓厚，学习习惯已经形成，学习能力较强，师生关系和谐，具备“亲其师，信其道”的情感基础。本节课为对外公开课，授课地点为学校阶梯教室。

《伯牙绝弦》是小学阶段所学的第二篇古文，在学习本文之前，学生已有一点点文言文、古白话文的阅读尝试，因为在五年级学过《杨氏之子》《猴王出世》《临死前的严监生》，还有课后的日积月累等等，而且这篇文言文浅显易懂，读起来朗朗上口，易于理解接受。就课文的内涵和意蕴来讲，文章难点在于“知音文化”。

教学中，辅助以相关的音乐和简单实用的PPT课件，期待呈现学生的从无到有、自主学习、合作探究的学习过程。重视课前对课文的预习，重视学生个性化的学习经验和情感体验，因为，学生带着自己的理解和疑问参与学习，既有助于学生个性化的学习，更有利于师生、生生之间的有价值的交流和相互激发，推进深度学习。

【教学设想】

子曰：“天何言哉，四时行焉，万物生焉，天何言哉？”伯牙和子期的故事所折射的艺术美感——那种深沉坦荡、君子之交的风骨，直达“大璞不雕”“大美无言”的境界，满足了我们对于这个千古绝唱在情感世界和精神世界上的所有期待。《伯牙绝弦》已然成为中华文化中关于“知音”最为经典、影响最为深远的传奇。它讲述了春秋时期俞伯牙与钟子期以琴相识，因琴相知，最后因子期早亡，伯牙破琴绝弦，遂成千古绝响的故事。全文77字共5句话。第一句为起句，第二、三、四句顺承而下，第五句急转而后合，全文生气郁勃，凝练典雅，起承转合，一气呵成。

教学本文，期待引领学生增加文言文的阅读体验，感受这篇课文特有的

语言现象；继续渗透文言文的基本阅读方法，在借助注释、联系上下文的基础上还能用现代语汇去补充、想象；依托层层深入的语言理解和实践，感知“知音”的内涵，体会课文表达的情感，使学生实现文化意象的传承，受到传统文化的熏陶。

因此，本次教学计划通过“三部曲”，也就是三个教学环节：读通读懂—理解拓展—感悟内化，来实现两个纬度的学习目标：

（1）知识与能力：朗读课文，背诵课文，借助注释初步了解文言文大意，能用自己的话讲讲这个故事。

（2）情感、态度与价值观：积累中华优秀经典诗文，感受朋友间相互理解、珍惜的友情。

【教学目的】

（1）朗读、背诵课文，借助注释初知大意，讲述故事。

（2）积累经典诗文，感受“知音文化”和友情的珍贵。

【教学重点】

本文教学的重点是让学生凭借注释和工具书读通、读懂内容，在此基础上记诵积累。

【教学难点】

感知“知音”的内涵，体会课文表达的情感，感受传统“知音”文化，受到传统文化的熏陶。

【教学过程】

课前：读《杨氏之子》和描写景物的成语（杨柳依依、雨雪霏霏）。

（一）引入新授

1. 导入语

上学期我们学习了《杨氏之子》的故事，杨氏子的机智幽默令人难忘。今天，请大家欣赏一段音乐。（欣赏《高山流水》音乐）听过吗？

因为学生很可能是第一次聆听古琴琴音，教师视情况提示学生：古琴的音色虽然不像现代音乐那么丰富多样，但是其单一纯洁的音色，高古典雅的旋律，仍然震撼着人们的心灵。

这首乐曲和我们今天要学习的《伯牙绝弦》有关，它的背后有一个感人的故事，主人公是俞伯牙和钟子期。

（板书：伯牙绝弦、俞伯牙、钟子期）

2. 简介俞伯牙和钟子期

学生利用网络、课外书等查找资料，介绍有关俞伯牙和钟子期。

他们各有什么特长？两个“善”字是什么意思？

（板书：俞伯牙善鼓，钟子期善听）

（二）指导读文

（1）出示全文，随机抽查学生朗读，读准字音。

（2）学生练读，读不通的地方多读几遍。

（3）反馈矫正，学生再读，教师相机范读，揣摩停顿、重音。

设计理念：文言文的课堂教学应该是充满语文味道的。文言文的朗读关键在于感受文言文的音韵与节奏，为帮助学生准确把握文言文的节奏和音韵，通过课件把朗读节奏的划分展示出来。教学中，把理解与朗读相结合，在感悟文章的每一句话的同时，也注重朗读的体会：文章的前半部分，指导学生要读出称赞的语气，读出知音欢聚的那份融洽与欢乐；文章的后半部分，指导学生带着对伯牙寂寞、孤独、绝望和心灰意冷的心情的理解有感情地朗读。通过播放《高山流水》音乐，让典雅流畅的琴音缓缓地浸润学生的心灵，再让学生在音乐声中朗读课文，会更好地增强课文的表现力，让文言文那优美的韵味深深地植根在学生心中。另外，教师是课堂教学的组织者、引领者、参与者，是课堂教学中平等的首席，这个环节就是很好的例证。

（三）初解文意

（1）理解题目：伯牙绝弦是什么意思？

（2）文章中哪句话提到了伯牙绝弦？在文中找出“破琴绝弦”。

（板书：破琴绝弦，终身不鼓）

（3）分组学习，看看哪些地方已经读懂，哪些地方还不明白。

学生小组交流，教师相机解答。

重点理解：“善哉！洋洋兮若江河！”“善哉！峨峨兮若泰山！”

（4）小组汇报，反馈矫正。

设计理念：古人云：“授之以鱼，不如授之以渔。”“教会学生思考，这对学生来说，是一种最有价值的本钱。”（赞可夫）的确，引发学生主动思考，培养他们的问题意识就是在行动中解读“以学生为本”“终身学习”的新课程理念，使他们“具有更强的问题性”，善于“发现问题和解决问题”，因此，“要促进学生思维，培养学生的问题意识，只有成功地使学生

产生问题的教学才能真正调动学生学习的积极性”。本环节教学遵循让学生提出问题、解决问题的原则，引导学生对文本进行推敲和体悟，想象江河的奔腾不息，想象泰山的巍峨高耸，再引导学生品味“善”“所念”“必得”“善哉！洋洋兮若江河！”“善哉！峨峨兮若泰山！”等词句的意思，从而品味伯牙、子期之间的心灵相通，通过互助学习品味字词，增加学生对学好文言文的信心。

（四）理解知音

1. 理解见知音

（1）用波浪线画出描写“伯牙善鼓琴、钟子期善听”的句子。

投影：“伯牙鼓琴……若江河”这一部分内容。

（2）如果你是钟子期，伯牙鼓琴志在高山、志在流水，透过伯牙的琴声，你仿佛看到了什么？你会怎么赞叹？

（3）伯牙的琴声除了峨峨泰山、洋洋江河，还会表现哪些场景呢？引导学生想象回答。（如：皎皎明月、徐徐清风、袅袅炊烟、潇潇春雨）

引导学生展开想象：伯牙鼓琴，志在清风、明月时，子期会怎么赞叹？

伯牙鼓琴，志在清风——善哉，徐徐兮若春风！

伯牙鼓琴，志在明月——善哉，皎皎乎若玉盘！

（4）伯牙鼓琴，志在清风、明月、杨柳、春雨、白云，一个“志”字不平常，上面为“士”，代表君子，下面是“心”，合起来为君子的心，伯牙是一个胸怀坦荡的君子，他心里想着的是明月清风、高山流水、江河湖泊。志存高远，胸怀高洁。可见，“伯牙所念，钟子期必得之”，可不是一般的朋友啊！这样的朋友称之为——知音。

设计理念：叶圣陶老先生曾说：“学习语文，要听说读写四者并重。”六年级学生已具有初步的自学能力，且这篇文言文古今词义差别不大，除了引导学生借助注释自主读懂课文，还抓住重点词句进行品析，设计语言训练环节：伯牙鼓琴志在（　　），钟子期曰：善哉，（　　）兮若（　　），激发学生珍惜朋友间真挚情谊，达到以读促写的效果。学生练习用文中的句式说句子，从感性上理解“伯牙所念，钟子期必得之”，深化了学生对知音的理解，从中体悟到了知音可遇而不可求，为突破课文教学难点“伯牙为何绝弦”铺下了情感的基础，既发展学生的语言智能，又培养学生正确地理解和运用祖国语言文字的能力。

2. 对比见知音

（1）伯牙善鼓琴，可是一般的人听不懂他的琴声，听不懂他所寄托的志向。（出示：春风满面皆朋友，欲觅知音难上难）

（2）人生没有知音，如同站在旷野中歌唱，听不到一点回声，只有寂静一片。伯牙遇见了这样理解他的知音钟子期，他会对子期说什么？

（3）总结：千古知音难觅，李白是寂寞的，他只有和酒做伴；孟浩然是寂寞的，他只有"欲取鸣琴弹，恨无知音赏"。伯牙和子期高山流水遇知音，是何等幸运！让我们把这种情感带入课文，体会他们的快乐。

（五）感悟知音

（1）扼腕失知音。人有悲欢离合，月有阴晴圆缺，无奈世事难料，子期不幸去世，痛失知音的伯牙做出一个让很多人不理解的举动——破琴绝弦。

能理解他的这一举动吗？学生发表自己的看法。

（2）请读一读伯牙的悼亡诗，了解一下他内心的想法。

（3）伯牙绝的不仅仅是"弦"，他在破琴绝弦的同时，也断绝了什么？

（4）学生写一段话谈知音。这个故事给大家留下了这荡气回肠的千古佳话，让大家懂得知音的珍贵，珍惜友情。大家在高山流水的悠悠琴声中，回想伯牙、子期的知音佳话，请用两句话写出自己的感受，或者对子期、伯牙，还有自己的知音说说自己的心里话。

（5）学生写话，欣赏交流。

设计理念：因为这个传奇故事离学生很远，小学生要学习体会当中的"知音"实属不易。根据学情，在理解伯牙鼓琴志在高山、志在流水时，引导学生入情入境地思考：如何理解伯牙破琴绝弦这一举动？引导学生交流想法，使学生置身于故事情节之中，感受知音间相互理解，相互欣赏的纯真友情。接着引导学生回到文本，朗读相关"知音文化"的名言诗句，深化理解这个荡气回肠的千古佳话，懂得知音的珍贵，珍惜友情，然后在高山流水的悠悠琴声中，回想伯牙、子期的知音佳话，写出自己的感受。

附：

《伯牙绝弦》课堂实录

师：今天再来学习一篇古文《伯牙绝弦》。请大家注意"弦"字的书写和读音。

教师板书课题，一边书写一边提示学生注意：弦是左右结构，左边为弓，

表形，也表意；右边为玄，表声，就是表示读音。这个字应该读“xián”。

师：大家通过预习知道这篇古文里的两个主人公分别是谁吗？

生：俞伯牙、钟子期。

师：对，但是据查春秋时并没有“俞”这个姓，同学们还可以再去考证百家姓。伯牙跟钟子期分别有什么特长知道吗？

生：伯牙会鼓琴，钟子期会听琴。

师：很好，用古文来回答？

生：伯牙善鼓琴，钟子期善听。

师相机出示：伯牙善鼓琴、钟子期善听，并且结合教学谈话进行板书：伯牙、善鼓、钟子期、善听。

师：从这句话我们可以看出，伯牙很会——

生：弹琴。

师：钟子期很会——

生：听琴、欣赏。

师：他们两人一位很会弹琴，一位很会听琴、欣赏，用我们的话来说就是会欣赏，会倾听。

生：钟子期还有很高的音乐鉴赏能力。

师：音乐鉴赏能力，你这个词用得很准。明白《伯牙绝弦》的意思了吗？

生：懂了。是伯牙断弦。

生：伯牙断弦摔琴。

师：课文里哪句话写了？

生：破琴绝弦，终身不复鼓。

师：看来古文也不是我们想象中的那么难理解。我们随便聊一聊，对课文就有了一定的了解。学习古文的第一个任务就是要读顺、读通，同学们先试一试，看自己现在能不能把它读通顺，读好了就举手示意。

师：谁先来？看来都很自信。

学生自由朗读课文，教师巡视，相机进行个别辅导，尤其是学习有困难的学生，是教师要重点关注、帮助的对象。

指名两位学生朗读课文，了解学生学习情况，进行反馈矫正。

师：善哉，善哉，读得真流利！我也想读一读。（教师朗读，学生倾听。）你们还想更好地朗读一遍吗？（学生齐读）

师：读得真投入，只要我们带着一颗心读，就会精彩！我们聊聊课题以及主人公的特点，对文章就会有进一步的理解。

师：书香怡人，请平心静气地再次默读课文，看看还有什么不懂的地方。请大家认真倾听提问，争取为同学解答。

生：伯牙所念，钟子期必得之。这句话是什么意思？

生：伯牙在弹琴的时候心里想着什么，钟子期都是知道的，都能听出来的。

生：大家看一下《伯牙绝弦》这个课题，解释说“绝”是断绝的意思，那弦是琴上的一种线，连起来就是伯牙断绝线，我觉得这样子就读不通。

生：弦就是琴上会发声的一种东西。

生：琴弦。

师：嗯，不是把他衣服上的哪根线弄断了，是断弦，弄断了——（生：琴弦）。伯牙是个音乐家，他最心爱的东西是什么？

生：琴。

师：琴就是他的生命，断弦就意味着他当时的痛苦、悲痛、哀伤。你听懂了吗？

生：破琴绝弦，终身不复鼓。他为什么要这样做？

师：这是个很有难度的问题，我们等一下理解课文的时候再解决，好吗？

生：我能回答她的问题。

师：好，你试试看。

生：就是因为子期死了，伯牙就要回到从前那个没有知音，没有任何人能知道他在想什么的日子，他不能忍受这样的日子，最后用摔琴的办法表现出来，表达了他对子期的思念。

生：老师，我还有补充。我还觉得是因为子期死了，伯牙又回到原先那种孤独的时候，不能让别人了解他的心思，只能用摔琴的办法表达他自己的悲痛心情。

生：终身不复鼓。他是弹琴的，怎么是“鼓”呢？

生：“鼓琴”的意思是弹琴，“鼓”就是弹。

师：古文的话语，在古代“鼓”是指什么？

生：弹。

师：鼓琴就是？

生：弹琴。

师：我们今天已经不说鼓琴了，我们说弹琴。接下来古文连一连，能不能讲一讲这个故事，先同桌两个互相讲讲。同桌两人完成讲述的举手？好，谁来为我们把这个故事讲一遍。

生：大概的意思是俞伯牙善于鼓琴，钟子期善于听琴。伯牙鼓琴的时候心里想着高山，钟子期就说“我仿佛看到了一座跟泰山一样高的山”。伯牙心里想着流水，钟子期说“我仿佛看到了广阔的江河”。伯牙所想的，钟子期都知道。然后子期去世了，伯牙就认为这世上再没有他的知己了，弄断了琴弦，摔了琴，终身不再弹琴。

师：加一个字，摔毁，摔碎，摔烂。请注意这个“善哉”？

生：太好了。

师：太好了！（竖起大拇指表扬学生：“善哉！”）

生：太棒了。

师：你真棒。

生：好啊，太妙了，好极了，妙极了。

生：这声音太妙了，使我仿佛看到了一座跟泰山一般高的山。

师：跟泰山一般高的山。除了高，还可以换一个词吗？

生：巍峨。

生：挺拔。

生：高耸。

生：直插云天。

生：巍峨峻拔。

师：很好，用这些词，高耸入云、直插云天，我仿佛看到了怎样的泰山？

生：巍峨峻拔。

师：还有？

生：直插云天。

师：还有？

生：雄伟的泰山。

师：妙哉！六（1）班的同学！请哪位同学再把故事讲一遍，精益求精，挑战更高更好！

生：伯牙擅长鼓琴，钟子期擅长听琴，伯牙在弹琴的时候心里想着高

山，钟子期听了以后，就说道："妙极了，这仿佛让我看到了巍峨峻拔、直插云天的泰山。"他心里想到了流水，钟子期听了以后，说道："真妙啊，这仿佛让我见到了宽广的江河。"伯牙弹琴所寄托其中的意思，钟子期听了以后必将知道。后来，钟子期突然生病去世了，伯牙想，这世界上再也没有我的知音了，就摔毁了他的琴，终身不再弹了。

师：妙呀！慷慨激昂，发言就应该这样。同学们，读一读，说一说，想一想，你们是不是都能讲出这个故事了？能讲出来的给自己竖个大拇指，还有问题的把手高高举起。哈，还真有问题，全班同学准备解答。

生：我的问题是"伯牙所念，钟子期必得之"这里解释的是伯牙所想，可是为什么要用"念"，不用"想"？

师：在这篇古文里面，"想"就是——

生：念。

师："弹"就是——

生：鼓。

师：好，这是古文和现代文的不同，明白了吗？请。

生：我有一个问题，"伯牙谓世再无知音"。这个"谓"到底是他觉得这个世上再也没有他的知音，还是认为除了钟子期，他就没有知音了？

师：你是问"谓"是什么意思？有谁知道吗？

生：我觉得是认为，伯牙认为这世上没有子期，他就再没有知音了。

师：本文里"谓"是认为。在古文里"谓"还有另一个意思，看它是什么偏旁？言字旁，猜一猜"谓"的另一个意思？

生："说"。我在一本古文书上见过，《三国志》里面有句话就是当"说"讲。

师：你在《三国志》里看到，博闻强记，真了不起！

师：课文都明白了，现在我们来讨论一下，何以见得子期是伯牙的知音？

生：伯牙所念，钟子期必得之。

生：伯牙鼓琴，志在高山，钟子期曰："善哉，峨峨兮若泰山！"志在流水，钟子期曰："善哉，洋洋兮若江河！"

师：从这些语句的确可以看出子期是伯牙的知音。我只有一点补充，请同学们看插图，仔细看，伯牙弹琴的神态，你可以用一个什么词来形容？

（出示课件：课文插图，引导学生观察）

生：专心致志。

生：投入。

生：人与琴合二为一。

师：琴即是我，我即是琴。接着说。

生：全神贯注。

生：专心致志。

师：接着来，一个一个大声说。

生：到了忘我的境界。

生：聚精会神。

师：看看钟子期，他的神态，也能不能想一个词描述？

生：如醉如痴。

生：身临其境。

师：伯牙鼓琴，志在高山。钟子期听得陶醉了，他仿佛进入了这个琴声的境界，他情不自禁地赞叹——

生：善哉，峨峨兮若泰山。

师：是，志在流水的时候，钟子期仿佛看到了那浩大的江河，他不由自主地说——

生：善哉，洋洋兮若江河。

师：伯牙所念，钟子期必得之。所以——

生：子期死，伯牙谓世再无知音，乃破琴绝弦，终身不复鼓。

师：由此可见——

生：伯牙善鼓琴，钟子期善听。

生（强烈要求发表看法）：我觉得是从这句话看出他俩是彼此的知音，“子期死，伯牙谓世再无知音，乃破琴绝弦，终身不复鼓”，我觉得子期死了，伯牙宁愿把琴摔碎，他为了纪念好友，把琴都给砸了！

师：酒逢知己千杯少，知音不再琴不弹！好一个“伯牙所念，钟子期必得之”，道尽了知音之间的心心相印，惺惺相惜。

师：伯牙所念，念到了什么？

生：高山。

师：还念到了什么？

生：流水。

师：伯牙还会念到什么？

生：明月。

生：清风。

师：嗯！皎皎明月。什么样的清风？

生：徐徐。

师：徐徐清风、微微清风、缕缕清风都可以。请继续。

生：白雪。

师：怎样的白雪？

生：皑皑白雪。

生：幽幽白云。

生：茵茵杨柳。

师：反应快！你很机灵。还有吗？

生：缕缕炊烟。

生：雨雪微微。

生：夕阳西下。

师：西下的夕阳。

生：小桥流水人家。

师：接着说。

生：青青草原。

生：广阔草原。

师：想到了很多很多。同学们，假如现在我就是俞伯牙，你们就是钟子期，请问子期，伯牙鼓琴，志在明月，你会怎么赞叹呢？

生：善哉，皎皎兮若明月。

（生笑）

师：为什么笑？有什么问题？

生：他说明月像明月。

生：可以这样说：伯牙鼓琴，志在明月，钟子期曰：善哉，圆圆兮若碧玉。

生：伯牙鼓琴，志在绿树，钟子期曰：善哉，依依兮若杨柳。

生：伯牙鼓琴，志在草原，钟子期曰：善哉，绿绿兮若绿野。

生：伯牙鼓琴，志在高天，钟子期曰：善哉，茫茫兮若苍穹。

师：我太喜欢你说的"高天"这个词了，"若高天"！高天这个词不一般。

投影课件：皎皎明月、徐徐清风、袅袅炊烟、潇潇春雨、皑皑白雪、习习凉风。句型练习：伯牙鼓琴，志在______，钟子期曰：善哉！______兮若______。

生：伯牙鼓琴，志在湖水，钟子期曰：善哉，清澈兮若明镜。

师：还有谁想说，大胆举起你的手。

生：伯牙鼓琴，志在白雪，钟子期曰：善哉，皑皑兮若雪原。

师：如此知音，难怪“子期死”之后——

生：伯牙谓世再无知音，乃破琴绝弦，终身不复鼓。

师：满座皆春风，相识有几人。同学们说的很多，理解的也很深入。如果要说还从哪儿能够看出，何老师觉得还有一个字——志！解一解这个“志”字，上半部是什么？

生：士。

师：士在古代是什么？谁知道？

生：知识分子。

师：君子，品行十分——

生：高尚的人。

师：高尚的人才能称之为什么？

生：士。

师：志就是谁的心？

生：品德高尚的人的心。

生：君子之心。

师：你真是个诗人。君子之心，这一个君子之心就是谁的心？

生：伯牙。

师：伯牙鼓琴，志在高山。伯牙这个君子他的心在哪儿？

生：高山。

师：他的心还在哪儿？

生：流水。

生：清风。

生：草原。

生：繁星。

生：白雪。

生：杨柳。

生：蓝天。

师：高天。同学们，伯牙的琴寄托着他的心如流水、高山、清风、明月……君子的心就像山一样的巍峨，还像——

生：水一样的浩大。

生：像高天一样高远。

生：像蓝天一样无垠。

生：像白云一样纯洁。

生：像天上的繁星一样多。

师：一样美妙，是吗？同学们，那钟子期赞叹他，善哉________

生：峨峨兮若泰山。

生：洋洋兮若江河。

师：善哉，皎皎兮________

生：若明月。

师：善哉，依依兮________

生：若杨柳。

师：善哉，广阔兮若平原。善哉，浩浩兮________

生：若江河。

师：那钟子期何止是在赞扬伯牙的琴，这分明是在赞扬伯牙的什么？

生：心。

师：一颗什么心？

生：君子之心。

师：像什么一样的君子之心？

生：高山。

师：怎么样的君子之心，连起来说完整的话。

出示课件，依次为高山、蓝天、大海、江河的图片，引导学生说话。

生：像高山一样巍峨的君子之心。

生：像蓝天一样宽广的君子之心。

生：像大海一样辽阔的君子之心。

生：像江河一样浩瀚的君子之心。

生：像白云一样纯洁的君子之心。

师：你就有一颗纯洁的心，你能想到这么美的境界。

生：像明月一样皎皎的君子之心。

生：像白雪一样皑皑的君子之心。

生成情况：教师出示的课件只有四张，依次为高山、蓝天、大海、江河的图片。有学生意犹未尽，没有按照图片说话，接下来说出了有关“白云、明月和白雪”的句子，教师顺其自然，适当等待，适时插话调控，教学很快又回到正轨，了然无痕。

师：伯牙弹琴，志向寄托在琴声之中，人琴合一。钟子期赞扬他，分明是在欣赏伯牙的远大的志向，这就叫“所念必得”，他们两人的心完全——

生：心相通。

生：连在一块了。

师：有点意思，合二为一。有骨气，独立思考，不重复别人的话。

生：心心相通。

生：心心相印。

生：心有灵犀。

师：必得所念，他们两个人心意相通。

生：子期死，伯牙谓世再无知音，乃破琴绝弦，终身不复鼓。

生：伯牙把和子期心心相通的那根线给绝掉了。

师：他们俩心意相通，会是断绝关系？断绝心心相通的那根线吗？

生：我觉得应该是子期的位置是无人能替代的，就是伯牙的知音这个位置只有子期是最适合的。

师：有道理，明白伯牙的心，是无人可替，所以——

生：破琴绝弦，终身不复鼓。

师：唯一的知音已经不在人世，知音难觅，于是伯牙就——

生：破琴绝弦，终身不复鼓。

师：生死两茫茫，但是知音无人能替代，所以伯牙毅然破琴——

生：绝弦，终身不复鼓。

师：好，大家心中一定有很多的感慨，这样的知音，这样的高山流水，给我们留下了一段遗憾，也留下了许许多多有关知音的千古感慨。

生：欲取鸣琴弹，恨无知音赏。

师：这是孟浩然对知音的寻寻觅觅。

生：有朋自远方来，不亦乐乎。

师：这是孔子感叹与知音相聚的喜悦。

生：海内存知己，天涯若比邻。

师：这是王勃和知己好友分别时的勉励。

生：士为知己者死。

师：这是《战国策》中的句子，民族精神，知音文化。再看剧本中的伯牙所说：三尺瑶琴为君死，此曲终兮不复弹！

生：春风满面皆朋友，欲觅知音难上难。

逐一出示课件：①欲取鸣琴弹，恨无知音赏；②有朋自远方来，不亦乐乎；③海内存知己，天涯若比邻；④士为知己者死；⑤三尺瑶琴为君死，此曲终兮不复弹；⑥春风满面皆朋友，欲觅知音难上难。

师：高山流水遇知音，留下的是一段千古佳话。同学们，我们感慨知音，相遇知音，也许，我们的人生之路上在等待一个知音，你会幸运地拥有这样一个肝胆相照的知音，让我们深情地试背课文，献给伯牙、子期，也献给我们的知音。

学生齐诵。

师：知音留给了我们一个永久的话题，祝愿同学们、老师们在人生途中拥有知音、珍惜知音。

说课稿

绿色零食益健康　快乐实践更精彩

——《绿色零食伴我行》语文+实践活动

10月31日本是育才三小学生秋游的日子，然而天公不作美，一早便下起了蒙蒙细雨，无奈，学校取消了这次活动，望着早已准备好的零食，学生们好失望啊！……此时让学生们马上安下心来上课，似乎不太可能。于是我建议来一顿零食大餐，学生顿时兴奋起来，拿出零食大吃，一边吃一边议论着："如果能天天在学校吃零食多好！""是呀，学校为什么限制我们吃零食呢？"看着一张张充满迷惑的小脸，我眼前一亮，综合实践活动的课题有了！于是我趁热打铁："想知道零食有哪些奥秘吗？""想！"学生们齐声应和。"我想知道吃零食有什么好处？""我想知道家长为什么反对我们吃零食？"……就这样，我们的课题"绿色零食伴我行"在不经意间诞生了……

此次活动主题的确立正是尊重学生兴趣爱好的结果。根据学生提出的问题，我初步制定了这次实践活动的目标：

（1）知识目标：学生通过调查、采访和查找相关资料，了解食用零食的利与弊，懂得科学合理的选择和食用零食。

（2）能力目标：培养学生与人沟通交流的能力及合作探究的能力，同时学会整理信息、运用信息。

（3）情感目标：引导学生学会关心自己，关爱他人。培养健康生活的态度。

活动难点：培养学生与人沟通、合作探究的能力。

活动时间安排：两周。

为了让活动有序地开展，学生以一些零食品牌命名自由组成了四个活动小组。其中“乐事社会调查小队”调查零食销售情况及家长对孩子吃零食的态度；“百事校园行动小队”调查本校学生吃零食的情况及原因；“品客信息小队”查找资料，了解零食对人体的利与弊；“健力宝采购小队”调查如何选购零食，不同的零食选购有什么不同的注意事项。各小队的队员热情参与，克服重重困难，取得了意想不到的收获，从中我和学生们也感受到了成长的快乐……

一、“闭门羹”生成策略技巧，“百分比”促进主动思考

“乐事社会调查小队”在实践中要到超市调查零食销售情况。可是，第一次调查就吃了“闭门羹”：超市认为食品销售是个敏感的问题，根本不接受调查，学生顿时泄气。面对这种情况，我赶紧组织他们坐下来分析问题出在哪里。通过分析我们认识到：到超市做调查不能以个人名义，要按照超市规定的申请程序申请，而且要讲清调查的目的。问题找到了，学生的信心又被点燃……他们找校长写证明，开介绍信。拉上我一起去找超市经理说服他们。一切问题迎刃而解——超市欣然接受了学生们的调查和采访。活动中，学生对调查进行记录并制成了统计表，有的学生对采访进行了录像，写了采访感受。在活动汇报中，他们骄傲地展示采访的录像，介绍着调查统计的情况。

“百事校园行动小队”在调查校内学生吃零食情况后，进行统计时也出现了问题，被调查的每一项占调查总数的百分比，学生不会计算，便来问我，我当时没有直接告诉他们，而是让他们自己想办法解决，看谁能给其他人做老师，结果第二天有四个学生做起了小老师，准确地算出了百分比，他们的脸上露出了灿烂的笑容。

综合实践活动的开展，为学生打开了一个开放的时空，在这里他们会遇到各种各样的问题，教师的正确引导不但使问题化难为易，而且培养了他们主动探究、迎难而上的精神。

二、整合家校资源，引发家校联动，倡导绿色零食，关注健康生活

随着实践活动的不断开展，学生的认识和体验不断丰富和深化，新的活动目标和活动内容不断生成，在此我充分发挥学生的主体性，促进了学生综

合素养的动态生成和发展。

“品客信息小队”的学生主要是通过上网、查阅书籍等方式来了解零食对人体的利与弊，可是学生们因经验不足，查找的资料内容大部分雷同。我抓住时机进行启发：“还可以从哪些方面得到不同的信息呢？”这时，队员刘显行一下子站了出来说：“我可以采访我妈妈的同事，他是专门检验零食的！”好主意！调动家长资源请专家来说话，不错！你别说，刘显行不但自己进行了采访，而且把食品检验专家也请到了我们的课堂，为全班同学讲解目前零食市场上存在的一些问题：哪些零食是利于健康的，哪些零食经常吃就会引发疾病，以及怎样去选择零食、吃出健康。讲座激发了学生们科学食用零食的欲望。看来学生力量、家长资源不可小觑！

受学生的启发，在活动结束汇报时，我请来了家长和我们一起座谈《亲子QQ话零食》，席间孩子们理解了家长控制他们吃零食的做法。

在活动接近尾声时，我组织学生进行了汇报和交流，学生们十分激动，提出了我一些所没有想到的倡议：“百事校园行动小队”的学生自发组成了“绿色零食，爱心天使”小分队，到各个年级中宣讲怎样合理科学食用零食。“品客信息小队”提出设计“合理选购和食用零食”小报贴在学校的宣传栏中。“健力宝采购小队”自发主办了一期“零食与健康”校园电视讲座栏目，倡导全校同学在被推迟两周的秋游中度过一个绿色的秋游，健康的秋游。还有一位学生主动提出要建立“绿色零食”博客网站。“绿色零食，健康生活”理念在育才三小的校园内悄然兴起……

三、小馋嘴管住了，小钱袋收紧了，家长们都乐了

实践活动丰富了学生的体验和感悟，锻炼了他们的实践能力。

我们班的小胖子在年级中是最多的，有一个男生今年十一岁体重竟然达到了136斤，他特别喜欢吃，家长十分担忧，在吃上控制很严，可是他忍不住，想尽办法吃。记得去年我过生日时为班级学生分发蛋糕，学生们都不好意思吃，只见他颠颠地跑过来说：“我不要尊严了，我只要吃。”就是这样的孩子在这次活动中深受启发，汇报课上，他说：“以前我管不住自己的嘴巴，通过这次亲自调查，我十分害怕，我一定要管住自己的嘴巴，尽量少吃油炸食品。”后来，他还主动提出要建立一个“绿色零食”的网站。

在这次活动中，还有一些学生变化特别大，平时上课不爱发言的现在

也把小手举得高高的……活动刚刚结束的几天里，我陆续接到了家长们的电话，电话的那头流露着欣喜："孩子变了，不乱花零花钱了，买吃的很小心……谢谢你呀，老师！"我心想：应该感谢这次实践活动，是这次实践活动让孩子们茁壮成长！

四、体 会

这次综合实践活动结束了，我体会到了：理不在深，践行则明；教不在多，运用则灵；综合实践，素养提升；家校有联动，沟通促真情；教学加活动，师生获双赢。可以做采访，搞宣传，除不良之习惯，养健康之品性。台上老师学生，台下家庭社区。齐声云："何乐不为？"

珍爱自然　敬畏生命

——语文+心理实践课

一、主题背景

教室窗外有一片栀子花。每年三四月间，它们如期绽放，洁白素雅的花朵散发着幽幽的清香，令人顿生爱慕之心。可是，今年三月，我班的一群淘气包却因爱成害，将许多娇嫩的花骨朵摘下来把玩。问其原因，有的说“花骨朵很可爱”，有的说“看见别人摘我就摘了”。孩子们的回答让我发现：花圃的提示牌和平常的说教并不等于他们就懂得善待自然了。

怎么处理这事呢？我想：何不利用这个契机开展一个爱护环境的综合实践活动？这个想法立刻得到了家长们的支持和孩子们的响应。就这样，“珍爱自然，敬畏生命”的主题产生了。

二、活动目标

综合孩子们的意愿，我制定了如下目标。

1. 知识目标

等闲识得东风面——了解花草知识，学植树，养盆栽。

2. 能力目标

绝知此事要躬行——培养收集信息、探究表达等实践能力。

3. 情感目标

一草一木总关情——懂得珍爱自然，敬畏生命。

三、活动过程

实践课上，我以摘花事件打开了大家的话匣子……孩子们七嘴八舌，纷纷表达爱护花草树木的想法，我顺其自然，将他们分成四组：养花护绿小园丁组、校园美景小画家组、环保知识小百科组、绘本表演小剧组。我还给家

长们写了一封信，介绍这次活动的目的和大致计划。

充分的准备和真诚的沟通是活动成功的一半，请看——

第一步：小鬼当家，演绎卧虎藏龙

小园丁体验行动："小园丁组"第二天就带来了盆栽、洒水壶。他们把花儿放在花圃里，放在走廊上，还写上"花草有生命""不准摸""不准碰"的提示语。实践出真知，这话一点也不假。一个男孩带来的长生花没几天叶子就黄了，孩子看着花儿无计可施。同组的孩子围在一起议论纷纷："是不是水浇得太多了？"在同伴的提醒下，他恍然大悟。减少浇水次数后，花儿才又恢复了生机。

小画家分享发现："小画家组"在学校走了一圈后，发现有的花木做了标识牌，可还有很多天天见面的花草却叫不出名来。于是，他们向花工刘叔叔请教，还通过上网、读书了解花草知识。分享课上，孩子们展示了写生的校园花木，介绍这些花草的知识，人人都成了懂得鉴赏花木的小画家。

小百科欢乐互动："小百科组"上网查找资料，制作成PPT跟大家分享。他们还别出心裁，设计了"环保知识抢答"，在前往乡村植树的路途中与同学们互动，将奔驰的旅行车变成了环保知识的大讲堂。

小剧组认真排练："小剧组"也不含糊！他们选定了《西雅图酋长的宣言》，这是全世界最著名的环保宣言。刚开始排练时，由于孩子们年龄小，只能生硬地记住台词，体会不到人物的情感。我和家长就给孩子讲解这段历史故事，耐心地给他们说戏。孩子们入戏越来越好，他们的表演自然深深地吸引了大家。

第二步：家校联手，种出乡村"树"情

小组活动有序进行的同时，家长们也在紧锣密鼓地筹备植树活动。3月10日，南澳金龟村迎来了我们班47顶小红帽，矮矮的村落、清浅的小溪、盛开的牵牛花和树杈上的变色龙，令孩子们深深地感受到人与自然和谐相处的宁静美好。

植树时，铲土挖坑是一项艰难的工作，但孩子们却给了我们一个大大的惊喜。时近中午，艳阳高照，孩子们干得大汗淋漓，却没一人喊苦喊累。47个孩子种下了47棵杧果树苗，在亲手制作的小卡片上，他们写下了对小树的祝福，对路人的提醒。

孩子们种下了树苗，也种下了珍爱自然的美好心愿。

第三步：精彩舞台，掀起完美风暴

心有多大，舞台就有多大。我觉得，实践活动的展示不应仅限于三尺讲台，应该有更广阔的空间，让孩子们得到锻炼的同时增强自信，培养他们积极向上的人生态度。

在这个环节里，我将全班孩子纳入剧组，一个不少地搬上了学校的大舞台，向全校师生展示他们的收获与体会。4月1日，我们向全校师生呈现了一个视动物为兄弟、视花草树木为姐妹的印第安人捍卫家园的故事。他们投入的表演，稚气的神情，呼吁大家善待自然、善待动植物的真诚，打动了在场的同学和老师，赢得了热烈的掌声和一致称赞！

四、总结体会

实践活动丰富了孩子们的体验和感悟，锻炼了他们多方面的能力，激发了他们积极向上的热情……

1. 践行动

4月，栀子花开了，孩子们欣喜地告诉我："老师，栀子花真的好白好香啊！"课间，看到有人采花摘叶，孩子们会勇敢地上前劝阻。

2. 长本领

孩子们学会了植树、养盆栽；学会了查资料，了解了许多花草树木知识；体验到了合作的快乐。

3. 有惊喜

有不少孩子在活动后，还阅读了绘本《西雅图酋长的宣言》。曾怯于集体发言的"小演员"，不再怯场了，上课声音洪亮了；家长们也感到孩子们每一次登台亮相，都有新的进步和成长，这种经历如春风化雨，润物无声。

我只想得到一棵绿树，孩子们却给了我一片森林。是综合实践活动开放的学习空间和思维天地让这一片"珍爱自然"的绿色、"敬畏生命"的馨香，慢慢地渗入到孩子们的心田……

栀子花开，如此美丽
实践的契机有心才盛开
小小的你，成长的小孩
就像一阵清香萦绕在我们心怀

栀子花开，如此可爱
挥挥手告别懵懂和无奈
实践好像春雨欢快
点点滴滴将我们的成长灌溉

栀子花，开啊开
像晶莹的浪花盛开在我们心海
栀子花，开啊开
是体验的欢乐　生命的爱

自己的花是让别人看的

说课内容：人教版义务教育课程标准（实验）语文教科书五年级下册第25课《自己的花是让别人看的》。

一、说教材

这是著名教育家、北京大学教授、国学大师季羡林先生的一篇散文。它不同于那些纯粹描写景物风情的文章，而是用娓娓道来的语气讲述了自己1935年在德国求学时的亲身经历，描绘了德国家家户户那花团锦簇、姹紫嫣红的情景，并用凝练的语言道出了一个意味深长的哲理：“人人为我，我为人人。这一种境界是颇耐人寻味的。”最后讲述1980年再次到达德国，再次看到这番情景，抒发了作者的赞美之情，读起来既让人开阔眼界，又叫人回味无穷。

纵观全册，第八单元是最后一个教学单元，它的主题是“多姿多彩的异域风情”，训练重点是“揣摩积累语言、了解异国风情、拓展搜集资料”。而作为第八单元的开篇课文，并且是讲读课文，文本的诗情画意、作者的真情感受、编者的编写意图、教者的预设生成和学生的学习需求更要能做到“五心合一”，找到共鸣点，形成教学目标：

（1）体会文本语言美——引导学生品词析句，披文入理，积累语言。

（2）感受风土人情美——了解一些德国的民族风情特点，使学生在语言文字的训练中潜移默化地受到“人人为我，我为人人”的教育。

（3）拓展收集资料美——培养学生“收集、处理信息的能力”。（在第六单元中刚学习了“利用信息，写简单的调查报告”。）

教学时间为两课时，教学重点在于揣摩、积累语言，了解德国风土人情；难点是在潜移默化中受到“人人为我，我为人人”的人文熏陶。

二、说教法和学法

1. 说教法

教材文质兼美，但较为浅显简明，五年级学生容易理解接受，主要采用"课前收集资料—质疑研读课文—把握重点读议结合"，并辅助采用图文结合法、情境渲染法等。

2. 说学法

根据教材的特点和五年级学生的认知规律，这节课我将引导学生"收集资料—自主质疑—以疑促读—读议交流"的方法来学习，即课前收集资料，增进对季羡林和德国的了解，然后自主质疑，以疑促读，做到联系上下文，边读边想，读议交流。

叶圣陶先生曾经说："活读运心智，不为书奴仆。"因此，在教法与学法的选择上我关注了四个呼应：

（1）课堂问题与学生质疑相呼应，注重教学实效和学生的学习内驱力。

（2）教学内容与学生语言审美相呼应，契合了文本重点和学生的语言积累、情感熏陶。

（3）拓展练习与学生的个性发展相呼应，突出了学生自学能力和课外延伸、认知世界的个性需求。

（4）人文熏陶与学生的生活经历相呼应，顺应了教学境界与学生认知世界、形成人生观的科学途径。

三、说教学过程与设计理念

（一）课前预设——兵马未动，粮草先行

课前，根据五年级学生的能力特点，请他们自学生字词（部分重点字词将结合教学加以指导），把课文读通顺；组织学生收集资料，可以设置四个小专题"季羡林与德国""鲜花胜地——德国""德国的风情我知道""我知道的德国历史和名人"，这样更有针对性，避免盲目无效。

学习方式的转变是课程改革的重要目标。课前预习、收集资料，既培养学生的自学和实践能力，又拓宽了学习的领域，构建了开放而具有活力的语文课程，促进了学生对德国、对作者的了解，以及对文本的理解。

（二）课堂行动——一咏三叹，滋养性灵

1. 导入——从民族的经典走向世界的多元

在唐诗宋词的诵读中拉开教学序幕，回顾祖国优秀文化，接着切入互动游戏“我们的邻国尼泊尔的摇头与点头习俗”，当学生了解到尼泊尔人的摇头才是表示同意的奇特风俗时，就会产生一种到世界各地去走走看看，了解异国风情的好奇心。

好奇心就是学习成功的重要驱动力。

2. 质疑——“主动索取”永远比“被动接受”得到的东西多

《自己的花是让别人看的》这个题目本身就耐人寻味，也会引发学生疑问。归纳板书：怎样种花，才能让别人看到自己的花？自己的花是让别人看的，这会是一种怎样的景色？自己种的花为什么要给别人看？……

这个质疑环节的设置，旨在“以学定教”“以疑促学”，让学生由“冷”变“热”。因为“那些不设法勾起学生求知欲望的教学，就如同锤打着一块冰冷的生铁”。

3. 研读——“埋头思考”远胜过一千句夸夸其谈

首先，请学生带着这些问题自由朗读课文，然后教师板书部分生字词语“脊梁、花团锦簇、姹紫嫣红、应接不暇、颇、耐人寻味”，在指导生字词的同时，引导他们运用这些词语来概括全文：“在德国，自己的花是让别人看的。人们在屋里，只能看到花的脊梁；走在街上，看到家家户户的窗台上花团锦簇、姹紫嫣红，让人应接不暇，这种人人为我，我为人人的境界是颇耐人寻味的。”

语文是透着翰墨之香的，这墨香伴着书香滋养着人的性灵。“字是一个人的第二张名片”，把书写指导与抓住关键词语概括全文相结合，将语文基础知识融合在教学过程中落到实处。

接着，请学生再次默读课文，思考他们提出的问题；在独立思考的基础上，进行同桌或小组的交流（预计到此为第一课时教学内容。第二课时开课可以先自由或指名读课文，温故而知新）；然后自主发言，交流体会。教师相机把握以下要点组织教学。

（1）叩问“莞尔一笑”的灵魂

当季羡林为德国人与众不同的养花方式感到奇怪时，女房东却只是莞尔一笑，说：“正是这样！”这“莞尔一笑”是怎样的笑？（微微一笑，平

静的一笑，淡淡的一笑，朴实不张扬的一笑）从女房东淡淡的、平静地一笑中，我们看出女房东是个怎样的人？（她是一个爱花的人，而且爱花就把花的美丽和大家一起分享。这种淳朴的人生境界像花儿一样美丽自然。）

启发：季羡林留学德国是在1935年，当时的中国贫穷落后，老百姓连生命都得不到保障。女房东的莞尔一笑，我们还觉得她是一个怎样的人？（引导学生理解女房东的莞尔一笑，让我们看到了她的温和亲切，善于理解他人。理解的笑容最甜，分享的花朵最美。）

（2）欣赏“花团锦簇、姹紫嫣红”的景色

文章第五自然段是要求背诵的重点段落，也是作者语言的精彩之处，我准备引导学生从“任何”“家家户户”等词语体会养花的人家之多，从“花团锦簇”“姹紫嫣红”“应接不暇”等地方理解花的数量和颜色之多、花的颜色之娇美，结合图画、视频资料的呈现，走进鲜花的意境，领略风景的奇丽，再通过个别朗读、配乐朗读把师生带到花的海洋，带入美丽的山阴道上，然后拓展想象写话：“如果你是一位当地的居民，请为我们介绍一下，‘花团锦簇’‘姹紫嫣红’是怎样的美丽景色呢？”培养学生的想象力，增进对文本的理解。

（3）感悟“人人为我，我为人人”的人生境界

这是一个许多人穷其一生也难以透彻的人生境界，我觉得学生通过本课的学习能有所感悟，心生向往就很好了。先联系“自己的花是让别人看的、自己欣赏别人的花”这种奇丽景色、奇特民俗初步理解；再回忆发生在同学之间、邻里之间、校园里、社区里、家里的事情，谈自己对“人人为我，我为人人”的理解。教师还可以结合学生发言，出示校园芒果累累、深圳街头绿树红花的图片，引导学生发现身边的关怀。

“叩问—欣赏—感悟”三个环节一咏三叹，层层递进，紧扣“花美人更美”这一灵魂所在，将重点段落的朗读与领悟融为一体，把学生领进了鲜花盛开的境界，领进“人人为我，我为人人”的境界。这个环节也是语文味儿最浓的环节，既保持明确的教材意识，在对话中把研读课文引向深入，又避免教师的主导缺席，也避免了学生的主体迷茫。

4. 拓展——这将是一个因为学生的演绎而更加精彩的世界

（1）让学生交流课外收集的资料，了解德国还有哪些奇特的风俗。比如，德国人的时间观念很强，认为守时是“帝王的礼貌”；喜欢把家安置在

郊区小镇；看歌剧时，女士要穿长裙，先生要穿礼服等。

（2）即使是面对国学大师的文章，也可以引导学生质疑，一方面提出含义深刻的句子，如“变化是有的，但是美丽并没有改变”；另一方面也可以看看文章中还有没有认为需要修改的地方，并尝试着改一改。如第一自然段要是简洁一些，也是一种不错的风格：爱美之心人皆有之。花儿是宇宙中最美的东西之一，德国人民更是最爱花的民族之一。

超越文本是一种培养创新能力、不跪着读书的思维方式。有位哲人说过：“所谓教育，就是当你学过的知识，在过了很多年的淡忘之后所剩下来的东西。”那么，这个环节的设计就是对这句话的具体诠释了。因为“语文教学的最终价值不在于知识力，而在于促进人的进步，培养人的智慧，提升人的精神，促进人的价值的实现，帮助每个人聪明、有意义地活着”。

板书设计：

依照作者的思路，把握文中作者的思路线、重点词语线和感情线，三线交叉而设计的词语式板书，有助于教法的实施和学习的落实。这样做符合板书设计的目标性原则、有序性原则、直观性原则和条理性原则等。

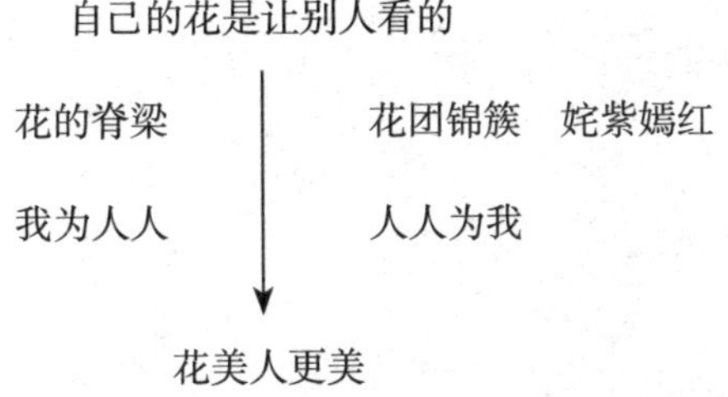

第五篇

生动校园

5

让每个生命都出彩　让每寸天赋都闪光

融入国际教育理念　构建碧岭顶层设计

基于课题的深港校际互动，“三维立体两次实证”

提升教师领导力的研训模式探索

十年辛劳名师路　满园桃李笑春风

坪山区重点竞争性项目：签约以色列集思堂，
开展STEAM创客教学研究

与香港深水埗学校结成姊妹校

第13批省级骨干教师跟岗学习

2004年4月，与魏书生老师在海南博鳌
参加教学论坛活动合影

让每个生命都出彩　让每寸天赋都闪光

——论小学教育中创新人才的培养

我所在的坪山区碧岭小学毗邻马峦山，与东部华侨城共享一山之资源，与中国农科院袁隆平农业示范基地仅有一路之隔，学校所处的碧岭高新园区成功纳入深圳国家自主创新示范区，加上附近的华谊兄弟落户，将打造深圳影视文化城，形成“北有横店，南有坪山”格局，碧岭的未来将是深圳市文化创意产业核心聚集区，全国创意产业创新发展示范区。

从深圳东进到坪山教育的发展，从国家层面提出的“九大素养”到深圳市的八大素养，这个创新的时代呼唤创新人才。作为基础教育中的小学，如何立足校情，实施坪山教育优制、优校、优师、优生的“四优”发展，聚焦创新，跨越发展?

第一个问题：创新人才是怎样的人才

牛津大学校长C.鲁卡斯要求大学培养的人才“要有很高的技术，非常宽的知识基础，有很强的个人责任感、革新能力和灵活性。个人能够不断地获取新的技术以适应其需要”。麻省理工学院也很重视创新人才的培养，该校规定：“MIT致力于给学生打下牢固的科学、技术和人文知识基础，培养创造性地发现问题和解决问题的能力。”

概而论之，笔者认为创新人才需要同时具备两个条件：一是具有厚实宽广的综合素养；二是拥有自己的优势领域，并能在优势领域中不断突破发展。

我们要认识到，仅有创新意识和创新能力还不能算是创新人才，创新人才不仅要具有厚实宽广的综合素养，还要拥有自己的优势领域，并能在优势

领域中不断突破发展的人才是创新人才成长与发展的前提，作为工具的人、模式化的人和被套以种种条条框框的人不可能成为创新人才。创新人才是相对于常规人才而言的，创新人才不是面面俱到的“十全大补”，他具有良好宽厚的综合素养，也同时具备自己独树一帜的优势领域。创新人才的培养需要从小学到初中、高中，直至大学、社会不断接力，是人才本身、家庭、学校和社会共同努力的过程性成果。

我们还要认识到，儿童是天生的学习者，创新不是一小部分学生的兴趣特长，而是每个人都具备的潜能，只是他们表现出来的领域、水平不一样，他们的潜能不一定都能得到有效地激发、科学地培养，所以，创新人才的培养是面向所有学生，不是少数学生，教育的使命是要努力让每一分天赋都闪光。

第二个问题：怎么培养创新人才

美国21世纪技能合作伙伴委员会提出了“21世纪技能”，即在阅读、写作、算术等传统科目学习的基础上，要求学生掌握21世纪所必需的技能，包括学习与创新技能、培养数字素养技能、职业与生活技能等。

小学阶段是基础教育，基础教育就是打好基础。哪些基础是要在小学阶段做好的呢？

（1）品德基础，立德树人。

（2）价值基础，正确健康的价值观是社会人的基本。

（3）学习基础，重在学习方法和学习能力，而不是学习成绩、标准答案。

（4）习惯基础，少习若天成，养成社会人正确的行为规范。

（5）保护学生的好奇心、自信心、探究意识和潜能。

因此，我们要做到三个走出来：从考试中走出来，从死记硬背中走出来，从机械记忆中走出来。我们引领学生走向何方呢？走向各种平台，不断激发学生的兴趣和潜能，不断去探索未知；走向生活实践、自觉实践，在学习和实践的过程中，不断提高自己的综合素养，使之变得宽广厚实；走过幼儿园、小学、初中、高中和大学，走向不断发现自己的优势领域，直到成长为一个创新人才。

碧岭小学是一所原村级小学，这样的老学校如何探索“现代都市国际

化教育”的创新之路？我们结合自身实际，以“生动教育”为着力点，提出“让每个生命都出彩，让每寸天赋都闪光”的理念。关注学生差异，促进学生潜能的开发，最终促进每个学生主动、互动、悦动，成就自己的优秀。具体实现三个维度。第一，学生：动心—有好奇心，动手—有行动力，动情—有亲和力；第二，教师：动心—有事业之心，动手—有执行之力，动情—有厚生之德；第三，学校：通过“生动教育”的课题研究，转变教学理念，创建与推进“生动课程”，办质量优良、兼具传统文化与未来视野的现代城市教育。其第一价值取向是培养“生动的人”，表征为：感恩健康、乐观坚强、好学进取、合作创新。具体谈六点做法。

1. 野蛮其身体

创新人才具备良好的综合素养，其坚忍的心智和健康的身体是必备基础。因此，“让学校成为中国的伊顿公学”是我们的梦想，“生动碧岭，快乐体育”是我们的目标。

学校共设置了多种大项目运动，如足球、篮球、健美操、啦啦操、武术、田径等，还设置了多个小项目，如跳绳、踢毽子、呼啦圈及各种游戏。“体育作业本”是我校的特色作业，学校分年级给学生布置阳光体育家庭作业，家校合作，督促学生养成运动习惯。

校园足球公开课，自编形体教材、校园啦啦操，开展“非物质文化遗产‘咏春拳’进校园的可行性探索”，我们坚信，通过体育培养学生强壮的身体、坚忍的意志、合作包容的心态是最好的途径。

2. 解放其手足

学生拥有极强的好奇心，对一切充满了求知的欲望，这是创造力的一种表现，我们要解放孩子的手足，创新多种类型的实践机会。除了教育家陶行知先生提出的“六大解放”，我们还要解放学生的双手和双脚。学校开展了影视课程、DIY制作、无土种植、3D打印等60多个校本课程，让学生在尝试和体验的过程中提高实践、创造的能力。

3. 丰富其心灵

“生动课程”是生动教育的“过程”。国家课程要“夯实”，校本化；生动课程要“丰富”，社区化，结合校内外社团、“四点半”学校，为学生提供丰富的课程资源；区域课程要“创意”，专题化，开发家校资源、校外购买资源、社区资源，逐步形成具有碧岭特色的课程体系。详见下图所示：

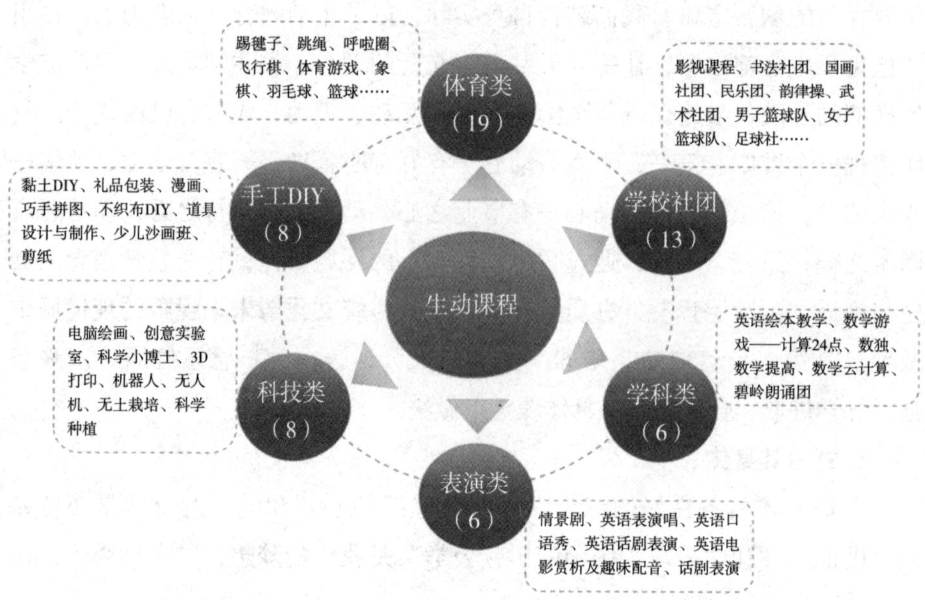

课程体系图

4. 活跃其思维

生动课堂的“DNA”特质转化为课堂教学行为，形成生动教育的特色和风格，“课堂是一种生活，怎样在这段时间里积极地、主动地展示生命活力，是我们的研究重点。”我校制定了《生动课堂观课表》，引导课堂教学实现三个维度的改变：

（1）教师灵动——动念：理念引领；动情：学情导教；动心：精心示范。

（2）学生主动——动脑思考、动口说话、动手操练。

（3）多元互动——师生互动、生生互动、学用互动。

5. 增厚其底蕴

“生动教师”是生动教育的“起点”。把握课程标准，探索国家课程校本化实施的策略，以学习滋养底气，以业绩突显底气，以特色成就才气，发挥教师共同发展愿景的激励作用。

“生动学生”是生动教育的“目标”，以立足学生发展、满足学生需要、丰富学生经历、提升综合素养和竞争能力为目的，为学生准备具有置身其中的、立体开放的、体验性的系列活动，在参与和体验中培养“生动学生”。“碧岭读书娃”阅读推广计划、“中华十德少年”、“耕读园”种植基地、“碧岭小创客”工作坊、“奔跑吧，少年”阳光体育计划……都是深

受学生喜爱的魅力空间。

6. 开阔其眼界

随着坪山教育的投入加大，我校的创客教室、智慧课堂、教学一体机的配备，同频设备配置到每一间教室，APP学习资源的推送，课堂中教与学的方式正在悄然改变，学生的学习正在由被动接收、单一的方式，转变为学习无处不在，转变为以学为先，主动尝试的翻转学习，这种变革与信息技术的发展应用亦步亦趋，如影随形，全媒体时代信息技术的进步推动着教育的改革走向创新。

任何事物都需要辩证来看，“新”是相对“旧”而言的，破旧立新和推陈出新是辩证统一的，我们提倡创新，也要敢于“做旧”，尊重儿童生长的规律，防止急功近利，警惕“贵、慢、费、差”。创新需要冷静和积累，如同经过寒冬的花蕾，只有积累到一定的时间，只有根植于扎实的“土壤”，吸收了足够的日月精华，而后才能在一声春雷、一场春雨之后，呈现出万山红遍的惊艳气象。

融入国际教育理念　构建碧岭顶层设计

——碧岭小学基于国际教育理念的“生动教育”的探索与实践

一、案例背景

坪山元年，闻鸡起舞，新成立的坪山行政区迎来了全新的历史机遇，站在一个前所未有的平台。坪山将在未来5年里，充分利用好各种政策和资源，吸引和聚集优秀的人才，实现跨越式大发展，打造深圳“东北门户”。

碧岭小学毗邻马峦山，与东部华侨城共享一山之资源，与中国农科院袁隆平农业示范基地仅有一路之隔，学校所处的碧岭高新园区成功纳入深圳国家自主创新示范区；附近的华谊兄弟落户，将打造深圳影视文化城，将形成“北有横店，南有坪山”格局，碧岭的未来将是深圳市文化创意产业核心聚集区、全国创意产业创新发展示范区、世界级创意产业交易与服务中心。坪山的“跨越式腾飞”为学校的发展提供了良好的育人环境，这要求学校教育必须与行政区同步，聚焦创新，跨越发展。

如何把握机遇，弯道超车，落实好区委区政府提出的“教育先行、弯道超车”“教育是第一民生工程”的战略构想？碧岭小学通过梳理学校历史，研读政府报告，找准战略目标，将历史传承与跨越发展相结合，我们认为：融入国际教育理念，启动碧岭小学再出发的顶层设计，是学校整体提升、内涵发展、跨越发展的必由之路。

我们面临的第一个思考是：地处城郊接合部的老学校，在读生中民工子弟占了85%以上，如何探索“现代都市国际化教育”的创新之路？虽然相对较偏远，但碧岭小学的师生没有犹豫，迅速捕捉到坪山教育迎来了春天，迎来了历史性时刻的“春天信息”，敢立潮头，敢为人先，勇于探索与实践，在坪山区基础教育改革发展之路上，奏响了提升国际素养的“开山炮”，经过两年的不懈努力，碧岭小学“融入国际教育理念”，开展“生动教育的实践探索与研究”，目前，这个深圳市重大招标课题取得了一定的预期成果。

老子云：“天下难事，必作于易；天下大事，必作于细。”万丈高楼平地起，说一千遍不如实际行动一点，没有生涩难懂的名词解释，没有高深莫测的理论学习，没有艰难堆砌的文案过程，碧岭小学的国际教育探索是伴随着区教科研中心开展的“教育重大改革项目”启航的。我们借助这一重大项目，整体推进学校十三五规划的顶层设计，结合当今教育发展的新要求，本着长期从事基础教育和实践的超前意识和对国际教育发展趋势的关注，提出了“让每个生命都出彩”的办学理念，提出培养具有“民族情怀、公民道德、科学精神、国际视野”的育人目标，以“生动教育的实践探索与研究”课题为抓手，开始行动探究与实践。

基于以上认识，我们以“生动教育”为着力点，提出“让每个生命都出彩，让每寸天赋都闪光”的办学理念。通过课题研究带动“生动课程”的建设，提高学校教师队伍的科研能力和核心团队领导力，团队合作，自主研发、完成学校的生动课程的建设。

二、案例理念

教育国际化已成为现代教育最显著的特征，也是深圳优质教育的追求。国际化的深圳，需要与城市相匹配的国际化教育。早在2013年，深圳就推出了《深圳市推进教育国际化行动计划（2013—2020）》，明确提出要以国际先进城市为标杆，建设教育国际化先锋城市。教育国际化，成为摆在深圳教育战线面前的重大课题。

本案例的设计理念是“让每个生命都出彩，让每寸天赋都闪光”：

（1）生存——回归生活，培养生存能力，强调自然和顺应天赋，遵循以人为本的主体发展原则，使课堂教学充满生活气息。

（2）生长——关注每一位学生的学习状态，促进每一位学生的发展，为每个学生的发展提供机会与平台，体现了对学生的未来关怀，让教学以人的发展为本。

（3）生命——把教学提升到生命层次，使教学过程成为师生的一段生命历程，一种生命体验和感悟，体现了对学生的终极关怀，使课堂教学充满生

命气息。在这样的教学理念指导下，就会使知识变得鲜活起来，使课堂焕发出生命活力，教师的责任不在于教，而在于教学生学。这就是最先进、最根本的国际教育理念。

小学融合国际教育理念的途径应该是开放的、多元的。那么，应当通过哪些渠道融入国际教育理念呢？我们主要围绕两个目标开展，一是提高小学生国际素养，特别是提高英语水平、养成国际礼仪、了解国际文化、拓宽国际视野、增强国际交往能力和理解能力，为学生成长为国际人才奠定基础；二是以课题研究带动学校内涵发展，努力建设内涵丰富、特色鲜明、可持续发展的优质学校。

三、探究过程

基于此目标，我校探索出融合国际教育理念的八项工程：阳光少年工程、生动课堂工程、多元课程工程、绿色校园工程、优师提升工程、家校联合工程、制度建设工程、网络信息工程。通过工程建设，确立与拓展了实践探索的途径，推动课题深入、有效开展。

目前碧岭小学的课程体系清晰，国家课程得到有效落实，校本课程构架主体构成完整：多元课程、特色课程、科普课程、创客课程将成为提升学生综合素养的重要途径。学校开设近60个多元课程，结合各种活动和节日：万圣节、圣诞节、体育节、艺术节、数学科技节等，从学生出发，让生命出彩，让家长、老师对学校有信心。“办孩子们喜欢的巴学园”“让学校成为中国的伊顿公学”是我们的梦想，教育应该是面向未来，培养学生的综合素养，为了学生的未来而教。

1. 加强学科教育和实践活动的渗透

我们在文学和语言、数学与科学、公民与德育、艺术与体育等学科相关领域广泛渗透国际教育理念，并在教育方式上强调体验学习，克服单纯知识教育的倾向，充分发挥了“综合学习实践”的作用。

开展的“生动课堂工程”就是近两年课题研究的聚焦点。在成功的课改基础上，结合坪山区课堂改革要求，学校从国内外比较研究入手，借鉴香港课堂学习研究模式，深入探讨现代技术条件下以学生为主体的课堂文化内涵，构建科学、民主、人文的新型课堂文化，初步构建起了具有鲜明特色的学科、学段课堂教学综合学习模式。

"阳光少年工程"一是"立德为先"，做到六个结合：立德树人与日常行为规范相结合；强化师生国际素养与新课程的情感、态度、价值观教育相结合；弘扬民族传统美德与日常习惯相结合；培养国际交往能力与恪守网络文明相结合；生态环保教育与绿色学校建设相结合；传承家庭伦理美德与和谐社区建设相结合。

"地球村"合格小公民必须身体健美、心理健康、人格健全，尤其要具备宽容坚毅、勤奋乐学、自强不息、追求卓越等优秀心理品质。根据上述特质，"阳光少年工程"的"身心阳光"从三个板块展开，一是通过广播操、体育健康课与每天的1小时体育活动来行动；二是通过心理健康活动来实施；三是通过学校医务室、卫生健康课来操作。

2. 增进国际、区域间的交流与合作

随着中国与世界各国经济、社会交往的日益扩大，长期居住在国内的外国孩子越来越多。我们坚定引进外教资源，促进中西文化的了解，也充分利用这种直接资源，促进学生对不同语言环境、风俗习惯、行为方式、学习方法等方面的相互影响，相互融合，借以提高学生的国际理解能力。

开展的"多元课程工程"在内容上，通过了解、体验等方式使学生感受文化、习俗等方面的差异，促进国际（区域）理解，培养国际（区域）交往意识和视野。

在形式上，一是把学校英语节、英语活动周等活动主题化、常规化；二是积极开展与香港姊妹校的联谊互动，开展校际交流活动，两地学生同上一节课，推进师生的交流。

3. 加强英语、信息技术教育

近年来，英语、信息技术教育已经引起人们的高度重视，国内不少学校开始在这方面做有益探索。英语教育应强调让学生从小接触英语情境，增强会话的体验机会，从而增进对外国文化、生活的感受及了解。信息技术教育应引导学生运用网络广泛获取、分析、处理和运用各种信息，改变学科知识的单一来源，推进"智慧教室建设"。这些改变，有利于学生成为知识受用者和构建者，提高国际性技能和竞争力。

4. 加强校园文化的国际元素

融合国际教育理念对校园文化提出了新课题，也拓宽了学校文化建设的新思路。爱国主义、社会主义核心价值观教育仍是校园文化坚定的主旋律，

但也并不忽视国际视野这个音符的美妙。

校园里凡是有土的地面上，全部栽种花草树木，就连走廊上也有鲜花装点。校园里有树有草，有花有果，鲜花盛开，成了花园；教学楼的墙壁上，处处悬挂上彩色图片：有学生自己的作品，也有中外名人名言，有感恩主题的伦理故事，有传统美德，每一幅画都是一个教育主题；校门口的等候式书吧，给孩子们带来无穷的乐趣和便利；绿草茵茵的足球场，孩子们可以尽兴玩耍和奔跑；高大上的足球训练墙，带给人热情奔放的张力；大厅和操场上的水泥柱（铁柱），都包裹上了防撞条，体现了学校对孩子们无微不至的关怀；新颖新奇的创客室、音乐室、舞蹈室、跆拳道室、书法书画室等功能场馆，都是引领孩子们走向广阔的世界舞台的桥梁。

碧岭校园文化本着“以人为本、环境育人”的理念，为学生的成长带来了绿色环保意识和天赋特长空间，在潜移默化中提升师生国际素养，提供良好的环境优势和陶冶功能。

5. 建设拥有国际教育素质的教师队伍

为建设一支拥有国际教育素质的教师队伍，我校实施的“师资提高工程”就做到了三个对接。一是常规新课程培训与课题培训对接。在校本培训中，加强教师培训和国际教育理念学习。二是实施“青蓝工程”，新老教师对接。从2016年至今，有10余组教师结对子，带动了青年教师快速成长，提高了课堂教学的实效性。三是外籍教师与本校教师对接。引进外籍英语教师和足球教练资源，并向全体教师介绍国外教育理念，向家长介绍国外家庭教育理念，探索教育的有效性。

四、案例结果

通过近两年的行动研究，学校办学水平得到整体提升。

学生综合素质得到了有效提高。学生的各级各类竞赛有1200人次获奖，奖项有：全国青少年五好小公民主题征文活动一等奖；获评广东省优秀课例；小学低年级自主识字，同步读写实验研究课题成果国家级教学成果二等奖；市体育传统项目学校；市英语课本剧评比一等奖；市微课大赛一等奖；市英语教学资源包评比一等奖；健美操省级第二名等。

建设具有国际教育理念的中青年骨干教师队伍，教师在市、区级比赛中获奖256人次，一批优秀教师脱颖而出：特级教师、校长何莹娟被省教育厅聘为广东省名师；三名教师成长为区名师、骨干教师和教坛新秀；区“新教育杯”啦啦操比赛团体一等奖；全国说课比赛分别获一、二等奖；市数学课堂比赛和深圳市综合实践说课比赛均获得市一等奖等。

科研能力增强，教师在区、市、省、国家级刊物发表论文40篇，7个深圳市学生探究小课题顺利结题，其中《小豆芽》课题获评优秀；《生动教育的实践探索与研究》《互联网+游戏化智慧学习的策略研究》为深圳市重点资助科研课题项目；《小学开展生动教育实践》获得区课改实验二等奖；《亲子关系在儿童成长中的作用及促成学校养成教育的影响研究》立项为省级课题等。

学校获深圳市青少年节约用水宣传活动优秀组织奖、区教育先进单位、国家级科研课题“自主识字同步读写”基地示范校等称号。

研究实践证明，融合国际教育理念可以帮助中小学生具备在“地球村”发展合作关系的意识，从而培养他们作为中国人的博大胸怀，作为“地球公民”的宽广视野，作为现代人的深层洞察力，为他们未来在国际舞台上进行交流、合作与竞争奠定基础。我们有信心在已有的研究成果基础上，不断进取，融合国际教育理念，让“生动教育”之花开得更加绚丽。

五、理论支撑

（1）《中国学生发展核心素养》（征求意见稿）和深圳市教育局在《关于进一步提升中小学生综合素养的指导意见》中都明确提出“国际素养”，这要求小学教育必须聚焦培植学生的“国际素养”，培养具有民族情怀、国际视野的未来人才。

（2）《国家中长期教育改革和发展规划纲要（2010—2020年）》，其中有一段话就诠释了“什么是当今世界最先进的教育理念”：把育人为本作为教育工作的根本要求。人力资源是我国经济社会发展的第一资源，教育是开发人力资源的主要途径。以学生为主体，以教师为主导，充分发挥学生的主动性，把促进学生成长成才作为学校一切工作的出发点和落脚点；关心每个学生，促进每个学生主动地、生动活泼地发展；尊重教育规律和学生身心发展规律，为每个学生提供适合的教育，培养造就数以亿计的高素质劳动者、数以千万计的专门人才和一大批拔尖创新人才。21世纪教育的基本理念是“以学生的发展为本，着力培养新一代人的责任感、自主合作学习的能力、

生活能力、科学精神、创新意识和创造能力。”

（3）美国教育家、心理学家霍华德·加德纳在1983年出版的《智力的结构》一书中提出：“智力是在某种社会或文化环境或文化环境的价值标准下，个体用以解决自己遇到的真正的难题或生产及创造出有效产品所需要的能力。”每个人都至少具备语言智力、逻辑数学智力、音乐智力、空间智力、身体运动智力、人际关系智力和内省智力，后来，加德纳又添加了自然智力。这一理论被称为多元智力理论（Multiple Intel Ligences）。这种理论认为，不存在单纯的某种智力和达到目标的唯一方法，每个人都会用自己的方式来发觉各自的大脑资源，这种为达到目的所发挥的各种个人智力是真正的智力，造就了人与人之间的不同。

基于课题的深港校际互动，“三维立体两次实证”提升教师领导力的研训模式探索

——育才三小语文教师专业发展的行动研究报告

从提倡个人主义走向构建专业团队，从以教学为中心走向以学习为中心，教师们的工作除了一线的教育教学实践外，还要参与到课堂之外的真正的学习团队中，还要转向学习中，恰好印证了“三个臭裨匠，顶个诸葛亮”这一至理名言。他们需要提升合作的能力，创建开放、信任、勇于试验、承担风险和提供反馈的学校文化，以便构建高水平的教学模式和教学方法。

这基于一条简单而又朴实的理念：假使为学生提供更好的学习机会能够使我们的学校变得更好的话，那么为教师提供更多变革、发展和共同学习的机会不仅能使学校变得更好，还会使学生和教师变得更好。

一、背景及问题

1. 研究背景

在当前的经济、社会和政治背景下，已经形成了这样一种氛围：公众期待教育改革，从而给学校施加了前所未有的巨大压力，这使得学校在重围之下不断寻求突破和改进，提高学校效能已经成为一种国际浪潮，它将始终驱动学校关注变革的核心力量——教师的专业发展。未来，学校的成功与否很大程度将取决于领导者能否挖掘出教师团队内部的人力资源潜力，能否提升教师团队自身的内涵和价值意识，能否构建一支富有责任感的团队。

教育内部的原因是教师领导力研究兴起的主要因素，具体体现在来自实践方面的需求——改变教师的工作状态和教育领导理论发展的推动。教师不仅仅是教育改革被动的接受者，更应该是教育改革的积极参与者和“教育变

革的缔造者”。除了教育内部的原因外，经济全球化等时代背景因素也是促使学校关注教师领导力的培养的原因。

目前，有一些学校改进的相关研究认为，“教师的合作是促进学校和学生可持续改进的长效策略，只有在教师专业化和实践团队的建设方面进行大力投资，才能提升学校的创造力和灵活性”，因此，目前的教育政策鼓励通过学校之间的相互依存、相互合作来提升学校教育教学水平，明确支持“建立学校间的协作关系”，构建“密切的或松散的联盟”。

2. 研究问题

公众期望在以学校为本的研训过程中改变教师的现状，提升其教学科研能力，共同革新和改进教育教学，并将这一举措视为取得高成就和提高学生学习成绩的杠杆。可这之间显然存在内在的矛盾和张力。

问题1：在深港学校之间“松散式联盟”的情况下，如何建立切实的、深度的合作关系呢？

问题2：我们如何断定并让所有教师也顺理成章地愿意合作，并且具有相应的技巧和能力？

问题3：更为关键的问题是，学校、教师都满腔热忱地参与到合作互动的过程中，但是，组织者必须明确合作的目的是什么，能创造什么，以及最终的教与学的双方能得到什么改进。

问题4：身处其中的教师如何理解、确定自身的工作、角色及参与过程中的职责，这也是一个重大的挑战。因为跨校、跨地区的合作意味着共享、知识转换和相互理解、包容与学习。

以上的系列问题，都是我校开展“基于课题的深港校际互动，‘三维立体两次实证’提升教师领导力的研训模式”的创新与探索的研究方向。

二、价值与意义

1. 理论价值

学界认为，加强学校之间的合作互动，提升教师领导力是有效促进教师专业发展的研究，将具有多方面的价值与意义。具体而言，校际合作有助于更有效地提高教师的专业化水平，有利于通过为优秀教师提供更大的发展空间来提升教师队伍的整体水准和素质，有利于激励教师更加努力地学习从而使学生受益，这样，才能有效提升教师领导力的建设，有利于构建教师专业化和实践团队，从而提升学校的创造力和灵活性。

2. 实践意义

首先，当前教师专业发展研究的前沿领域就是对教师领导力的研究。正如一些学者的研究所指出的，提升教师领导力会突破常规教学活动的框架约束，鼓励教师积极参与到同事和学校内涵发展的过程中，了解学校的宏伟蓝图和办学理念，通过团队和组织活动发挥自己的创造力，激励教师内部彼此学习，相互促进，为教师提供更有激励意义的自我学习和发展空间。

其次，基于课题的校际互动有利于深化新课程教学研究。在新课程改革的全面推动下，学术界围绕有关教学的理念、策略以及影响因素等方面做了广泛的探讨，但是现有的研究大多局限于教学技能的提升、教学技术的改进，忽视了教师之间的团队合作与团队创新。本次研究则着力于专业发展维度、价值维度与合作维度，有利于突破技术化取向的有效教学研究的局限。

当前“优质”与“公平”已成为我国基础教育的基本价值追求，然而如何才能实现教育改革的这两大目标，人们已经从多方面、多角度进行了研究，但是从教师领导力的角度进行的研究比较少。本研究试图从理论与实证两个层面对教师领导力进行比较深入的探讨，尝试寻找一条通过教师专业发展，达成大面积提高基础教育质量的新路子。

三、含义与特征

1. 深港“三维立体两次实证”研训模式解读

三维：深圳南山区育才教育集团、香港中國語文教學專業發展學會和深港两地的教师团队，谓之“三维”。三方共同关注研究的课题，专家引领，教师实践，相辅相成，使校际互动有实效，有深度。

立体：互动的形式多样，分别有主题课堂教学交流、专家讲座、经验分享等；互动的平台多样，有课堂研讨、网络互动、教学反思等。

通过“三维立体式”的研训活动，形成多角度、全方位透视课堂，多维互动的模式。

两次实证：遵循科学求实的原则，我们在进行“基于课题的深港‘三维立体两次实证’校际互动，提升教师领导力的研训模式探索”时，强调了进行课题成果的可延续、可复制性实证研究，在第一轮的研究基础上反思总结，以此推动第二轮深化研究，一是科学务实，谨慎求实；二是螺旋上升，

推动课题深化研究。

2. 教师领导力的一般含义

教师领导力应该包括两个相互联系的侧面：一是教师参与学校事务的影响力，包括教师参与学校管理决策、教学研究、教育评估等多侧面的影响力；二是教师对自身教育教学工作的驾驭能力。

3. 教师的能力素质

教师的能力素质可分为四个相互独立的方面。第一个方面指教师的转化能力，即将学校变革的理念转化到自身的课堂教学实践的能力。第二个方面是关注教师的“参与能力”。教师具有主人翁精神，通过特定的活动将教师团队凝成一个整体，培养合作的工作方式。第三是善于批判反思，做学校的“窗口”。在众多资源和专业知识的情况下，具有批判、分析能力，进行批判性吸收，去其糟粕，取其精华。第四，通过交互式学习，构建教师之间的“密切关系”。

当然，教师的能力素质还有另外一些方面，譬如承担行动研究、进行课堂观察、促进学校文化建设等。

四、时间与原则

（一）起止时间

（1）2008年7月至2009年5月，初步探索第一周期：“变易理论与学生个别差异”课题。

（2）2009年6月至2010年5月，再次论证第二周期：“学习效能与高段习作教学”课题。

（二）研究原则

1. 课题为落脚点

以课题为切入口，推动以“研究—实践—反思”为主线的实证研究，引发深港两地课堂教学及教学研究的实质性共鸣，推进深度互动和思考。

2. 课堂为主阵地

坚持“教学和研究一体化”，避免“两张皮”的脱节现象。

3. 学生为第一位

研究的目的就是更好地促进学生的发展和成长，这也是衡量课题效能的试金石。

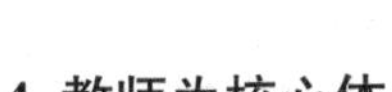

4. 教师为核心体

教师应该是研究过程中的引领者，也是研究的体验职业成就感的受惠者，要让教师的职业生涯焕发生命意义。

5. 学校为发展体

学校是教师、学生成长的孵化器，也是课题、课堂研究的推进器，而教师、学生的成长，课题、课堂的成果将拓宽学校成长的空间。

五、过程与方法

育才教育集团与香港有关教育部门、香港中國語文教學專業發展學會联手探索教师专业发展的途径，为教师专业发展构建平台，课题花落三小。

2008年7月至2009年5月，初步探索第一周期："变易理论与学生个别差异"课题。

2008年7月，我校教科研主任陈绪贤作为南山区科研型教师，前往香港学习，并与香港教育学院合作，利用变易理论，共同开展"照顾学生个别差异""怎样与个性学生沟通"的课题研究，借鉴香港的教学科研理念和方法，改革教育教学结构，致力于探索适合我校实际的教学模式。

详见《照顾学生个别差异》《怎样与个性学生沟通》课题报告。

通过一段时间的课题行动研究，我们也发现一些亟待解决的问题，课题组也提出四个方面的思考：

（1）课题研究目标，有待教师明晰。

（2）校际合作形式，有待深度具体。

（3）教学策略研究，有待借鉴创新。

（4）教学实践过程，有待教师生成。

2009年6月至2010年5月，再次论证第二周期："学习效能与高段习作教学"课题。在前一轮研究的基础上，我们再次与香港学校合作，进行第二轮研究，既促进了深港校际互动，促进了教师的深度合作，又论证了第一轮的经验成果。

1. 课题研究前期准备

（1）前期工作

① 2008年6月12日，在育才教育集团的组织下，我校课题负责人何莹娟老师前往香港聆听农官小的"利用评估提升小学中文学科学习效能行动研

究”的结题经验介绍。

② 2008年8月22日，何莹娟老师和周娟老师一同前往香港参加佛教陈荣根学校“利用评估提升小学中文学科学习效能行动研究”的开题讲座。

③ 2008年10月17日，育才论坛举行香港中国语文教育专业发展学会及香港农官圃小学专家、教师讲座。

（2）思索讨论

在香港学习和听取专家讲座以后，课题组成员进一步查阅并学习了有关资料，然后就以下两个问题展开思考和讨论：

① 结合我校实际，如何开展好“利用评估提升小学中文学科学习效能行动研究”，使课题能最大限度地融合，相得益彰？

② 从哪个方面入手进行“利用评估提升小学中文学科学习效能行动研究”？

通过集体备课讨论，确定以“利用评估提升高年级学生审题选材能力”作为此次校际合作进行课题研究的切入口，原因有二：一是基于培养六年级学生习作能力的教学难点，二是基于课题组全体成员的前期研究经验和教学成果。

（二）课题研究前测

确定课题以后，我们迅速进行了一个简单的前测问卷，通过分析问卷了解学生在习作方面的潜在问题。具体如下。

1. 前测问卷

六年级作文调查问卷（前测）

被调查者班级：________ 姓名：________

（1）你喜欢写作吗？（ ）

A. 喜欢　　B. 有一点喜欢

C. 无所谓　　D. 不喜欢

原因：______________________________

____

（2）你会审题吗？（ ）

A. 会　　B. 不会

C. 会一点

（3）你会选材吗？（　　）

A. 会　　B. 不会

C.会一点

（4）老师的批改你会看吗？对你的习作有帮助吗？

A. 会看，有帮助　　B. 偶尔看，帮助不大

C. 不会看，没帮助

2. 前测分析

分析表

选项（人数）/题号	A	B	C	D
（1）	69人	13人	45人	47人
（2）	116人	0人	44人	—
（3）	80人	6人	80人	—
（4）	85人	19人	60人	—

六年级学生184人，参加测试的学生174人，10名学生因感冒隔离未参加测试，问卷分析结论如下：

（1）超过半数的学生畏惧习作，存在审题选材困难。

（2）认为教师的评改对提高其习作水平作用不大。

3. 初定教学策略

（1）利用单元教学形式，有针对性地组织课文，将有内在联系的课内外美文组合起来，拓宽学生视野，争取厚积薄发。

（2）画树图，变任意作文为胸有成竹；列提纲，培养审题选材能力；打好“腹稿”，有效习作。

（三）教学实践

1. 万圣节巡游活动

2008年10月23日，学校举行了有趣的万圣节巡游活动，以此为契机，我们引导学生第一次尝试画树图，发现并选取有价值的习作素材。虽然是第一次接触树图，而且树图只是改变了一下原有的列提纲的方式，可学生却乐于接受，易于理解运用。见下图：

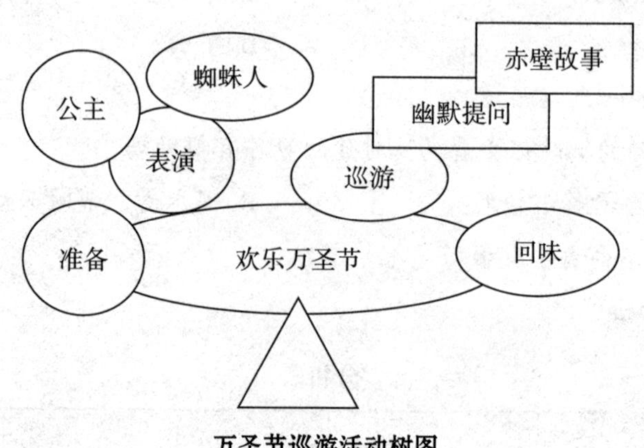

万圣节巡游活动树图

2. 六年级上册第五单元习作——如何写建议书

建议书比较难写，学生也难于理清思路，找到素材。这一次，我们在画树图的基础上，加强了小组内的讨论、合作，头脑风暴式的思维碰撞让学生活跃起来，并且迅速确定好习作内容。见下图：

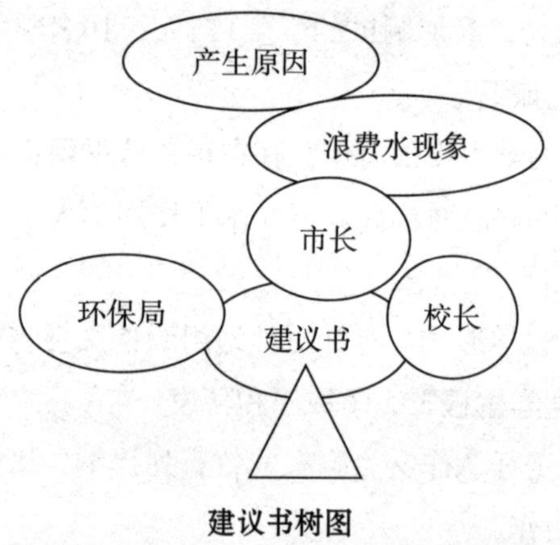

建议书树图

3. 六年级上册第四单元习作——《如何写活人物》

2008年11月23日的集团开放周进行教学展示时，何莹娟老师尝试运用有关教学策略执教习作课《如何写活人物》，进一步明晰教学流程，利用树图培养学生审题选材能力的教学策略得到实践应用，教学模式初见雏形。在教学过程中，围绕“如何写活人物”这个主题，整合了教材资源《少年闰土》《我的伯父鲁迅先生》《一面》和课外资源，如作家魏巍的《我的老师》、刘绍棠先生的《师恩难忘》，以及学生习作《新来的王老师》等。

课堂教学中，树图作为习作提纲的新面貌得到与会领导、教师的广泛好评，更得到了学生们的认同，效果良好。树图作文教学模式如下：

（1）范文入手整体定位，树图提纲胸有成竹。

（2）小组、年级欣赏借鉴，师生点评重点引导。

下为《少年闰土》树图：

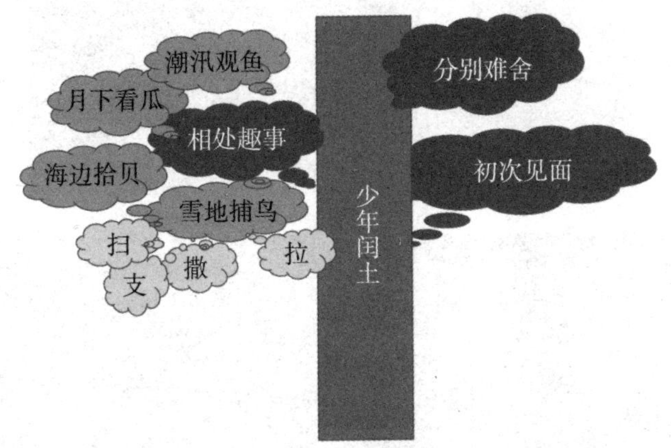

《少年闰土》树图

4. 将树图渗透到说明文《客家民居》之中的教学探讨

2008年12月23日，香港一行专家、教师18人来我校听课，开展有关课题的交流，并要求观摩说明文的教学。

与香港专家、教师开展课题交流活动

课题组教师以渗透树图的教法执教了《客家民居》，指导学生理解课文，学习构思习作，培养打好腹稿的能力，课题研究得到完善、发展。

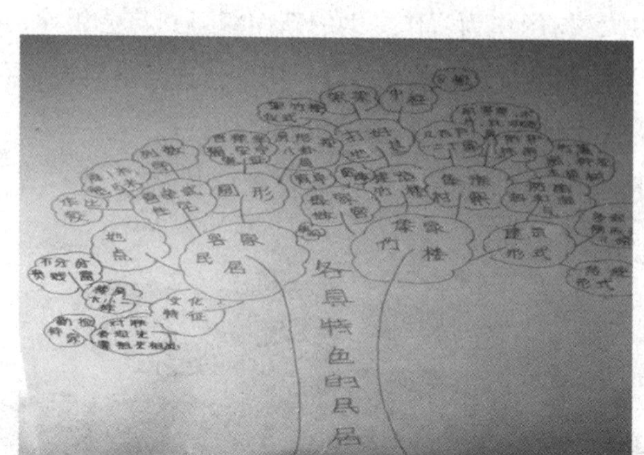

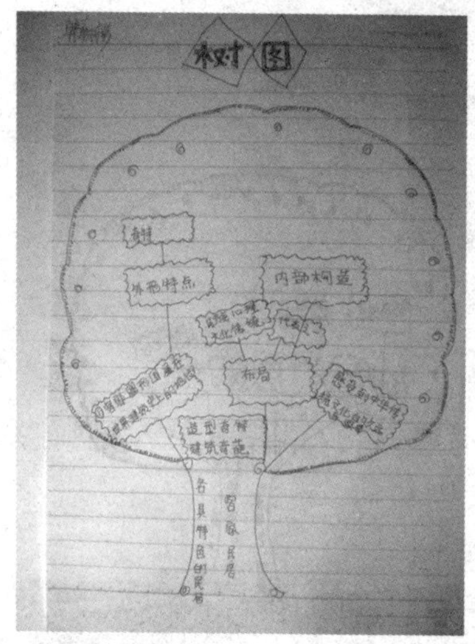

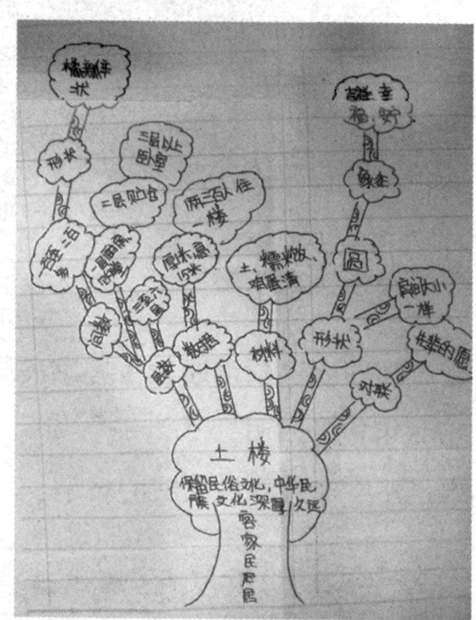

学生作品《客家民居》树图

5. 说明文习作教学探讨

2008年12月23日，香港一行还要求观摩说明文的习作教学。课题组教师执教了说明文习作教学《介绍我们的校园》。

（1）运用树图指导习作课堂教学观摩。

（2）课题实践更进一步丰富、提升，学生广泛接受。

香港专家评价："内地的教学有着得天独厚的基础，教学效果好，让我们看到了香港孩子目前达不到的一个高度，课题研究进展神速。"

6. 基于课题的习作评价改革

在前测中发现教师"一厢情愿"的习作点评，对学生的效用不大。课题组针对这一情况进行思考讨论，借鉴了传统经验，确定了“生生互评—师生评价—习作欣赏”的评价流程，最大限度地发挥了学生的自主性，让他们参与批改，在评点欣赏的过程中提高习作鉴赏能力。

（1）指导学生互评四部曲：一读明大意，二读改字词，三读评长短，四读写感受。

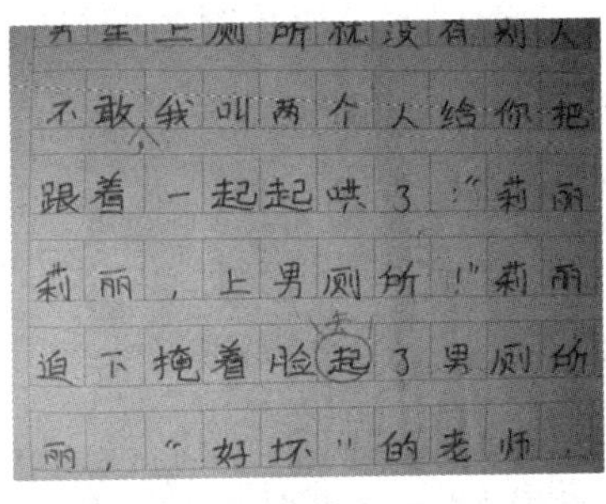

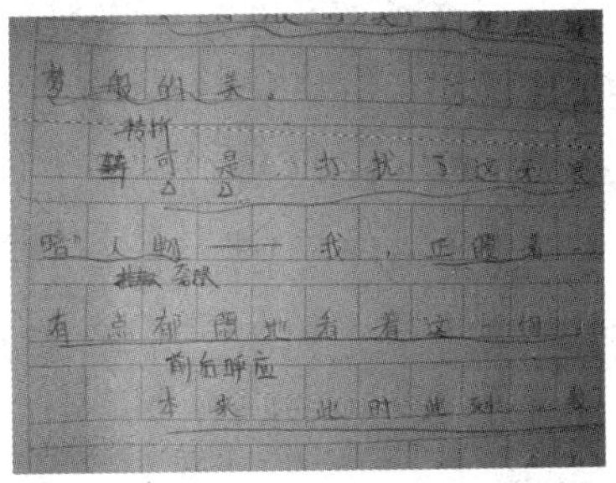

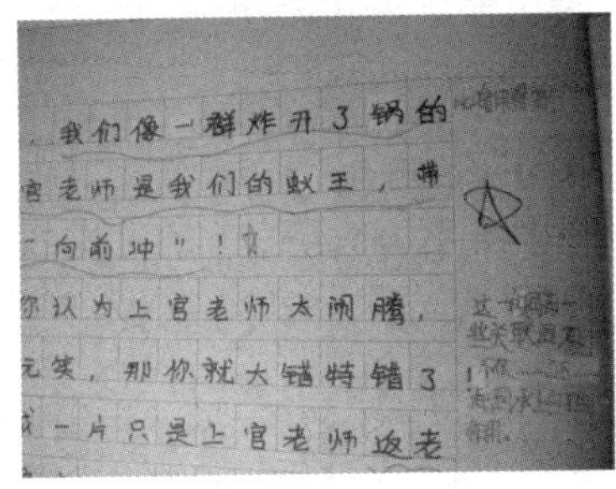

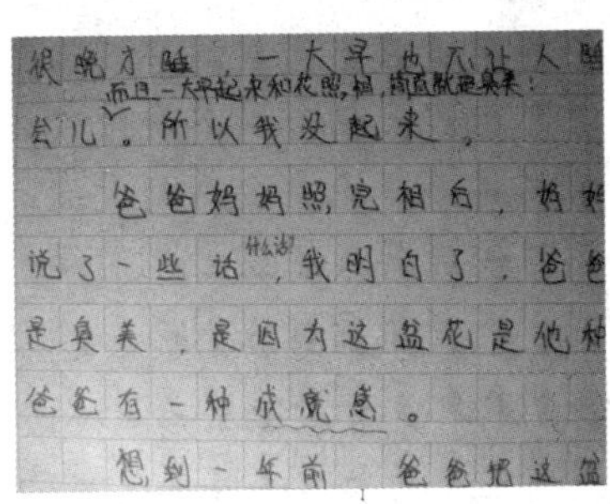

指导学生作品图

（2）师生互评各抒己见。“师不必贤于弟子，弟子不必不如师”，学生不唯教师是命，敢于发表自己的见解，敢于跟教师较较真，唱点不同的调，培养了学生“不做应声虫”的独立性。

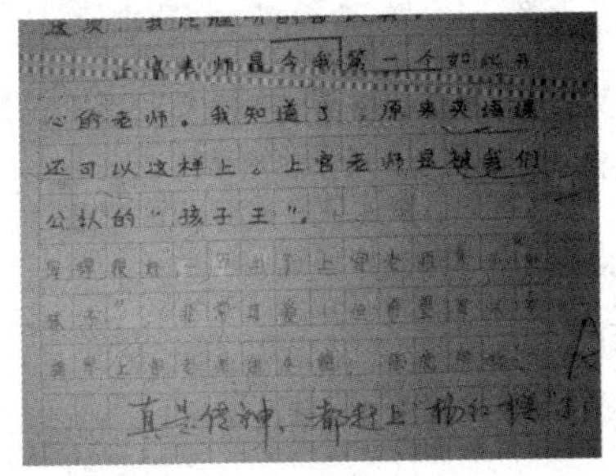

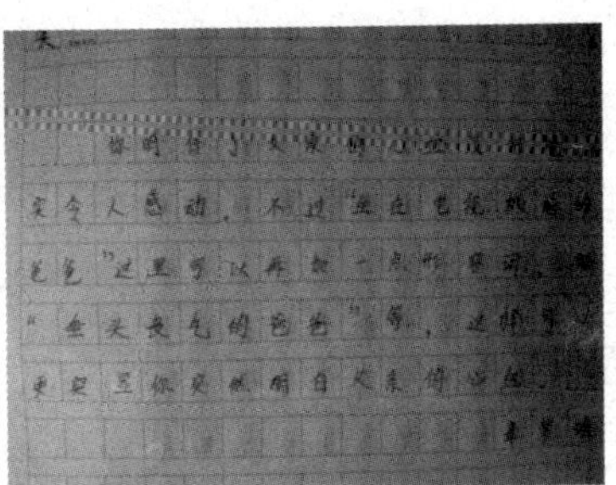

师生互评图

（四）讨论与反思

课题组成员的感想：

（1）王老师：在作文教学中最老套、最常见的习作教学模式一般都是教师呈现此次习作的题目及要求，略加讲解，学生就埋头写作，到时上交习作。批改的时候，学生大话、空话、套话连篇，甚至就将自己平时看到的习作直接套搬，难得有上乘之作。另外加上考试时为了拿高分，教师传授的所谓的技巧，让学生在写作时处处留下模仿的影子。面对学生怕写习作的心理和作文教学效率不高的现状，面对新形势下的课改，应正视当前写作教学中存在的弊端，积极寻求习作教学模式的出路。

2008年12月23日，应香港课题研究的需要，我上了一节习作课——说明文习作训练《介绍我们的校园》。课后，我认为课堂上最大的亮点是学生们画的树图。树图是我们组老师集体智慧的结晶。树图的诞生源于我们学校的万圣节大巡游活动。我们发现学生平时描写事物无顺序。一位学生在介绍自己的家乡时，写出了这样一段话："走进果园就会看到很多水果，走出果园就是我家的厨房。那里还有广播电视塔，也是一个很好玩的地方。只要你过那条小河，就有很多好玩的东西了。"这里写到了自己的家、果园、电视塔、小河，可这几样景物分别在哪个方位，它们之间的位置是怎样的一种关系，叫人看了很不清楚，主要问题是这名学生没按一定的顺序来写。为了让学生写作有序，我们组决定采用画图的形式呈现写作顺序，于是树图在万圣节大巡游活动的契机下从我们的手中诞生了。在这次的交流课上，学生就以树图的形式呈现了自己的写作思路。在写作时，由于有树图的引导，学生写出来的作文条理清晰，思路流畅。树图的运用一改过去刻板的列提纲形式，大大激发了学生的创作欲望，从他们的眼睛里看到的不再是对写作的恐惧，而是对写作充满了热情。

我们的研究激发了学生写作的热情，同时对教师也提出了更高的要求，要求教师具备各类写作方面的系统知识，还要根据学生课堂上生成性的问题，进行有效的具体指导。我感觉在这一方面我的指导性做得还不够，为了让学生的写作更有起色，还要不断加强自身的理论知识方面的学习。

尽管我们的研究才刚刚起步，但我认为课题研究既继承了传统作文教学，又解决了传统作文教学中的一些问题，它与传统课堂教学之间是批判与继承的关系。第一，继承了传统课堂教学中的教师的主导性，也重视了其"教"的功能；第二，充分激发了学生学习的兴趣，使学生变被动学为主动学、乐意学；第三，重视了课堂教学过程中生成性问题的解决；第四，让教

师更了解学情，促使教师的问题应对水平和应对能力的逐步提高。

（2）陈老师：《客家民居》是说明性的文章，借助树图了解说明文的层次，是最有效的方法。如何体现教师的指导性呢？这是教师上课的一个难点。我是这样解决这个教学难点的。一是指导理顺层次的方法。采用先读，再从文中找出中心句、重点词，逐句了解文章介绍了什么，然后归类。二是指导分类画图，一个属性一个颜色，这样层次分明。

《客家民居》出现在语文教学课堂中，而不是自然科学课堂，也就是说除了能借助树图了解课文框架结构，还得要有语文味。如何做到语文特色呢？在我的设计上，最显眼的就是树图增添的说明方法的领会，通过朗读体会文中的好词好句。再就是反复琢磨教材，抓取文中所蕴含的民族文化思想。于是在我的课堂里，就有了“客家民居建筑对外”与“民俗文化对内”的对比理解。

再次，学生是主体，通过分工合作完成树图、汇报所学，正是体现学生自主的主体活动。就这样，从形式到内容，创造一种比较自然、比较理性的语文课堂。

问题提出后，得到了香港专家和同仁的积极回应，专家们高度赞扬了课题组务实主动的科研精神，张博士说：“香港有三所学校和三小同时开展课题研究，但是据我所知，目前可能还在计划阶段，可三小的研究却已经有了明晰的教学模式和策略，还取得了难得的一手资料，相比之下，你们好比110米跨栏的飞人刘翔了！”这也是专家对课题阶段成果最好的肯定。

六、成果与影响

两年来，通过“基于课题的深港校际互动”我们在“三维立体两次实证”研训模式的探索过程中受益匪浅，师生在原有基础上又得到长足发展，取得了可喜的成绩。

1. 催生名师效应大

在研究的过程中促进“名师”保先、成长，产生很好的辐射作用。

广东省名师工作室主持人：2009年，特级教师何莹娟经过层层考核、面试被确定为“省中小学教师工作室”主持人，我区仅5人获此殊荣，何老师的多篇作文教学论文发表于《小学语文教学通讯》，收录于《名师这样观察课堂》《小学语文名师作文教学实录》，应“中国高等教育专业委员会”的邀

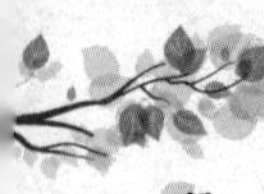

请上观摩课。

区语文学科带头人：张文兴老师在区示范课辐射作用大，影响良好。

省、市、区优秀教师：省优秀教师何艳红老师为甘肃省平凉市崆峒区二天门小学上作文课示范课，获集团课题论文评比特等奖。

名班主任：郎丰颖多次为深圳市南山区学校的家长和教师培训讲座，她的讲座生动精彩，笑声不断，富有启发性。

2. 优秀团队荣誉多

语文教研组于2009年顺利通过区、市级“优秀教研组”评审；2009年4月获南山区“板书·表达·书写比赛”团体一等奖（第二名）。教研组成员中2008年12月有1人被评为全国百名优秀班主任，所带中队连续被评为区/全国优秀中队，多次被评为区优秀辅导员、优秀班主任、课改积极分子；深圳市名班主任1人，南山区学科带头人1人，区青年骨干教师2人，区名班主任1人，区教师基本功比赛获奖8人次；另外还荣获实验先进个人、巾帼建功标兵、优秀青年岗位能手等各级各类荣誉50余次。

3. 培育学生硕果多

2009年4月获南山区小学语文课本剧表演特等奖；2009年5月获得南山区演讲一等奖；2008年10月尚小淇同学再获区一等奖，市三等奖；2008年12月，在全国小学生语文读写能力大赛中3人获一等奖；2009年12月全国小学生语文读写能力大赛一等奖5人。2008—2009学年，学生参加国家、省、市和区级比赛获个人奖项共768人次。

4. 参加比赛头奖多

学校教师代表南山区参加市级各类教学比赛，屡次夺魁。近年来，先后获得广东省优秀论文评比一等奖（市一等奖）；语文说课比赛一等奖；市中小学优质心理课大赛小学组一等奖（区一等奖）；市语文综合实践说课比赛一等奖（区一等奖）。2008年5月获深圳市一等奖/华南赛区二等奖，同时被评为“优秀课例”；2009年青年教师赵春晖参加国家级课堂教学比赛获得教案设计一等奖、教学二等奖第一名。

在南山区的教学比赛活动中，表现突出。除了上述比赛获奖以外，还有不少收获，如2009年3月南山区说课比赛一等奖；2009年4月南山区“板书·表达·书写比赛”一等奖等。据统计，学校教师共获区、市、省、国家级比赛一等奖40多次，二等奖及其他奖项若干。

5. 论文发表获奖多

学校教师赴美国考察学习，著有《在美国边走边看》；儿童故事书籍《龙仔与大耳怪》堪称三小版的“马小跳”；2008年，《一份薄礼》发表于华东师大出版社的畅销书“大夏书系”《小学语文名师作文课堂实录》；《小学阅读教学反馈的问题及改进策略》发表于人民教育出版社的《思考探究创新》，后由华东师范大学出版社的《小学语文新教育新视野》再次收录；2008年《缕缕春风来，次第桃花开》发表于《南山区特级教师教育思想研究》；我校教师在《小学语文教学通讯》《新课程》等国家级核心期刊发表论文20余篇。获全国、省、市等论文一等奖20余次，另有二等奖及其他奖若干。

6. 外出讲课好评多

2009年3月，在甘肃省平凉市崆峒区二天门小学送教作文课《学会审题》，效果佳；2008年南山区语文教研活动的示范课《美丽的小兴安岭》，一举成功；为河南省语文教育学会第八届年会执教《一个中国孩子的呼声》，与会1700多人，获好评；为海南省“作文教学观摩”执教《一份薄礼》，与会1800多人，效果好；为南山区“新课程语文教师教材培训”做专题讲座两场，受到教研室和听课教师的好评；2009年5月举行约300名家长参加的家校培训会，题为《如何养成良好的学习习惯》的讲座效果好；2008年南山区首届班主任经验交流会，题为《烦心事我有妙招》的讲座受到全区优秀班主任的好评；2009年7月，应“中国高等教育专业委员会”的邀请为来自全国的教师上观摩课。不完全统计，我组教师参加各类讲座、讲课等有30余次。

7. 承担课题成长多

全组教师充分认识到：语文之道贵在教学科研先行，贵在切磋交流、资源共享，在日常教学活动中积极探索与实践。

语文教研组围绕省级课题“国际理解教育”，确定子课题，如“语文教学如何渗透国际理解教育”等，开展一系列教学研究活动；与香港同行合作开展“变易理论”“利用评估提升学习效能”等课题研究；努力做好集团研究部组织的“小课题”研究，做到了人人有课题，个个都参与，如“教师怎样与文本对话”“如何与个性学生沟通”等小课题。

8. 校本教材实用多

重视校本教材的开发，编写《国际理解教育少儿系列读本》，做到学生

人手一套，并认真利用读本，组织学生进行经典诵读活动，效果佳；教师著写的儿童故事书籍《龙仔与大耳怪》深受学生喜爱；编写了“小学开展国际理解教育研究”教师文集《视野·行动》《站在国旗下》等系列丛书，起到很好的总结引领作用。

开展了丰富多彩的校园文化活动，如经典诗文诵读、现代诗文诵读、“静听书声”语文综合性学习、“言为心声”口语交际竞赛活动，丰富校园生活，开阔了师生眼界，提高了学生国际理解能力。

他山之石，可以攻玉。教师们外出考察学习，勤于思考发现，借鉴融合。2007年美国考察学习回来后，著有《在美国边走边看》。

9. 求真务实辐射宽

两年来，由于我校领导的高度重视，积极推进探索，卓有成效地提升教师领导力，也引起了香港同仁、集团、媒体及兄弟学校的关注，在教师专业发展领域里产生了较好的引领、辐射作用。

（1）讲座分享。2009年3月20日，香港中國語文教學專業發展學會、会长高慕莲博士（香港中文大学）邀请我校课题负责人何莹娟老师前往九龙塘教育中心交流课题经验。

（2）报道宣传。2009年12月29日，《蛇口消息报》头版头条的报道《“深港互相听课就像走亲戚”》，为基于课题的深港校际互动叫好称妙。

蛇口消息报

2009年12月29 星期二

农历己丑年十一月十四

今日16版 总第1999期 周一至周五出版

“深港互相听课就像走亲戚”

育才三小与香港课堂教学交流频繁

《“深港互相听课就像走亲戚”》报道

2009年12月在育才教育集团《课改通讯》发表课题经验《“利用评估提升小学中文学科学习效能”习得》。

（3）网络影响。香港城市教育网站做了大力宣传，在“香港中國語文教學專業發展學會”的网页上发表了大量关于“基于课题的深港校际互动”“三维立体两次实证”的研训模式的信息，以及教师们的体会、反思，并专门为我校开辟了城市户口，随时可以登录，进行网上交流，发表我校教师群体的教学感言。我们相信，随着时间的推移，这种交流方式将会更加密切，引领深港学校、教师之间的互动、研究。

（4）周边复制。“育才论坛：利用评估提升学习效能”在我校进行，香港中文大学、教育学院及小学校长、教师一行18人前来讲学论道，当时兄弟学校以及南山区部分小学也派人前来观摩。我校经过了两轮研究，摸索出一条可行路子，起到了很好地引领作用。现在，我校的兄弟学校的也纷纷与香港学校合作。

我们觉得，开展“基于课题的深港校际互动，‘三维立体两次实证’提升教师领导力的研训模式”让我校校本研训路子多了，视野宽了，我们在这个过程中不仅收获了学生全面发展，收获了教师专业发展，有效地提高了教师领导力，提升了学校整体实力，而且总结出一条可行的校本研训通道，为南山区教师专业发展做出了一次有意义的探索。

十年辛劳名师路　满园桃李笑春风

——广东省何莹娟名师工作室报告

时光荏苒，日月如梭，自2009年至今，从首批名师工作室主持人到2018年的第三批名师工作室主持人，培训了十三批次来自广东省各市县，以及省外的132名省级骨干学员，转眼间担任名师工作室主持人已经10年整。

作为工作室主持人，我认真负责，乐于奉献，有工作热情和工作责任感，严格履行自己的职责，使得自己和骨干教师共同成长，工作室的魅力得以彰显，如同满池荷花，香远益清；学员们青出于蓝，甚至已胜于蓝，足慰我怀。

一、真诚务实，全力创建

1. 实实在在，争取各方资源，努力做好工作室的基础建设

在从教的经历中，能遇上及时的好雨，是教师成长的幸福。感谢省、市、区各级领导的关心和市区教育主管部门的大力支持。配套资金到位及时，学校资助给力。从2009年到2015年，工作室从南山到坪山，历经两区三届，两区的教育局都根据省文件规定，配套经费及时到位；在《课改通讯》、《蛇口消息报》、坪山电视台、《侨报》、《特区报》等媒体上大力宣传；积极支持工作室建设，将工作室的岗位职责纳入教学管理，并在省划拨的经费之外，区里又投入配套经费，配备了最好的计算机、手提电脑、打印机、办公桌椅、书柜、资料柜、空调等一应俱全，由专人督促工作室的建设进程和办公物品的购置，将工作室管理、制度建设、培养计划等纳入学校工作计划，确保跟岗工作更加顺利高效。

如下图，现在工作室有独立办公室，办公物件齐全，配置了专业书籍资

料，配备了信息化设备和系统，功能先进，制度落实，舒适温馨，建立了工作室博客，为学员圆满完成培训任务提供了优质服务，得到了负责培训项目高校、骨干教师的高度肯定与好评。学员在《工作室素描》中这样描述：

工作室环境图

来到我们的跟岗基地——广东省何莹娟名师工作室，很喜欢里面的摆设，温馨而有家的感觉：洁净大方的桌子、崭新迅捷的电脑，素雅温馨的沙发、洗手盆，方便清洁的饮水设备等，还有那别致的“风水轮”——潺潺的流水声隐隐约约传入耳畔，给这个工作室带来了生机。

2. 领导支持，工作室建设顺利成功

我经历了两次工作室的挂牌仪式，至今都让我感动不已，难以忘怀。第一次是在2010年10月，南山区教育局为我们六个工作室举行了一场“集体婚礼”——联合揭牌，参加授牌仪式的嘉宾及人员有深圳市教科院副院长，南山区教育局局长、副局长，广东第二师范学院培训处处长、副主任，南山区教育科学研究中心主任、教研室主任，教师工作室主持人所在学校校长，南山区优秀教师代表，阵容强大，济济一堂。

2015年9月，我来到坪山工作，成为马峦山下农家读书人的“领头羊”、东进的“马前卒”，而碧岭也成了我认识世界，发现自我的新起点。2018年3月，我成为第三批名师工作室主持人。11月6日，坪山区教育局举行隆重的揭牌仪式，区政协副主席、教育局局长彭尧女士，区委组织部人才科科长张秋来先生，以及华南师范大学基础教育培训与研究院副院长黄道鸣先生等专家学者和领导参加了揭牌仪式，挂牌仪式简约而隆重，气氛热烈，工作室各项培训工作开始全面启动。

广东省首届“教师工作室”挂牌仪式

2018年11月名师工作室揭牌仪式合影

二、任务具体，安排到位

十年辛苦不寻常，带着领导的关心、同仁的支持，我不忘初心，满怀热情地投入工作室的每一项任务、每一次活动中：组织省级骨干教师培训对象的跟岗学习，参加“南粤名师大讲堂”，在理论学习、跟岗学习、岗位实践和课题结题这四个阶段中，切实履行主持人的职责，用努力赢得了学员的成绩，也赢得了领导、导师和专家的肯定、赞赏。

1. 参与培训工作，一个课题、一场讲座为学员导航

根据广东省教育厅的委托课题“教师领导力与有效教学研究”，我确定了工作室的子课题“小学作文‘LOVE’教学模式研究”。课题得到导师谭海生教授的悉心指导，也得到了我的老师、教育部基础教育课程发展中心特聘研究员蒋敦杰先生和上海教科院课程中心主任杨四耕先生的指点。

课题在广东第二师范学院顺利开题，不仅得到与会的专家和来自全省的语文省级骨干教师的一致肯定与好评，也为后续的骨干教师的跟岗和课题研究打下了坚实的基础。在广东教育学院中文系的具体安排下，我为正在参加培训的省级语文骨干教师做了题为《如何做好课题研究》的专题讲座。我结合自身实践，深入浅出，和教师们分享做好课题的经验，很多教师当场就确定了很好的题目，激动不已；也有的教师在后来的课题研究甚至是其他教学比赛、朗诵活动中和我保持密切联系，得到我的指点。这种亦师亦友的交互式成长经历让我在分享合作中成长，也让我感到幸福。

与谭海生教授合作指导学员课题

2. 承担主持工作，一次“取经”、一次跟岗促学员成长

（1）沪杭之行，未雨绸缪“东行取经”

参加广东第二师范学院组织的名师工作室主持人赴浙江、上海学习取经。

学习杭州汪潮教授、赵群筠、虞大明等老师的工作室经验，他们对教师跟岗培训的准确设计与务实课程，是成功的一半。例如，要求学员每天写跟岗日记，学员之间磨课等等，为我提供了明确的指引；上海的专家则从一个全新的理论角度为我们上了一课，听取了这些师资培训专家的理论及指导，受益匪浅，特别是专家给我列出了系列书目，建议我让学员阅读，拓宽视野，指导具体翔实。

广东省名师工作室主持人赴浙江、上海学习

（2）把酒东篱，勤奋踏实沁彻金秋

①实实在在的凝聚力，形成和谐团队

制订详细的工作室管理制度和工作计划（3年规划和年度计划），工作室井然有序，教师们非常满意，学习安心、专心，积极性高涨；班委工作分工明确，团队迅速凝聚形成。培训结束后进行了年度工作总结。

学员评价：从一日三餐到办公环境，从教学设备到工作笔记，大大小小的事情都是无微不至。我们找到了家的感觉，似乎我们不是来跟岗学习，而是在享受一份周到的服务。在没有太多行政推动的情况下，完全靠个人魅力和人文关怀来做这样的事情，我们不得不被师傅的品行所折服。这二十天来，我们享受的这种人文关怀犹如一道老火靓汤，让人温暖舒服。

②实实在在的目标，定位培训方向

要求明确，制度上墙。要求不折不扣完成学业，培训有近期要求，也有3年的规划。采用“导师引领水涨船高，专家指导高屋建瓴，团队协作互助双赢”的研修目标，明确的定位决定了后续的行动目标，也给学员教师们一个明确的奋斗高度，确保了培训的有效性。

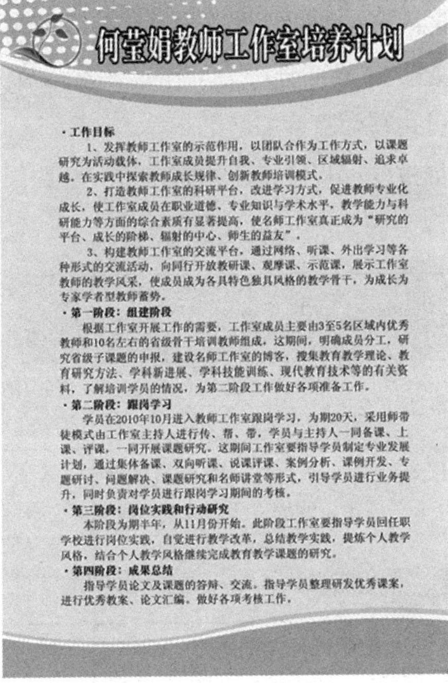

何莹娟教师工作室培养计划

·工作目标

1、发挥教师工作室的示范作用，以团队合作为工作方式，以课题研究为活动载体，工作室成员提升自我、专业引领、区域辐射、追求卓越。在实践中探索教师成长规律、创新教师培训模式。

2、打造教师工作室的科研平台，改进学习方式，促进教师专业化成长，使工作室成员在职业道德、专业知识与学术水平、教学能力与科研能力等方面的综合素质有显著提高，使名师工作室真正成为"研究的平台、成长的阶梯、辐射的中心、师生的益友"。

3、构建教师工作室的交流平台，通过网络、听课、外出学习等各种形式的交流活动，向同行开放教研课、观摩课、示范课，展示工作室教师的教学风采，使成员成为各具特色独具风格的教学骨干，为成长为专家学者型教师蓄势。

·第一阶段：组建阶段

根据工作室开展工作的需要，工作室成员主要由3至5名区域内优秀教师和10名左右的省级骨干培训教师组成，这期间，明确成员分工，研究省级子课题的申报，建设名师工作室的博客，搜集教育教学理论、教育研究方法、学科新进展、学科技能训练、现代教育技术等的有关资料，了解培训学员的情况，为第二阶段工作做好各项准备工作。

·第二阶段：跟岗学习

学员在2010年10月进入教师工作室跟岗学习，为期20天，采用师带徒模式由工作室主持人进行传、帮、带，学员与主持人一同备课、上课、评课，一同开展课题研究。这期间工作室要指导学员制定专业发展计划，通过集体备课、双向听课、说课评课、案例分析、课例开发、专题研讨、问题解决、课题研究和名师讲堂等形式，引导学员进行业务提升，同时负责对学员进行跟岗学习期间的考核。

·第三阶段：岗位实践和行动研究

本阶段为期半年，从11月份开始。此阶段工作室要指导学员回任职学校进行岗位实践，自觉进行教学改革，总结教学实践，提炼个人教学风格，结合个人教学风格继续完成教育教学课题的研究。

·第四阶段：成果总结

指导学员论文及课题的答辩、交流。指导学员整理研发优秀课案，进行优秀教案、论文汇编。做好各项考核工作。

教师工作室培养计划

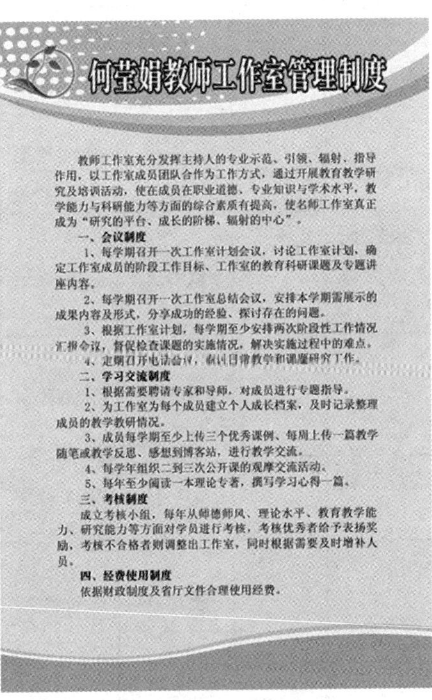

何莹娟教师工作室管理制度

教师工作室充分发挥主持人的专业示范、引领、辐射、指导作用，以工作室成员团队合作为工作方式，通过开展教育教学研究及培训活动，使在成员在职业道德、专业知识与学术水平，教学能力与科研能力等方面的综合素质有提高，使名师工作室真正成为"研究的平台、成长的阶梯、辐射的中心"。

一、会议制度

1、每学期召开一次工作室计划会议，讨论工作室计划，确定工作室成员的阶段工作目标、工作室的教育科研课题及专题讲座内容。

2、每学期召开一次工作室总结会议，安排本学期需展示的成果内容及形式，分享成功的经验、探讨存在的问题。

3、根据工作室计划，每学期至少安排两次阶段性工作情况汇报会议，督促检查课题的实施情况，解决实施过程中的难点。

4、定期召开电话会议，探讨日常教学和课题研究工作。

二、学习交流制度

1、根据需要聘请专家和导师，对成员进行专题指导。

2、为工作室为每个成员建立个人成长档案，及时记录整理成员的教学教研情况。

3、成员每学期至少上传三个优秀课例、每周上传一篇教学随笔或教学反思、感想到博客站，进行教学交流。

4、每学年组织二到三次公开课的观摩交流活动。

5、每年至少阅读一本理论专著，撰写学习心得一篇。

三、考核制度

成立考核小组，每年从师德师风、理论水平、教育教学能力、研究能力等方面对学员进行考核，考核优秀者给予表扬奖励，考核不合格者则调整出工作室，同时根据需要及时增补人员。

四、经费使用制度

依据财政制度及省厅文件合理使用经费。

教师工作室管理制度

何莹娟教师工作室工作职责

根据《广东省中小学骨干教师省级培训（2009—2013年）实施方案》（粤教办[2009]110号）的精神，为实现"骨干成名，名师更名"的双重目标，制定本工作室主持人及成员职责如下：

一、主持人职责

1、制订"教师工作室制度与培养计划"，确定本工作室研究发展方向，拟定本工作室培养方案；

2、确定工作室教育教学科研课题，制定课题研究方案；

3、制定工作室成员培养计划，负责对工作室工作人员进行评估考核；

4、帮助工作室成员拟定三年个人发展计划，督促骨干教师认真实施所拟定的一年发展计划，建立工作室个人发展档案；

5、完成上级单位安排的教育教学和科研培训任务；

6、组织开展教育教学研究活动，根据需要邀请校内外教育教学名师、专家等指导工作，组织学员外出学习交流；

7、撰写工作报告，总结教育教学经验；

8、完善工作室网页，定时更新网页，展示工作室工作开展情况；

9、负责工作室日常事务管理和本工作室的经费使用、管理。

二、成员职责

1、制定个人成长目标和具体实施计划，定期参照个人发展目标和计划，自我督促发展；

2、使用电子邮箱和工作QQ保持联系，参加本工作室组织开展的各项教育教学研究活动；

3、协助工作室建设，做好教育教学资源积累，完成工作室其它必须的相关任务；

4、工作室成员，根据需要收集各地教育教学信息，为工作室开展有关工作提供帮助；

5、骨干教师一年培养周期内以最好表现完成如下任务：一节研究课、一节示范课，一份教学设计、一个优秀课例、一份试卷、参与一项课题研究、至少完成教育教学论文各一篇、4篇读书笔记、6篇教学反思、写一份培训总结、听课10节以上并有听课点评。

教师工作室工作职责

③ 扎扎实实的课程，促进骨干成长

根据省的要求安排内容，如听评课不少于10节，上课不少于6节（含1节汇报课）；三级课题开题，完成部分研究工作；开发一节优秀课例（文字或光盘）；写两篇教学反思；写两篇读书笔记。

每一次都有具体细致的课程安排，内容丰富，让跟岗学习充实多元。

课程安排表

时间	活动学习内容	博客或简报	主讲/组织负责老师	地点
05月15日	报到注册，熟悉环境	碧岭山庄0755-8×××××× 尹经理159××××××××		
05月16日上午	09：00开班仪式，教育局、教科中心领导出席、致辞；骨干学员代表致辞；合影留念		何莹娟	阶梯教室
05月16日下午	发放跟岗资料，准备课题开题，写跟岗日志		何莹娟	四楼综合活动室
05月17日上午	第一、二节：古文教学：何莹娟老师 第三、四节：何莹娟阅读讲座《只拣儿童多处行》		董丙文	阶梯教室
05月17日下午	跟岗日志，对阅读教学的体会与思考		组长	四楼综合活动室
05月18日上午	第一节：陆灵芝老师讲课 第二节：董丙文老师讲课 第三、四节：王旭信主任评课、讲座		王旭信	阶梯教室
05月18日下午	2：30何莹娟老师讲座《如何做好课题研究》，观看电影《三傻大闹宝莱坞》，完成听课反思，阅读推荐书目《教学风格》		董丙文	阶梯教室
05月19日上午	第一节：坪山实验赖婉茹老师上课 第二节：张珂老师讲课 第三、四节：梁桂珍老师评课、讲座		何莹娟	阶梯教室
05月19日下午	成都师范学院卢雄教授讲座《小学教师专业发展蕴义与路径分析》		何莹娟	阶梯教室
05月20日上午	第一节：程译萱老师讲课 第二节：骨干学员同课异构 第三、四节：何莹娟老师评课、作文教学讲座		魏欢欢	阶梯教室
05月20日下午	观看碧岭小学素质教育成果展示		杜娟	风雨球场

第一期的学员这样评价：二十天的学习，思想的洗礼一个接一个。郑主任的《阅读教学要关注言语形式》唤起学员回归语文教学的根本；周老师的《推进儿童阅读的几个问题》让我们认识阅读在儿童生命成长中的重要地位，也看到了一个阅读推广人的惬意人生。陈老师是一名普通的高三班主任，他的享受班主任的观点和他与学生之间的真情故事，让我们一次一次地热泪盈眶。陈主任站在讲台边静静地思考，这种方式是一种工作和研究紧密结合的方式，激励我们做一个思考者。深圳大学的徐博士把我们引入了《古诗词的声色情韵》之中，他那种对古诗词的痴迷和在古诗词方面的深厚造诣，让我感叹不已，让我似乎置身于大学讲堂，弥补了我没有进过正规大学课堂的些许遗憾。谭教授和何老师对我们课题的指导更是细致入微，选题、命名、规划、操作、成果呈现、论文撰写全都考虑到了。这一种种充满光泽的思想，互相碰撞，互相交融，就算我们只是一片素味的青菜叶子，也会煮出一种绝妙的味道。

④ 扎扎实实的学员，“海绵”吸水般学习

培训的主体是每一位学员，他们带着期待、兴奋的心情前来跟岗，要把握在教育生涯中不可多得的一次培训机会，因为这毕竟是省级的培训，不是每一位教师都能有这样的机会。虽说在原学校的工作任务繁重，但排得满满的学习内容，却是更为紧张繁重的任务：上公开课及优质汇报课、听课、评课、集体备课、听讲座、写教学反思与读书笔记，开发优秀课例，制订个人发展规划，撰写儿童阅读推广计划，课题开题报告，每天的跟岗日志，专著阅读汇报，每一项任务都有具体明确的数量规定。面对足够分量的学习任务，学员们没有犹豫，班委会成员各尽其责，全力协助主持人开展工作。学员们迅速调整学习的心态，迎难而上。

印象最深的是每晚写跟岗日志到深夜十二点钟，为了不影响同寝室的学员，一般都是在洗手间完成，美其名曰“所长”。一位学员说：“住酒店还从来没试过没时间开电视的。”也许这句话正是学员们对学习投入的真实写照吧！

学员们的热情不仅仅表现在学习方面，还表现在学员之间的团结互助。每一位学员虽来自不同的地方，存在着许多方面的差异。记得初到工作室时，一位学员说：“看着深圳发达的经济，面对深圳的学员都有心理障碍。”但当学员们结束此次学习要分别时，他们却在一个战壕里建立了相互

合作、支持、分享的依依不舍的友情，培训活动已经成为教育生涯中最难忘最珍贵的一段记忆。因为他们收获的不仅仅是工作室带来的专业知识，还有一段难得的同伴力量。

名师工作室成员合影

⑤扎扎实实的课题，教研与教学紧密结合

每一次指导骨干教师的课题，我都要求与教学结合，与学生发展结合，做促进自身专业思考、有利于学生学习和成长的课题。俗话说：好的开端是成功的一半，后来的结题论文和过程性成果就诠释了这句话。

第一期学员课题汇总表

课题名称	主持人	工作单位
“举三反一”，习作训练有效性的策略研究	成文峰	阳山县太平中心小学
让农村资源走进小学生习作的研究	何英	清远连州市教育局教研室
利用素材积累卡提高山区小学生选材能力的研究	莫少萍	清远市连山佛山希望小学
搭建习作发表平台　实现师生共同发展的研究	彭秀清	深圳市盐田区外国语小学
小学“课文作文”教学研究	温自力	深圳市龙华中心小学
小学三年级习作多元化评改研究	覃亮	深圳市龙岗区荷坳小学
小学五年级“积累·表达”作文模式研究	曾冬梅	清远市佛冈县第一小学
小学五年级“生·活”作文教学研究	张丽英	清远市佛冈县第三小学
小学六年级文本感悟式作文教学的研究	周志丽	清远市开发区龙塘镇小学
小学四年级心动作文教学研究	朱青筠	深圳市南山区育才一小

骨干学员覃亮老师在上习作评改示范课

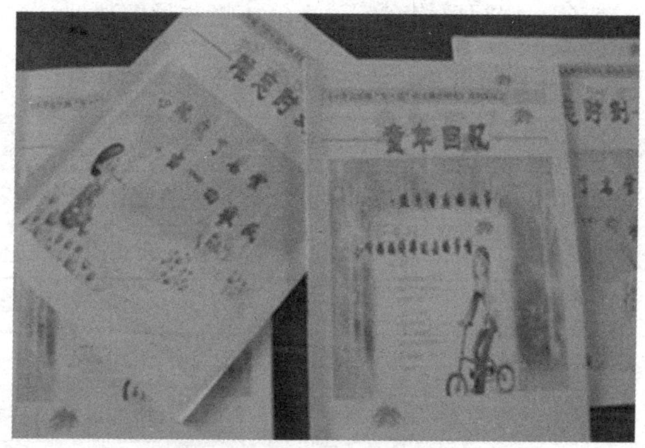

生活作文课题研究的学生作文集锦

心动作文课题的“心动时刻”

上图为部分学员的课题图片，工作室学员人人有类似的过程性资料，由此可见，虽然跟岗日程安排非常紧张，但课题开展扎实到位，学员结合当地教育教学情况开展课题研究，并如期完成较高质量的开题报告，确保岗位实践过程有效落实。2011年4月结题答辩时，11位学员都写出了优秀的结题论文，更为可喜的是，都有过程性的资料，如很多的案例、学生作文、教案、教后反思、图片资料等作为有力的支撑点，足见课题研究的落实有效。开题报告11篇，结题报告11篇，优秀报告4篇，课题研究得到专家肯定，学员的精彩资料交由广东第二师范学院惠存。

⑥ 流畅有效的案例风格，展示特色风貌

在培训日程中，骨干教师们按照培训设计要求，自觉写好跟岗日记，总结听课与讲座的收获，深刻反思课堂教学，思考教育教学现象，逐步形成自己的教学风格和特色，撰写风格案例，文笔流畅，见解独到。

第一期学员“教学风格和特色”案例汇总表

总结题目	姓名	工作单位
授人以渔——让语文实践成为习惯	何英	清远市连州市教育局教研室
欣赏·兴趣·尊重	莫少萍	清远市连山县连山佛山希望小学
亦师亦友　感悟真情	潘大妹	清远市英德市望埠镇中心小学
写意语文　朴实课堂	覃亮	深圳市龙岗区荷坳小学
追寻语文艺术　享受美丽语文	张丽英	清远市佛冈县第三小学
唤醒：脉脉春风来，次第梨花开	何莹娟	深圳市南山区育才三小
质疑，让学生做学习的主人	成文锋	阳山县太平中心小学
以生为本，主动发展	曾冬梅	清远市佛冈县第一小学
情感：课堂教学的主旋律	周志丽	清远市龙塘镇中心小学
传承文化，营造诗意课堂	朱青筠	深圳南山育才教育集团育才一小

⑦“名师讲堂”活动，双名共赢成长

先后20余次参加省教育厅和高校组织的“南粤名师讲堂”以及省外的教学交流、讲座活动；开设讲座《如何做好课题研究》《小学作文教学的实践与探索》《生动的课堂有效的教学》《我的成长之路》等。

附：

2010年3月—2019年8月广东省何莹娟教师工作室培训工作（共计132人）

一、2010年10月10—29日省级骨干跟岗

序号	市县	区	姓名	所在学校
1	深圳市	南山	朱青筠	深圳蛇口育才小学
2	深圳市	盐田	彭秀清	深圳市盐田区外语小学
3	深圳市	宝安	温自力	深圳市龙华中心小学
4	深圳市	龙岗	覃亮	深圳市横岗荷坳小学
5	清远市		潘大妹	英德市望埠镇中心小学
6	清远市		张丽英	佛冈县第三小学
7	清远市		曾冬梅	清远市佛冈县第一小学
8	清远市		莫少萍	清远市连山佛山希望小学·民族小学
9	清远市		何英	连州市教育局教研室
10	清远市		成文锋	阳山县太平中心小学
11	清远市		周志丽	清远市经济开发区龙塘镇中心小学

备注：深圳市的覃亮、彭秀清，清远的何英老师等都已经走上校长、骨干、教研员的平台。

二、2012年10月21日—11月10日省级骨干跟岗

序号	市县	区	姓名	所在学校
1	揭阳市		陈晓辉	揭阳市榕城义和小学
2	揭阳市		谢晓彤	揭阳市榕城红旗小学
3	揭阳市		陈苹	揭阳市榕城上义小学
4	揭阳市		许燕玉	揭阳市榕城北门小学
5	深圳市	坪山	张珂	深圳市坪山新区坑梓中心小学
6	佛山		邓敏仪	佛山三水乐平中心小学
7	佛山		卢淑娴	佛山三水实验小学
8	佛山		邓惠凤	佛山三水西南四小
9	佛山		李燕娇	佛山高明区杨和镇杨梅小学
10	佛山		麦杏梅	佛山三水南边小学

备注：揭阳的陈晓辉走上校长岗位，深圳坪山区坑梓中心小学的张珂老师已经成长为深圳市名师、坪山区年度教师。

三、2013年3月25—29日，广州市“百千万人才培养工程”（语文一组）跟岗

1. 张润柳——广州市南国学校。
2. 郑维玮——广州市协和小学。
3. 何建芬——广州市天河区华阳小学。
4. 宋丽峰——广州市越秀区文德路小学。
5. 宋丽范——广州市黄埔区姬堂小学。
6. 肖天旭——广州市天河区汇景实验学校。
7. 黄艳钏——广州市天河区员村小学。
8. 钟慧英——广州市天河区羊城花园小学。
9. 陈天兰——广州市天河区骏景小学。

备注：何建芬为省教师工作室主持人，张润柳、钟慧英成长为学校行政人员、骨干教师，黄艳钏担任校长，陈天兰为名师、学科带头人。

四、2014年11月20—30日，西藏林芝骨干教师跟岗

序号	姓名	性别	单位
1	余莉	女	察隅县教育局
2	旺军	男	米林县教育局
3	扎西群宗	女	林芝地区教育局教研室
4	格桑卓玛	女	墨脱县格当中心小学
5	央珍	女	波密县县小学
6	许伟	男	林芝县鲁朗镇小学

备注：余莉当时为察隅县教育局副局长，旺军时任察隅县教研室主任。

五、2014年11月23日—12月6日，广东省骨干教师10人跟岗

戴美云（组长）、林月群、唐倚仪、司徒式琳、陈洁梅、崔勇进、王徽徽、刘舒玉、林茹、梁宝珠。

备注：戴美云现已担任学校校长，梁宝珠等成为当地学科带头人。

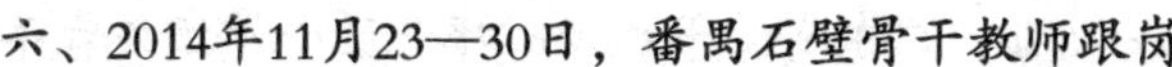

六、2014年11月23—30日，番禺石壁骨干教师跟岗

序号	姓名	性别	单位
1	劳杰明	男	广州市番禺区石壁小学
2	萧小玲	女	广州市番禺区屏山小学
3	钟满生	男	广州市番禺韦大小学

备注：三位老师都成长为学校行政、骨干教师。

七、2014年11月23日—12月6日，肇庆名教师跟岗

序号	姓名	任职单位
1	聂志玲	怀集县怀城镇第六小学
2	梁宝珠	肇庆市第十五小学
3	招小芬	肇庆市鼎湖永安中心小学
4	冯海平	肇庆市高要区新桥镇中心小学
5	谭雪银	肇庆市高要区蚬岗镇中心小学
6	陈玉婵	广宁县南街第一小学
7	吕耀连	封开县莲都镇中心小学
8	黎洁容	封开县罗董镇中心小学
9	陆灶婵	德庆县九市镇中心小学
10	郑伙荣	四会市东城中心小学
11	谢永勇	封开县长安镇中心小学
12	植成全	怀集县马宁镇中心小学

备注：该批学员2017年9月23日考核完成学业，其中有学科带头人、行政人员和骨干教师。

八、2016年5月15—27日，广东省骨干教师、坪山新区小学语文青年教师成长共同体成员、光明实验学校骨干教师跟岗

（1）省级骨干8人：谢珊珊、杨锦、徐惠情、黄少洁、罗利君、蒋大进、蔡辉林、袁铁军。

（2）新区青年教师9人：向阳小学李秋水、碧岭小学魏欢欢、碧岭小学程译萱、碧岭小学李晴、中山小学冯娟、中山小学尤雯、龙山学校徐珑、汤坑小学林晓旋、汤坑小学林萍萍。

（3）光明实验学校骨干学员3人：朱晓玲、顿新炎、蔡欢欢。

九、2016年11月13—26日，广东省骨干教师、坪山区小学语文青年教师成长共同体成员、碧岭小学语文教师跟岗

序号	地市	姓名	性别	单位
1	清远	陈少芳	女	清远市清城区先锋小学
2	潮州	陈幼敏	女	潮州市枫溪区槐山岗小学（病假）
3	茂名	罗少琼	女	茂名市电白区第三小学
4	揭阳	林丹娜	女	揭西县凤江镇东光小学
5	深圳	任海燕	女	深圳市大鹏新区葵涌二小
6	梅州	丘晓苑	女	兴宁市兴城小学

十、2017年10月15—20日，广州市百千万教师11人跟岗

序号	单位	姓名
1	广州市番禺区大石小学	梁淑冰
2	广州市番禺区大石中心小学	魏文珍
3	广州市番禺区东湖洲小学	梁诗华
4	广州市番禺区罗家桥虹小学	蓝秋莲
5	广州市番禺区洛浦东乡小学	连小红
6	广州市番禺区洛浦东乡小学	梁乐君
7	广州市番禺区洛溪新城小学	黎素玲
8	广州市番禺区洛溪新城小学	刘飞
9	广州市番禺区沙湾镇德贤小学	冯丽珍
10	广州市番禺区沙湾镇实验小学	李文海
11	广州市番禺区沙湾镇中心小学	黄恩海（组长）

十一、2017年10月16日—11月4日，广东省骨干教师5人跟岗

序号	地市	姓名	单位
1	茂名	江春梅	茂名市向阳小学
2	茂名	潘惠君（组长）	茂名市高新区七迳镇柏坡小学
3	潮州	蔡少丽	潮州市潮安区沙溪镇高二小学
4	潮州	郑妙珊	潮州市绵德小学
5	韶关	欧阳静月	韶关市韶钢第四小学

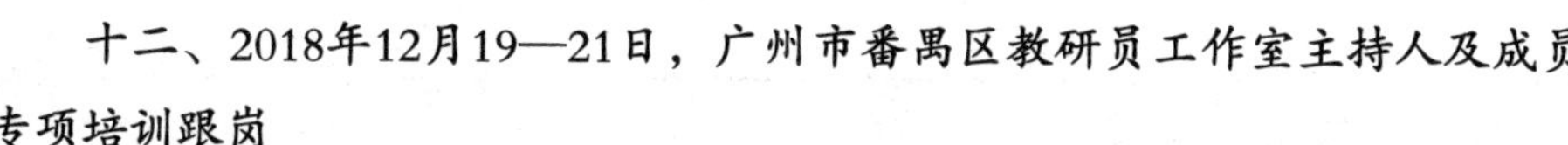

十二、2018年12月19—21日，广州市番禺区教研员工作室主持人及成员专项培训跟岗

序号	姓名	身份	单位
1	何乐	工作室成员	广州市番禺区毓秀小学
2	关楚贤	工作室成员	广东第二师范学院番禺附属小学
3	谭菊英	工作室成员	广州市洛溪新城小学
4	潘文清	工作室成员	广州市桥沙墟一小学
5	孔璇	工作室成员	广州市番禺区市桥富豪山庄小学
6	何燕霞	工作室成员	广州市番禺区市桥实验小学
7	唐滔	工作室成员	广州市番禺区市桥富都小学
8	李进成	教研员工作室主持人	广州市教研室
9	陈颖谊	工作室成员	广州市番禺区毓秀小学
10	王良珊	工作室成员	广州市番禺区市桥中心小学
11	汪秀梅	教研员工作室主持人	广州市番禺中学附属学校
12	梁月群	工作室成员	广州市番禺区沙湾镇中心小学
13	曾展繁	工作室成员	广州市番禺区市桥先锋小学
14	杜丽珊	工作室成员	广州市番禺区市桥德兴小学
15	黄恩海	工作室成员	广州市番禺区沙湾镇中心小学
16	张坤炽	教研员工作室主持人	广州市番禺区教育局教学研究室
17	庞欣	工作室成员	广州市番禺区洛浦中心小学
18	梁丽梅	工作室成员	广州市番禺区亚运城小学
19	梁鸿彬	工作室成员	广州市番禺区市桥西丽小学

十三、广东省2018年名教师工作室入室学员8人，正在培训中

序号	姓名	身份	单位
1	周丽	工作室学员	深圳市坪山区碧岭小学
2	黄奕敏	工作室学员	深圳市坪山区碧岭小学
3	苏红梅	工作室学员	深圳市坪山区碧岭小学
4	林萍萍	工作室学员	深圳市坪山区汤坑小学

续 表

序号	姓名	身份	单位
5	王丽	工作室学员	深圳市大鹏新区大鹏第二小学
6	蒋伶艳	工作室学员	深圳市龙岗区坪地街道第二小学
7	余雨轩	工作室学员	深圳市大鹏中心小学
8	张玲	工作室学员	深圳市龙岗区横岗街道大康小学

回顾工作室十年的工作，主要以第一期学员为例来看名师工作室的成效、总结带有普遍意义的经验。

第六篇

生动议论

6

教育：别废了童趣，毁了童年

教学：不妨多一些“胡说”的艺术

德育：如何为学生的成长“补钙”

家访：需助生心结的正确打开方式

坚守：体育教师带给语文教学的思考

课堂：需要怎样的设计与策略

突破：青年教师如何克服成长中的焦虑

致力于“让每个生命都出彩”的办学理念，立下“养浩然之气　立进取之心”的校训

努力做学生的好老师，做老师的好先生

姊妹学校活动有声有色，让课程多元，活动丰富，为学生成长提供丰富养分

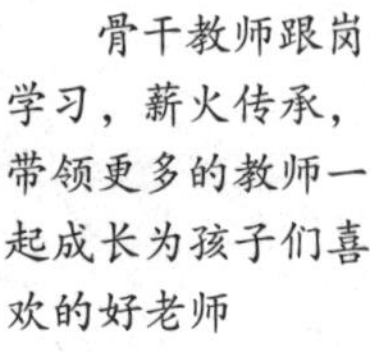

骨干教师跟岗学习，薪火传承，带领更多的教师一起成长为孩子们喜欢的好老师

教育：别废了童趣，毁了童年

2011年3月7日，全国政协委员、中国科技大学原党委书记郭传杰当着教育部长袁贵仁的面宣读了一封自称“没有童年和童趣”的小学生来信。信中痛陈了小学教育中的种种乱象，请郭爷爷参政议政时，一定要强烈呼吁减轻孩子的负担。不知道这位小学生“上书”给郭爷爷有怎样的背景，而郭书记给袁部长“读信”又有怎样的契机，也不知道“上书”与“读信”之间是否有某种策划的影子，我们宁愿相信这个没有“童趣”的孩子的来信是充满童真的，因为，这封信的确让我们听到了一个不堪重负的小学生的声声呐喊，看到了教育界有识之士对教育乱象的忡忡忧心……

童趣意为幼稚天真，是孩子与生俱来的求知欲与好奇心，在物资极度匮乏的年代，童趣曾是中国孩子唯一的快乐，但在衣食无忧的21世纪为什么童趣反而会无端丢失呢？这位小学生的来信告诉我们，他们的童年和童趣，原来是被成人们的“占坑”游戏给吞噬了。

为了让孩子能够在所谓重点学校占到一个香“坑”，父母们不惜血本，让孩子参加各种名目的培训，使得孩子们远离快乐的游戏和自在的探究，去冥思那些刁钻怪异的奥数题、苦想枯燥乏味的英语单词，将寒暑假变成了第三学期，最终孩子被培养成应试的“机器”而过早地失去了童年和童趣。

“占坑”问题由来已久，之所以积重难返，固然有学校教育制度、家长教育理念以及社会人才标准的误导作用，但最根本的原因还是财政投入的不足和教育资源的失衡所致。

据报道，教育经费占GDP的比重，世界平均水平为4.9%，发达国家为5.1%，欠发达国家为4.1%。我国早在1993年就曾明确提出“在本世纪末达到4%”。但遗憾的是，即便是18年前的那一目标，迄今也尚未实现。过去10年里，国家财政性教育经费支出累计“欠账”已达16843亿元。这就使得教育经

费始终捉襟见肘。所以，减轻小学生负担，取消入学考试与电脑排位等只是治标之策，而加大对教育特别是对义务教育的财政投入并合理配置教育资源才是根治择校与“占坑”之风的良策。

所谓择校，当然是择名校。名校之所以“名”，在于优资教育资源的高度集中，包括教育经费的优裕、教学条件的优越、师资力量的优秀等。由于历史和现实的原因，一方面，优秀教师越来越向名校集中，而与此相对应的，则是普通学校师资力量的严重流失。名师自然向“名校”靠拢，而名校还在不择手段地从欠发达地区和薄弱学校“挖墙打洞”。这就是所谓的“马太效应”：“凡有的，还要加给他叫他多余；没有的，连他所有的也要夺过来。”结果是，强者恒强，弱者愈弱，两极分化现象愈演愈烈。

面对如此残酷而又无法改变的现实，孩子看到的是家长搞关系送礼“拼爹”，学生也在家长的驱使下，赶场似的参加各种补习班，以牺牲童年和童趣的代价，博取一张进入名校的入场券，这种带有强烈功利倾向的学习哪里还有童年和童趣可言？

小学是这样，初中是这样，高中更是如此。曾经有一名英国本科生这样对一名中国高中生说：“因为高考，你人生中最美好的两年被毁了。十六七岁应该是谈恋爱、建自己的乐队、去心动的地方旅游，做一切今后再也没胆量做的事情的年纪。但是你们没机会，你们不可以因为爱唱歌而断然去学音乐，反而因为要学历史，背一切没用的错误的东西。”

这席话放在中国小学生身上也是适合的。童年就是充满好奇心，充满探究的兴趣，就是爱游戏，爱幻想，爱创造。童年的乐趣就是一种自由的认知，是一种自然的成长。但中国的孩子有几个是因为个人爱好而学习某门课程的？绝大多数还是为了考试，为了加分，为了捞到上名牌大学的敲门砖而苦守寒窗的。有多少父母，为了不让孩子输在起跑线上，逼着孩子疯狂地抢跑、快跑，结果，没有输在起跑线上，却倒在了冲刺点上。这种以牺牲视力换知识，以牺牲童真换文凭的可悲事例比比皆是。

童趣的可贵之处不但在于它的短暂，稍纵即逝，还在于它一旦失去就无法弥补，无可挽回。不合理的教育理念已经伤害了多少人的童年和童趣，难道我们还要“废”趣不止，“毁”人不倦，继续“毁了”我们的下一代的下一代的童年和童趣吗？

教学：不妨多一些“胡说”的艺术

今天读了《教学艺术》一书，书中有一则幽默故事：著名教授胡适在一次教学中引用了孔子、孟子和孙中山的话，分别板书为“孔说、孟说、孙说”，最后发表自己的见解时，他郑重其事地写下“胡说”二字。学生在笑声中分享他的幽默的同时，也轻松自如地牢记他的“胡说”内容。可见，幽默是一个优秀教师的品质之一，它能在快乐之中把教师和学生联结在一起，使课堂更富有生机。由此，我想起了以往在课堂中的那些小幽默，它们往往起到了意想不到的教学效果。

一

《晏子使楚》一课伊始，我就给学生来了一段幽默故事：“有位作家在路上碰到了一个反对者。这反对者想羞辱他：‘我听说有这么一座小岛，上面什么都有，唯独缺少了阁下您和一头驴子！’作家立刻不动声色地说：‘哦，看来只有我和您一起去，才能弥补这个遗憾了！’（生笑）……晏子也是这样一位能言善辩、机智幽默的外交家。你们想领教他的幽默，了解事情的经过吗？那就赶紧读课文吧。”这样学生在笑声中饶有兴趣地开始了阅读活动。

美国教育家哈曼说过：“那些不设法勾起学生求知欲望的教学，正如同锤打着一块冰冷的生铁。”也就是说，教师要千方百计让学生由“冷”变“热”。

二

学习了《晏子使楚》后，学生们对晏子十分佩服。我顺势设计了一道口语交际练习：

假如遇到了以下事情，你怎样说才称得上机智幽默？

（1）匆忙中，小丽不小心把你绊倒时。

（2）妈妈因你考试成绩不理想而唠叨时。

学生七嘴八舌说起来了，他们快乐的笑容、轻松俏皮的话语使人忍俊不禁："没关系，我正想和大地拥抱一下。""有志不在眼大。""妈妈，你看我的成绩还大有上升前途嘛！我会努力的！"……

学生在未来的生活中，必然会遇到形形色色的困难。新课程标准也提出"在实践中学习、运用语文"。因此，教师利用教材特点创设契机，引导学生学习"文明地进行人际沟通和社会交往"，不仅能培养他们乐观向上的生活态度，也能培养其健康的审美情操。

三

几个学生背了不少优秀作文，还挺爱"学以致用"。评讲时，我对学生说："昨天晚上我们班里一下子出现了几位小雷锋，他们做了好事不留名。"学生急欲知道下文，我便不紧不慢地说："他们都是在放学的路上遇见一个背着米的老奶奶，老奶奶的米袋下面都有一个小洞正在漏米。于是，他们解下自己的鞋带把洞扎上，并送老奶奶回家，而且都连茶也没喝一口……"话未讲完，学生们已是乐不可支，那几位学生也笑了。此后，他们也尝试写自己经历的见闻，我再点拨鼓励，使他们养成良好的习作习惯。

教师寓庄于谐的幽默语言，能使学生振奋，处于坦然放松之中，对学习充满热情，使师生间的交流更充分，易于理解接受。

四

学生初学作文时，总是乱用或不用标点符号。针对这种现象评讲习作时，我有时故意在句子的节骨眼上突然停顿，有时又一口气读下去，憋得脸红脖子粗的。学生们先是丈二和尚——摸不着头脑，然后又因我的夸张行为而大笑。我再适时说："写作文时乱用或不用标点符号，可把我累坏了！现在请大家赶快检查并订正标点符号吧。"学生在笑声中接受意见且难以忘记。

幽默是人的一大美德，也是教师的一个必备素质。现代教育家魏书生说过："每堂课都要有笑声。"的确，课堂中的笑声会创造出积极的气氛，改变一潭死水的现象，让我们在与学生相处时感觉天宽地阔，多几分柳暗花明。

来吧，让我们做个快乐传递者，让课堂里也多一点机智幽默吧。

德育：如何为学生的成长“补钙”

俗话说：好钢用在刀刃上。作为多年的中队辅导员，每天面对着来自不同家庭、不同习性的学生，那么，中队工作的意义和重点应该在哪里？

时下的学生大都备受关注、呵护，因此，他们的自我意识感很强，而包容他人、与他人合作的能力却比较弱；这些出生在城里的孩子没吃过什么苦，缺乏生活经验，自我约束、内省意识更是缺乏；他们看上去身体和思想都在超前发展，实际上存在普遍“缺钙”的潜在危机。

反思这些现象，笔者认为，中队工作宜导宜疏，张弛有度，为学生的成长“补钙”是中队工作的重头戏。

一、宜导宜疏，心通意顺，为学生补“吃苦耐劳”的钙

知识的累积、身体的成长可以通过各种方式来衡量、观察，并进一步加以培养，但内在的精神素养却常常容易被我们忽略或淡化。而这些精神素养一旦缺失，学生就会产生行为上的偏差，可能会长成“歪脖子”树。

我相信，无论是家庭还是学校，都是关注学生精神成长的，但现在的问题是苦也吃了，累也受了，学生却没明白良苦用心，也就并没有起到作用。因此，我们只有引导孩子懂得其中的事理，才能从被动的“要我做”转变为主动的“我要做”，效果自然也事半功倍。笔者就以不久前进行的军训中的一些现象为例子，谈谈个中体会。

现象一：学生听说军训，有的就说：“又是军训啊！教官很厉害，站军姿很辛苦的！”

针对这一情况，我组织他们进行讨论，结合学过的课文《梅花魂》《长征》开展了“长征故事大家讲”的主题活动，教育学生把从课本中学到的感人精神用到自己的实践中，“做个像梅花一样有骨气的人，不管遇到怎样的

困难，都不低头折节。一个中国人要有梅花的秉性才好。”这样，“读书—讨论—军训”的整体联结形成了，学生认识到“吃饭长身体，读书长智慧，军训长精神”。队伍尚未出发，全体队员士气高昂：本来说怕苦、没意思的队员报名了；因为家里担心、宠爱而不去军训的学生都做通家长工作也参加了军训。

现象二：军训第一天晚上的紧急集合，队员因为动作慢被教官罚蹲，十一月的深圳，天气还是比较热的。我看到他们蹲得满头大汗，顿时心痛不已，赶紧上前问候。可他们目不斜视，脊背挺直，汗水顺着脸颊淌下来都顾不上擦一把。偶尔有平衡不好、身体晃动的，也在一刹那间又端正了身子。看得出，这不仅仅是因为教官的严厉，而是孩子们发自内心的自我要求。

在整个军训过程中，学生个个严肃认真，没有叫苦叫累的，更没有消极捣蛋的，甚至感冒生病的、身体不适的学生都一声不哼地坚持下来了。他们吃苦耐劳，团结合作，士气如虹，最终获得“优秀连队”的称号。

我的心里很感动，因为学生这种自我要求的能力，并把吃苦耐劳作为自己成长财富的精神是很重要的。这次活动让我认识到：要做好中队工作，首先应有效地做好学生的思想工作，好比大禹治水，宜导宜疏，心意通，则行为顺，才能达到“精神补钙”。

二、宽严结合，动情晓理，为学生补“尊重他人”的钙

当下的学生普遍存在的问题之一，就是自我中心，凡事从自我出发，容易产生无视他人的感受，甚至因为受流行思潮的影响，做出一些浅薄的“恶搞”行为，给其他同学带来烦恼和痛苦。作为辅导员，我们要及时捕捉和发现学生的言行倾向，及时予以调整、制止、教育。陶行知先生说过，“教育无小事”，如果小事不补救，可能就会酿成大害。这一点我是深有体会的。

一次和孩子们交谈时，他们说到××同学是“病毒”，她的身上有怪味，碰到她就会被传染的。大家因此都怕她，没有几个人愿意和她玩。当时，我就劝他们“要搞好团结”“我看××同学很健康”，他们却说：“没用的，我们有些人是这么想的，但很多同学都相信、害怕啊！”

后来，我了解到这位女生是插班来的，班里有几个男孩子欺负她，故意散布流言。学生们看上去知道的东西很多，实际上思想还是单纯幼稚的，竟然有很多人相信了，而且这种情况在我接手之前已经持续很久了。于是，我

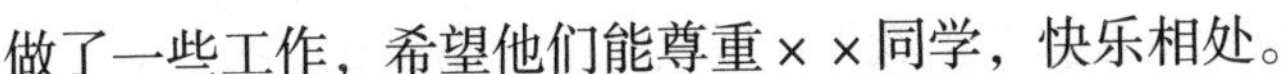

做了一些工作，希望他们能尊重××同学，快乐相处。

原以为这件事情会很快过去，但后来我发现先后和这位女生同桌的学生依然把桌子拉开一点距离，下课了依然没人跟她玩，还是有学生告诉我："和她玩的话，会传染病毒，会产生臭味，会全家死光光的。"

该怎么唤醒那些以讹传讹的学生？该怎么教育那些故意伤害他人心灵的懵懂少年呢？显然，光靠批评、发火是不能触动心灵的，但仅有委婉谈话也是不够力度的"毛毛雨"。

这一天中午，这位女生正好主动为班级的图书角做了写有名人名言的贴画，她这种受了委屈却依然坚持努力，想要融入集体的精神让我感动，同时我也觉得必须帮她改变这种班级生存状态。

我当即和她一起把贴纸粘到图书角里，然后表扬了她主动为集体做事情的精神："在休息时间里，××同学还想着我们班的图书角，用心设计出这么漂亮的贴纸，还写上了激励读书的名人名言，她这是用实际行动默默关心着大家呀！"学生们不哼声，有的低下了头。这时，我征求了这位女生的同意，并把她高高抱起来，径直走向了她的座位。

在场的学生惊呆了，过了好一会儿，一声、两声……掌声响起来了。我坚定地说："如果你们认为她是病毒，那我现在告诉大家，我已经被传染了！如果你们还相信这是真的，那么请看看我明天会不会患病！"很多学生摇头表示不相信。"我相信这不是真的，××多健康！有的同学竟然欺负人，要把一个健康的孩子关在痛苦和黑暗中！你们再看看我们周围有多少善良的人，他们关爱真正生病的人，让生病的人都能快乐起来。相比之下，你们想一想自己在干什么？想一想如何做一个善良的人，给他人带来快乐？我了解到，你们当中还有一个有思想的男同学乐乐，他不听谣言，坚持和××同学玩，他就是个善良的、有头脑的人！"

问题得到了解决，几个散布谣言的男生也主动承认了错误。半年过去了，这位女生在一次考试作文中还写到这件事情，写到她曾经的无助与伤心，写到我的拥抱对她的重要……

晓之以理，动之以情是一剂通心的良药。这件事让我更深刻体会到《走进新课程——与新课程实施者对话》中的一句话："师生之间的关系就决定这个学校的面貌。"儿童心理学专家朱智贤说过："学生在学习上出现的问题常与行为品德有关。"我想不仅仅是学习上的问题如此，生活中出现的问

题也应该从根本上去抓品德教育，否则就不能促使他们健康成长。

人的精神世界是丰富多元的，以上举例，只谈到其中一二，诸君可以触类旁通，思考我们的中队工作还可以在哪些方面为孩子“补钙”。

教育要关注细节，细节决定成败，这是众所周知的道理。中队工作的成败关键就在于如何关注细节，有效地落实细节，让中队工作既有润物无声的温柔，又有秋风扫落叶的力度，为学生的精神“补钙”，让我们的花朵们不仅有强健的体魄，丰富的知识，还能拥有强健的精神世界。

家访：需助生心结的正确打开方式

2005年下半年一接手这个六年级班，我就发现其中一个姓彭的男生很特别。说他特别，是因为他身上同时存在着一些矛盾的东西：上课时，他抢着发言；朗读课文时，他的声音最响亮最动情；他思维敏捷，是六年级奥数班的成员；他生活于一个单亲家庭，他深爱着全心培养他的母亲。可他又同时表现出截然不同的另一面：作业经常不能很好地完成，在课堂里没有几分钟是安静的，优秀小组评比时，小组成员都因为他拖小组的后腿而多有怨言，他嬉皮笑脸的，在课堂上经常讲一些离题万里的话语来哗众取宠，美术音乐、体育等学科教师不时来投诉他的种种不良行为。即使对母亲的规劝，他也是置若罔闻……

作为班主任、语文老师的我和他多次谈话，可是每次只听到他的表态和感动，就是不见行动；和他的妈妈也沟通过多次，效果也不尽如人意。于是我想到了家访这个家校沟通的不二法门。

晚上八点，我和副班主任宋老师就到了彭同学家里。嗬！这个最会察言观色的小家伙乖乖地在书桌前用功呢。他的妈妈和外婆高兴地接待了我们，再三感谢我们对孩子的关心。我和宋老师分别把孩子的学习情况和平时表现向她们做了介绍，肯定彭同学是个“思维敏捷，爱学习的孩子”，也指出他“处于敏感的可塑时期，自我约束和家长、老师的引导对他今后的发展有着关键作用”。

还没等我们讲到家庭与学校如何配合对孩子进行教育的问题，他的外婆就满含泪水地讲起了彭同学的故事，反复提到了孩子父亲的不良影响，反复提到了担心彭同学受父亲的玩具和零花钱引诱，会行为不良的担心，反复提到彭同学母亲的哀伤和不幸，甚至说孩子的妈妈曾经跪地磕头，求儿子好好学习，远离他的父亲……

可怜天下父母心。我不禁心生感慨：做母亲难，做单身母亲更难。我面前的学生迷迷茫茫，我面前的这位母亲背负着太重太复杂的情感纠葛，又处在教子的乱麻中，对孩子是“哀其不幸，怒其不争”，我们的家访不仅要改变孩子，更重要的是改变需助学生的母亲的观念和心态。

一、开门见山，盛赞母亲的付出，感动两代人

我接过外婆的话匣子，用坦诚的语调缓缓而坚定地告诉孩子：单亲家庭是一种常见的家庭模式，在这样的家庭里，母（父）亲为孩子付出的更多更不容易；事情总是有利有弊的，单亲家庭是会多一些困难，但如果我们勇敢面对，克服了这些困难，就会更坚强，不利反而变有利了。说起来，孔子也算是出身于单亲家庭呢（众笑），我还列举了一些成长于单亲家庭的成功名人，他的妈妈还说彭同学最喜欢其中一个偶像派明星了。

我对彭同学说：“读书是为了使人更聪明地活着。比如读了《为人民服务》，知道人生有一种更伟大的生存意义；读了《十六年的回忆》，就知道人活着应像李大钊那样，坚定不移地追求光明和理想，不怕艰难，不被诱惑。你爱学习，想做一个全面发展的学生，这就是有理想的人，现在的关键是，你不能接受别人（主要是他父亲）的掌上游戏机等玩具而玩物丧志，也不能因为一两百元零花钱而飘飘然，去了游戏机厅，而是要做个有志气的男子汉，为自己的理想和目标付出努力。”彭同学是个聪明的孩子，他被我赞扬他母亲的话语所感染，也为我的“聪明地活着”的话语所震撼，我看得出来，他听得很入神。

二、利导思维，为三代人点燃心灯

正说话间，彭同学的外公也进来了，精神矍铄的老人家是一所大学的教授。把握这个时机，我说起了此行的另一个目的。

1. 批评方式要艺术

从外婆和孩子妈妈的话中，我的确感到你们为了孩子付出了许多，也已经初见成效，孩子思维敏捷，活泼开朗。我们作为老师，也会尽全力培养孩子，使他更好地成长。因此，我觉得我们要多一些利导思维。比如，批评孩子的时候，我们可以说：“你昨天的作业写得那么好，正确率那么高，今天怎么会这样呢？”批评中带着褒奖，褒奖中含着批评，让他既认识到了错误，同

时又加深了他对自身优点的印象，只有用光明才能驱赶他心中的黑暗。

2. 利导思维树榜样

孩子的成长是需要榜样的，孩子也容易受到不良习气的侵袭。但问题是，我们不能因为害怕某些不好的人或事，就反复告诉孩子不能像某某人那样，不能做某某事情。这样的谈话只能使这些人或事在孩子心中的印象越加深刻，弊大于利。我建议家长换一种谈话方式：孩子犯了错误时，避免说"你可不要像××那样游手好闲，不负责任，那样的话你就是个没出息的人，你就完蛋了，妈妈也没有希望了"，而要把外公作为男子汉的榜样，高举外公这一面旗帜，坚持说"你看看你外公不仅是大学的教授，学问精深，还把外婆和妈妈照顾得无微不至，你要像外公那样勤奋踏实、有责任心多好啊"。他们都笑了，外公外婆和彭同学的妈妈一脸陶然，彭同学用敬佩的眼光看着外公，我相信，有一颗良好的种子在他的心里发了芽，接下来，就要他的家长和我一起浇水施肥，使它壮大起来，在孩子的心田植一树绿荫……

3. 建议严、爱要理智

我理解彭同学的母亲对孩子的爱之深，也懂得她的望之切。我讲到了白天对孩子伤情的发现，建议像彭同学这种情况，关键是要把管理、督促落到实处，严格要求时绝不松懈，绝不因为爱他就心疼纵容，甚至是跪下来哀求，但也绝不能过激，伤害孩子的身体和心灵，这样也会引起他的不良情绪，甚至适得其反。

4. 推心置腹话家常

家长、学生和我们融洽交流着，我再次推心置腹地说：彭同学是个有上进心的学生，一定会懂得这些道理，聪明地成长。外公外婆和妈妈的心血也不会白费，孩子长大成材这个希望离他们越来越近了，只要再坚持六年，彭同学就上大学了，那时他已经十八岁，更成熟懂事了，到那时，孩子的妈妈才四十出头，人生的道路还如海天般壮阔。六年不过是弹指一挥间，好日子就来临了……孩子的妈妈接了一句："是啊，六年是很快呢！我这十来年不也过来了吗！"妈妈的宽心更有利于开展理智的家庭教育。

其实，还没出彭同学的家门，他就缠着我和宋老师要参加班里的社团活动了。更为可贵的是，星期一，他按时交来了作业。家访已经过去半个月了，他依然做得很好。即便是他再出现老毛病，我也可以理解，孩子毕竟是孩子嘛。但我已经找到打动他心灵的谈话方式：点燃心灯，照亮他前行的路。

坚守：体育教师带给语文教学的思考

一

听说过这样一个故事：我国教育考察团在英国乡村听一位中学女教师的体育课，这节课的内容是让学生跳英国乡村的婚庆舞蹈。只见这位女教师身着大红的紧身健美服，显现出凹凸有致的优美曲线，煞是性感，让听课者大跌眼镜。课堂上，师生伴随着欢快的音乐尽情地跳着笑着，猛一转身，把各自戴的帽子使劲扔向远处，然后飞跑过去把它捡起来，又跑回原位，戴上帽子继续跳舞。如此周而复始，课堂上跑的跳的追的笑的，可谓乱成一团。

评课时，大家对这位女教师的课提出质疑：作为教师，上课时穿着如此专业而暴露的健美服，合适吗？有必要吗？学生直到下课也没有学会英国的乡村舞蹈，是否没有完成教学任务呢？

这位女教师是这样回答的：

第一，她今年四十多岁了，而且是两个孩子的妈妈。但她经常得到学生的赞美，因为她的身材依然保持着十八岁的青春曲线和活力，甚至有的学生还羡慕地询问保养秘诀。她今天穿着这么专业的服装来展示自己的身材，就是为了用行动告诉孩子们，像她那样热爱体育锻炼就会拥有健康、自信的十八岁身材，永葆青春的魅力。

第二，这是一节体育课，不是舞蹈课。教学目的就是让学生快速奔跑，培养他们持久的耐力和敏捷的反应能力。大家已经看到，学生的运动量已经完全超出平时的常规课堂所能达到的，而且他们积极奔跑，快速反应，乐此不疲。试想，那种让学生绕着跑道一圈又一圈跑的课堂，能让他们体会到这么多的快乐，能让他们如此热爱体育锻炼，能达到这么大的训练量吗？当

然，这位女教师也有所反思，如果自己在活动开展之前，先播放一遍乡村舞蹈的录像，示范跳一次，可能更有助于学生对这个舞蹈的理解和接受。因此，就这些教学目标而言，她的课是成功的。

二

这节体育课，这个英国乡村女教师，让我们看到一种坚守，一种我们所需要的对教学本真的坚守。

现在有不少人提出坚守“语文本真”“语文回家”，就意味着当下我们的语文教学已经缺失了它，或者说它已经被削弱或淡化了。我觉得语文教学的这一缺失首先是我们教师自我意识和思辨力的缺失，进而缺失了独立思考的勇气，缺失了继承与扬弃的坚定，缺失了个性声音和教学特色。虽然一再提倡“教师教材”，一再呼吁“不要教教材，而要用教材”，而教育的现状或一些根深蒂固的东西，让我们变得习惯于执行，习惯于听从。

说到现在的语文教学，总让我想起各种纷至沓来的批评和理念，可谓是“乱花渐欲迷人眼”，可忙了半天，大家又都不满意，因为“浅草才能没马蹄”呀。

怎样才能避免在时下纷繁杂乱的信息海洋中呛水？我觉得那位乡村女教师的执着与思考就为我们带来了启示：坚守，首先需要明晰的思想，慧眼识珠；然后需要足够的勇气，爱我所爱。

我欣赏魏书生提出的“遥望教育恒星，脚下步伐不乱”。这就要求我们要有一双慧眼，分辨出那些鱼目混珠的东西：一是名目繁多，中听不中用的，总是“在水一方”，如何溯洄从之；二是水花镜月，可望而不可即的，那是“开满鲜花的月亮”，只能依稀看到你的模样；三是似是而非的道理，实际是一个“美丽的错误”；四是因循守旧的保守论调，“语文回家”不是简单的回到原点，应该是带着课改的收获螺旋式上升。

因材施教、有教无类、温故知新、循序渐进、不愤不启、不悱不发、知行统一等都是我们应该坚守的恒心；三维目标、师生互动、自主学习、合作探究等也是通过实践检验的时代发展之要求。

不久前看凤凰卫视的《秋雨时分》，听了余秋雨先生的一席话之后，我有这样一个感悟：好的东西，总是放下面具，回归平实，自然有效，开启人的心智，让人更清楚明白地教与学；那么不好的东西呢，忙着装扮自己，急

于和教学实际、师生划清界限，急着表白与众不同，让师生越来越模糊。

明确这样一个标准，练就一双慧眼，揣着一颗理性的心，凭着一股开拓的勇气，才能用心坚守，用智慧赢得语文本真。

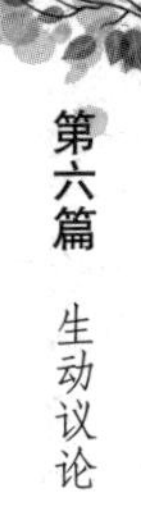

课堂：需要怎样的设计与策略

一、缘 起

友人从网上发来她的人教版四年级新课标教材《乡下人家》的教案，并说她已试讲了一次，但感觉不能很好地调动学生的学习兴趣。因为学生对乡下生活的感受都很肤浅，对课文的理解也仅限于作者粗略的描写上，感受不到乡村真正的特色所在。而她的教案设计又太依赖课文所描写的东西，没有自己的特点。她的同事们的评价就是没有激情，想听听我的意见。

经过一番思索，我回复：要让学生动起来，就要让他们有阅读的兴趣，有参与的激情，教学可以活动化。这不仅仅是个唱唱跳跳的形式问题，而是活动设计必须指向研读课文的实质，为教与学服务。

（1）可否从“农家乐”备受城里人的青睐这一旅游话题入手，创设农家乐连锁公司，要开发新的农家乐景点，特招聘导游（也可以设计成这个乡村要加盟农家乐，现招聘农家美景代言人）的情境。

（2）在这个大的活动前提下，出示招聘条件：一是找出证明乡下人家的景色优美的句子；二是多媒体出示插图，引导学生运用书上的语言，加上自己的语言介绍乡下人家；三是为乡下人家设计一句宣传广告词。

（3）以招聘活动作为教学推进平台，给足时间让学生读课文，充分接触文本，读懂读通课文，引导他们细品课文，发现乡下人家独特的美，并找出具体的语句来加以证明；在此基础上引导学生美美地朗读，通过范读、指导学生朗读、个别读、比赛读、齐读、配乐读、看着图片配音等反复读重点段落。如果读出味道，读出情趣，读出乡下人家的美，学生就感受到了乡村真正的特色所在，体会乡下人家的美，也感悟到语言的魅力了。

这份教学设计及讨论内容发表在我的成长博客里，和老师们的商榷，也

引发了对话语文本真的一段讨论。

二、对 话

“独孤求败”留言：花架子虽然热闹，不过，这样会不会少了一些语文味?

这是一个很重要、值得思考的问题。到底是教学艺术还是不着边际的“花架子”呢？我觉得关键要看活动设计是否指向研读课文的实质，是否为教与学服务。

这让我想到了近来我们都在讨论的“坚守语文本真”的话题。我对这一命题是深表赞同。区教研室提出这个前瞻性的话题是基于理性地思考了语文现状、针对新课程改革以来语文教学中出现的一些问题，是对语文负责的。洗尽铅华才是真嘛。

回想那些能成功开启儿童心智的课堂教学，我们不难发现：教师们很善于创设富有语文味的活动、设置巧妙的话题引人入胜、设置切合教学实际的情境、利用教学机智启发学生的思维、引导学生含英咀华深层体会等等，都是有必要且有成效的教学艺术和策略。

毛泽东曾说：“政策和策略是党的生命力。”我认为：本真和策略也是语文教学的生命力。打一个比方，课堂教学如同一个纯真少女，当然应该天然去雕饰，不要打扮成庸脂俗粉，但也不能不讲究妆容得体吧。只不过操作的人掌握不好，总觉得讲求艺术策略仿佛成了浓妆艳抹、泛语文化，可是去掉策略艺术呢，我们又可能陷于简单机械、面目呆板的老路。

追求本真，与教学策略、教学艺术应该是和谐的，它们之间不是非此即彼，有你无我的。我想，这主要取决于教师的教学机智和本身的功底。处理得当，艺术和策略就会为追求语文本真锦上添花；反之，则可能总是增一分则长，减一分则短的别扭。

突破：青年教师如何克服成长中的焦虑

作为广东省名师工作室的主持人，近年来我接待了包括西藏林芝地区在内的近百名省级骨干教师跟岗学习，带着这些70后、80后的骨干教师开讲座，写反思，发博客，定规划。久而久之，我感觉这群本应踌躇满志的青年精英们普遍有一种莫名的焦虑情绪：尽管他们中有的人在行政岗位上做得风生水起，有的人在课堂教学上大受欢迎，但在专业成长上却总是步履艰难，苦于找不到突破的方向。曾经有人问我：作为特级教师和广东名师，你觉得从“老师”到“名师”是苦难的凤凰涅槃，还是华丽的化蛹成蝶呢？还有人问：从骨干教师到特级教师是水到渠成的过程，还是“媳妇成婆”的煎熬？从提问的语气中我能感受到他们内心的渴望与纠结，很显然这种情绪不完全是我们所期待的正能量，但我并不为此感到焦虑，因为我既是过来人，也是他们中的一员，我知道他们焦虑的原因，自然也知道化解焦虑的方法。

首先，我要为他们的焦虑点赞。因为有焦虑并不全是坏事，至少证明你不满足于现状，而且还在积极追求成长，否则“焦”从何来？又何“虑”之有？如果一个人连焦虑都没有了，那才是最可怕的事，因为哀莫大于心死。面对一个麻木的灵魂连上帝也束手无策。

其次，我要为他们的焦虑加密。因为焦虑多了，就会像相思、寂寞一样泛滥成灾，而“焦头烂额”常常是忙乱无功者的形象。所以要让他们学会控制焦虑，而不能被焦虑控制。过度焦虑会让人消沉，而适度的焦虑反而会让人变得上进。所以我主张青年教师在焦虑中成长，并在成长中化解焦虑。

接着，我要为他们的成长加油！如果说成长的“成”是成名成家的话，那么这个“长”就是长知识、长才干了。况且“名”只有从知而来，从干而来，否则就是浪得虚名了。所谓“骨干”其实就是苦干加实干，最后变成巧干加能干的过程，也就是一个经验累积的过程。美国心理学家波斯纳提出：

教师成长＝经验+反思。经验从哪里来？从苦干加巧干中来，从承担和付出中来。俗话说，承担才能成长，付出才能杰出。但是简单重复的付出未必能让人优秀，只有经过反思的经验才是来自实践的真知。一个拥有二十年教学经验的教师如果不加反思，只能证明他拥有二十年重复的教龄，而一个连续十年积极付出并善加反思的教师，不仅可以成为一代名师，甚至还可能成为知名的教育家。

当然我还要为他们的"成名"喝彩。想成名不是坏事，想成为名师更值得鼓励。所谓出名就是脱颖而出，就是出人头地。所以要出名先得要学会多出头。该出手时就出手，当出头时且出头：听课评课要出头，说课比赛要出头，博客写作要出头，团队协作更要出头。出头次数多了，自然就有了知名度。如此积小名为大名，化近名为远名，假以时日，从媳妇到婆婆，从教师到名师岂不是瓜熟蒂落，水到渠成的过程？我们之所以有烦恼，是因为我们把追求的目标当成了负担，又把追求的过程当成了煎熬。如果我们把目标当理想，把过程当享受，并以平常心看待成败得失，本来无一物，又何处惹烦恼呢？